电子商务类专业
创新型人才培养系列教材

财税基础

AI+慕课版

唐莉莉 蒋志艳 吴忠霖◎主编
何胜月 陆竞进 肖洁 麦全发◎副主编

人民邮电出版社
北京

图书在版编目（CIP）数据

财税基础 ：AI+慕课版 / 唐莉莉，蒋志艳，吴忠霖主编. -- 北京 ：人民邮电出版社，2025. --（电子商务类专业创新型人才培养系列教材）. -- ISBN 978-7-115-66098-5

Ⅰ. F810

中国国家版本馆 CIP 数据核字第 2025MK2841 号

内 容 提 要

学习财税知识对电商行业从业人员、财务管理人员及电商专业学生而言非常重要。财税知识不仅有助于他们更好地理解企业运营状况，还能帮助他们有效规避税务风险，优化资源配置，从而提升企业竞争力。本书全面系统地介绍了电商企业的会计要素、主要税种、财务分析基础、财务报表与运营能力分析、运营数据分析及直播电商中的财税管理等内容。通过项目任务的形式，结合 AI+智慧财税技术，本书不仅能够传授扎实的财税理论知识，还能够培养读者在复杂多变的电商环境中解决实际问题的能力。

本书内容新颖，紧密贴合电商行业的发展趋势。在内容设计上，本书特别强调电商行业特有的财务和税务挑战，如跨境电商的税收处理、直播电商的成本核算与风险管理等，旨在为读者提供前沿、实用的知识和技能。本书可作为职业院校相关专业财税基础课程的教材，也适合作为电商行业从业人员及对电商财税领域感兴趣的其他读者掌握电商财税知识、提升职业竞争力的读物。

◆ 主　　编　唐莉莉　蒋志艳　吴忠霖
副 主 编　何胜月　陆竞进　肖　洁　麦全发
责任编辑　侯潇雨
责任印制　王　郁　彭志环

◆ 人民邮电出版社出版发行　　北京市丰台区成寿寺路 11 号
邮编　100164　　电子邮件　315@ptpress.com.cn
网址　https://www.ptpress.com.cn
北京天宇星印刷厂印刷

◆ 开本：787×1092　1/16
印张：15.75　　2025 年 5 月第 1 版
字数：275 千字　　2025 年 5 月北京第 1 次印刷

定价：59.80 元

读者服务热线：(010)81055256　印装质量热线：(010)81055316
反盗版热线：(010)81055315

前言

党的二十大报告提出，加快发展数字经济，促进数字经济和实体经济深度融合，打造具有国际竞争力的数字产业集群。电子商务（简称“电商”）作为数字经济的重要组成部分，正以前所未有的速度改变着全球商业格局。在云计算、互联网、社交网络等技术的推动下，电子商务不仅打破了传统商业的时空限制，而且实现了交易过程的全面数字化。这一变革不仅极大地提高了商业效率，也使得数据成为驱动电商行业发展的核心要素。在大数据时代，财税知识对电商行业从业者而言，重要性日益凸显。

财税知识是电商企业稳健运营的基石。面对日益复杂的商业环境和激烈的市场竞争，电商企业不仅需要关注商品的销售与市场的拓展，而且要精通财税政策，合理进行税务筹划，以降低成本、提高盈利能力。与此同时，财税知识也是电商企业合规经营的重要保障。在税收法规日益完善的今天，任何财税违规行为都可能给企业带来严重的法律后果和财务损失。

本书正是基于这一背景，在紧密结合电商行业发展特点的基础上，深入解析了电商企业的会计要素、主要税种及财税实务操作。本书不仅涵盖了电商企业日常经营中涉及的各类财税问题，还通过电商行业财务案例帮助读者更好地理解和掌握财税知识在电商实践中的应用。

本书编写特色

● **电商行业财务案例丰富。**本书精心挑选了电商行业的真实财务案例，覆盖跨境电商、直播电商、社交电商等多个细分领域，旨在通过案例分析，帮助读者更好地理解电商企业的财务运作模式和税务处理技巧，提升解决实际问题的能力。

● **校企双元编写。**本书由具有丰富教学经验的教师与来自电商企业的实战专家共同编写，实现了理论与实践的深度融合。校企双元的编写模式，确保了本书内容的实用性和前沿性，使读者能够同时获得学术知识与行业洞察。

● **模块化设计。**为了方便读者按需学习，本书采用了模块化设计。每个模块都围绕一个核心主题展开，内容相对独立又相互关联，读者可以根据自己的学习需求和时间安排，灵活选择学习模块，实现高效学习。

● **配有精美视频，资源丰富。**本书配备了精美视频，旨在通过直观、生动的方式，帮助读者更好地理解和掌握电商企业财税实务的知识与技能。同时，本书还配备了丰富的立体化教学资源，包括 PPT、教案等，用书教师可登录人邮教育社区（www.ryjiaoyu.com）下载使用。

尽管编者在编写过程中力求准确、完善，但书中可能还有疏漏与不足之处，恳请广大读者批评指正，在此深表谢意！

编　者

2024 年 11 月

目录

项目五 电商企业运营数据分析 ……170

项目六 直播电商中的财税管理 ……211

项目一　认识电商企业会计要素

学习目标

✧知识目标

（1）结合电商案例，了解会计的基本概念。

（2）了解会计要素的含义，熟悉会计要素和会计科目的对应关系。

（3）掌握六大会计要素的含义、特征、分类和确认条件。

✧技能目标

（1）能够正确区分会计要素，在处理业务时准确识别和应用会计要素。

（2）能够将电商企业的经济事项确认为对应的会计要素、会计科目，确保财务信息的准确性。

（3）能够准确计算利润，为企业的决策提供财务支持。

✧素养目标

（1）培养法律意识，学法、知法、懂法、守法、用法，争做遵纪守法的好公民。

（2）注重资产管理和风险控制，不断提升自身的财务素养和理财能力。

（3）认识到会计人员的核心职业道德之一是“诚信”，要做到“诚信为本、操守为重、坚持准则、不做假账”。

思维导图

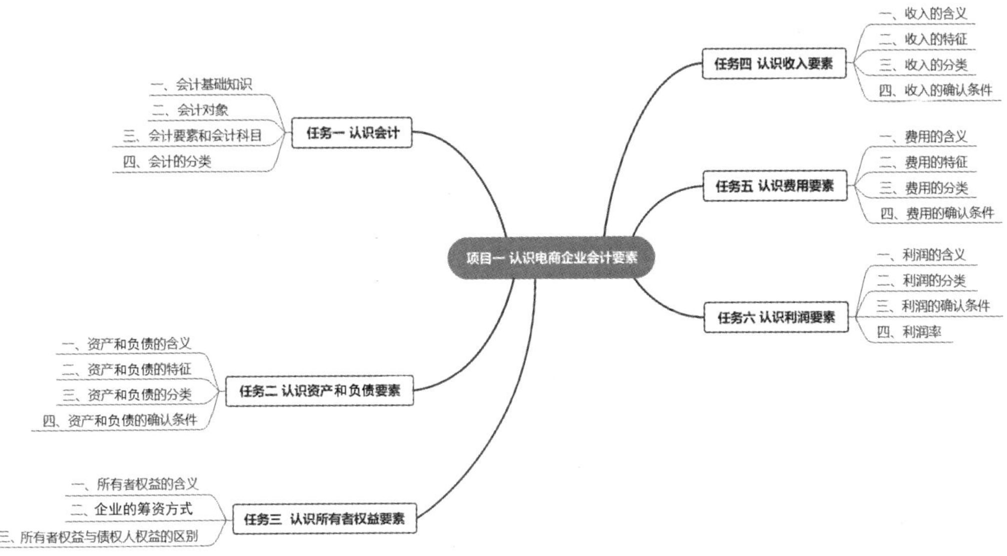

项目背景

随着信息技术的迅速发展和普及，数字经济已成为推动经济高质量发展的新引擎。数字经济以互联网、大数据、云计算、人工智能、区块链等前沿技术为核心驱动力，这些技术的不断突破和创新为数字经济发展注入新动能。通过技术创新，数字经济能够优化资源配置，提高生产效率，降低运营成本，从而推动经济高质量发展。数字经济催生了众多新业态、新模式，如电子商务、共享经济、平台经济等。这些新业态、新模式不仅丰富了经济形态，还通过跨界融合、产业联动等方式，促进了产业链、供应链的整合与优化，为经济发展带来新的增长点。

数字商务作为数字经济的重要组成部分，在商务领域发挥着举足轻重的作用。它不仅是数字经济发展最迅速、创新最活跃、应用最丰富的领域，也是数字经济在商务领域的具体实践。数字商务通过先进信息技术与商务经济活动和政府监管服务的深度融合，形成了以数据驱动为核心、以互联网平台为支撑、以产业融合为主线的数字化、网络化、智能化、融合化发展模式。

电子商务作为数字商务的重要组成部分，其发展势头迅猛，市场规模不断扩大。然而，电商企业与传统企业相比，其经营模式和交易方式存在较大差异，导致其会计核算和管理面临新的挑战。因此，深入学习电商企业会计要素，准确把握其核算原则和方法，对促进电商企业健康发展、推动数字商务发展具有重要意义。那么，电商企业会计与传统企业会计有哪些区别？电商企业会计要素的核心是什么？如何有效地进行电商企业的财务管理和核算？

本项目将深入探索电商企业会计的基本要素，旨在帮助读者构建电商企业财务的基本理论框架，让读者更好地理解电商企业会计的原理。

任务一 认识会计

任务引例

中国人民银行宣布：个人收款条码不得用于经营收款

近年来，随着移动支付的普及，个人收款条码被广泛运用，提高了资金收付效率。然而，这也带来了一些风险隐患，如不法分子利用个人收款条码进行洗钱、金融诈骗、盗刷资金等非法活动。为了防范这些风险，中国人民银行发布了相关政策，对收款条码进行规范管理。

收款条码管理。对于为个人或特约商户等收款人生成的，用于付款人识读并发起支付指令的收款条码，银行、支付机构、清算机构等为收款人提供收款条码相关支付服务的机构（以下统称条码支付收款服务机构）应当制定收款条码分类管理制度，有效区分个人和特约商户使用收款条码的场景与用途，防范收款条码被出租、出借、出售或用于违法违规活动。对于具有明显经营活动特征的个人，条码支付收款服务机构应当为其提供特约商户收款条码，并参照执行特约商户有关管理规定，不得使其通过个人收款条码提供经营活动相关收款服务。

专项监测。收单机构应当针对特约商户的类型、地域、交易特征等建立健全监测机制，并根据中国人民银行、支付行业自律组织和清算机构发布的风险提示调整监测指标、完善监测模型。对于个人收款条码、使用个人账户作为收单结算账户的特约商户和边境地区支付受理终端，中国人民银行应当进行专项监测。

思考：

（1）电商企业通过个人收款条码收取经营款项，可能存在哪些风险？应该如何避免？

（2）你了解财务政策吗？财务政策变化对企业是否有影响？

学思践悟

电商行业以前所未有的速度发展，不同于传统的商业模式，电商行业具备数据驱动、全球化、高效便捷等特点。电商平台通过大数据分析，能够精准地了解消费者需求，实现个性化推荐和精准营销；打破了地域限制，商品和服务可以迅速进入国际市场；缩短了商品从生产到消费的时间，提高了交易效率。但由于电商行业交易量大且频繁、交易平台广泛、收入结构复杂，这对企业的收入核算、库存管理、物流成本等方面的管理提出挑战。学习会计、税收等知识和相关法律法规，能确保企业的合法性和稳定性。不管从事哪个行业的工作，都要了解与行业相关的法律法规、规章制度，并严格遵守。

知识储备

一、会计基础知识

（一）会计的概念

会计是指以货币为主要计量单位，采用专门的方法和程序，对企业、机关单位或其他经济组织的经济活动进行全面、连续、系统的核算和监督，以提供经济信息和反映受托责任履行情况为主要目的的经济管理活动。受托责任履行情况指的是企业管理层受股东或其他委托人的委托，对企业及其各项资产进行经营管理，并负责完成股东交代的任务。这是企业所有权和经营权分离的体现，企业管理者并不拥有企业，而是受所有者所托管理企业。受托责任履行情况就是衡量管理者是否有效地履行了他们的职责和任务。

货币计量是指会计主体在会计确认、计量和报告过程中以货币为计量尺度来反映各种经济业务的活动。以货币为计量尺度的原因在于货币是衡量其他一切有价物价值的共同尺度，货币具有价值尺度、流通手段、贮藏手段以及支付手段等功能。我国会计核算的货币计量以人民币为参照，即以人民币为记账本位币。

（二）会计的职能

会计职能是指会计在经济活动及其管理过程中所具有的功能。会计作为经济活动"过程的控制和观念总结"，具有会计核算和会计监督两项基本职能，还具有预测经济前景、参与经济决策、评价经营业绩等拓展职能。

1. 会计核算

（1）会计核算的含义。

会计核算是指会计以货币为主要计量单位，对核算主体的经济活动进行确认、计量、记录和报告。会计核算贯穿经济活动的全过程，是会计最基本的职能。

确认，即依据一定的标准，核实、辨认经济活动的实质并确定应予以记录的会计对象的要素项目。例如企业通过天猫平台销售商品取得资金收入，这属于企业的经济活动，属于应办理会计手续的经济业务，应当办理会计手续。

计量，即以货币为主要计量单位，确定已确认的交易事项的金额。例如某日某网店销售商品的总销售额为 1 万元。

记录，即对经过会计确认、会计计量的经济交易或事项，采用一定方法填制会计凭证、登记账簿。为了确保记录的准确性和完整性，会计需要遵循一定的规则和标准，如《中华人民共和国会计法》和《企业会计准则》。例如，网店需要记录每一笔交易的详细信息，包括交易的日期、金额、涉及的账户以及交易的类型。

报告，即在确认、计量和记录的基础上，通过财务报告对内或对外反映会计主体财务状况、经营成果和现金流量等会计信息。

（2）会计核算的内容。

会计核算的内容主要包括：①资产的增减和使用；②负债的增减；③净资产（所有者权益）的增减；④收入、支出、费用、成本的增减；⑤财务成果的计算和处理；⑥需要办理会计手续、进行会计核算的其他事项。

2. 会计监督

（1）会计监督的含义。

会计监督是指对会计主体经济活动和相关会计核算的真实性、合法性与合理性实施的审查。真实性审查：检查各项会计核算是否与客观经济事实相符合，防止出现虚假的会计信息。合法性审查：检查各项经济业务是否符合国家相关的法律法规。合理性审查：检查会计主体的各项财务收支是否符合内部有关规定和经营管理要求，防止出现奢侈浪费、违背内部控制制度要求的现象。

（2）会计监督的内容。

会计监督的内容主要包括分析会计核算资料、检查遵纪守法情况、考核经营业绩、确定经营目标以及调整计划等。会计监督不仅能促使企业改善经营管理，还可以提高企业的经济效益。

（3）会计监督的分类。

会计监督分为单位内部监督、国家监督和社会监督三个部分，三者共同构成了“三位一体”的会计监督体系。

① 单位内部监督是指会计机构、会计人员对其特定主体经济活动和相关会计核算的真实性、完整性、合法性与合理性进行审查，使之达到预期经济活动和会计核算目标。

② 国家监督是指财政、审计、税务、银行、证券监管、保险监管等部门依照有关法律、行政法规规定对有关单位会计资料的真实性、完整性、合法性等实施的监督检查。

③ 社会监督是指以注册会计师为主体的社会中介机构等实施的监督活动。

3. 会计核算与会计监督的关系

会计核算与会计监督是相辅相成、辩证统一的关系。会计核算是会计监督的基础，没有核算提供的各种系统性会计资料，监督就失去了依据；会计监督又是会计核算质量的保障，只有核算没有监督，难以保证会计核算所提供信息的真实性和可靠性。两者只有结合起来发挥作用，才能正确、及时、完整地反映经济活动。

（三）会计目标

会计目标是指会计工作要完成的任务或达到的标准。会计的基本目标是向财务报告使用者提供与企业财务状况、经营成果和现金流量等有关的会计资料与信息，反映企业管理层受托责任履行情况。这有助于财务报告使用者做出经济决策，达到不断提高企业乃至经济社会整体的经济效益和效率的目的。从更高层面看，会计目标还包括规范会计行为，保证会计资料真实、完整，加强经济管理和财务管理，提高经济效益，维护社会主义市场经济秩序，为市场在资源配置中起决定性作用提供保障，实现经济高质量发展。

会计信息的需求者众多，如图 1-1 所示。

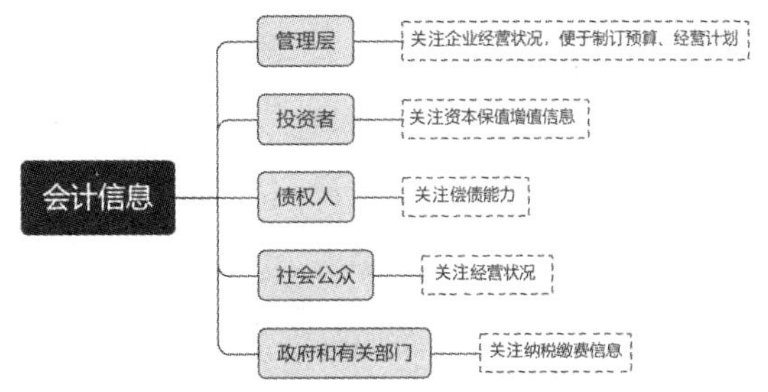

图 1-1　会计信息的需求者

二、会计对象

会计对象是指会计核算和监督的内容。凡是特定主体能够以货币表现的经济活动，都是会计对象。企业会计核算和监督的内容就是企业发生的能够以货币表现的经济活动，即资金运动。资金运动指的是资金的形态变化或位移。

企业资金运动分为五个步骤，即资金筹集、资金投放、资金耗费、资金收入和资金分配。其中，资金投放、资金耗费、资金收入三个步骤又可以统称为资金的周转和循环。第一步是资金筹集，企业需要从各种渠道筹集资金，这是资金运动的起点。第二步是资金投放，企业需要将筹集来的资金投放于经营过程中，主要通过购买、建造等过程，形成各种生产资料。第三步是资金耗费，企业需要在生产和经营过程中，支付工资、租金、税费、利息等开支。第四步是资金收入，企业在销售过程中，可以将生产出来的产品销售给个人、企事业单位，根据产品的价格取得销售收入。第五步是资金分配，企业需要将销售收入进行合理的分配。

企业资金的周转和循环对企业的运营至关重要。合理而有效的资金运作可以优化企业的财务状况、增强企业的抗风险能力、提高企业的资金利用效率，从而实现企业价值的增长。而企业资金周转不畅则容易带来许多问题，如影响企业盈利能力、影响企业信誉，甚至导致企业破产。因此，企业需要科学地制订资金周转计划，合理管理企业资金周期、降低资金成本、增加现金流等，以确保企业资金周转处于良好状态。企业会计便是通过对企业资金的记录、控制、运用，帮助企业高层管理人员做出最优决策、合理利用企业资源，并对企业运营效果进行评价、考核。

三、会计要素和会计科目

（一）会计要素

会计要素是对会计对象进行分类所确定的类别，是会计核算对象的具体化。会计要素为财务报表的构建提供了基本架构，因此又称为会计报表因素。会计工作就是围绕会计要素的确认、计量、记录和报告展开的。

财政部于 2006 年 2 月 15 日签发《企业会计准则——基本准则》（财政部令第 33 号），确定了六大会计要素，即资产、负债、所有者权益、收入、费用和利润，如图 1-2 所示。

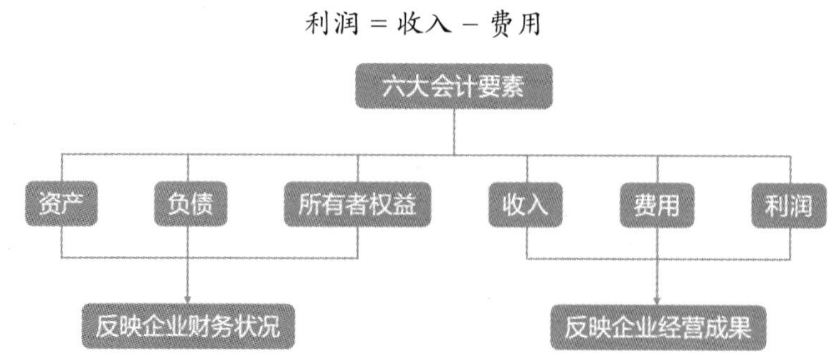

图 1-2　会计要素

图 1-2 展示了六大会计要素。其中，资产、负债和所有者权益是反映企业财务状况的要素，也是资产负债表的基本要素；收入、费用、利润则是反映企业经营成果的要素，也是利润表的基本要素。前三个要素反映企业资金运动的静态情况，后三个要素反映企业资金运动的动态情况。用数学恒等式的形式反映会计六要素之间的数量关系，恒等式如下。

（二）会计科目

会计科目是对会计要素进行分类核算的项目，是进行会计核算和提供会计信息的基础，是企业会计做账时不可或缺的工具之一。会计科目之间既有严格的区别，又有紧密的联系。根据反映的经济内容的不同，会计科目可以分为资产类科目、负债类科目、所有者权益类科目、成本类科目和损益类科目。会计要素与会计科目的对应关系如图 1-3 所示。

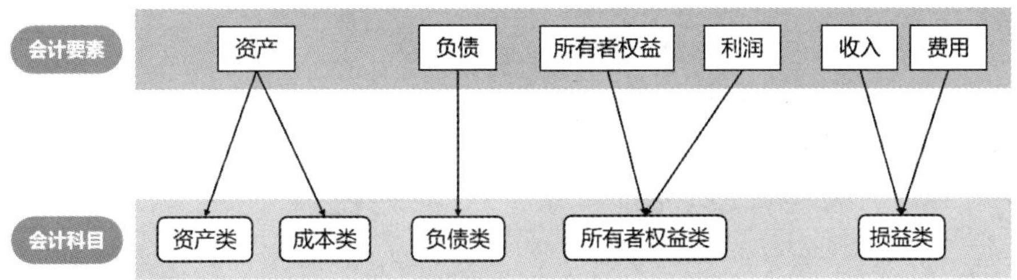

图 1-3　会计要素与会计科目的对应关系

职场点津

（1）云帆电商公司获得一家投资公司以入股的形式投入的 100 万元资金。此项活动中，企业的资产和所有者权益同时增加。

（2）云帆电商公司从供应商处采购一批办公设备，用银行存款支付货款。在此采购过程中，企业银行存款减少，固定资产（办公设备）增加。

（3）云帆电商公司将一批护肤品销售给 A 经销商代销，暂未收到货款。此项活动中，由于货款暂未收到，因此企业应收账款增加，存货减少。

云帆电商公司经历筹资、采购、销售等多个阶段，会计要素的变动是不可避免的。无论会计要素如何变动，企业会计的数学恒等式“资产 = 负债 + 所有者权益”始终保持不变。

四、会计的分类

按照会计信息的使用者的不同，将会计分为财务会计和管理会计。

1．财务会计

财务会计是以通用的会计原则为指导，采用专门的簿记系统，对企业的生产经营过程进行核算和监督，旨在为所有者、债权人及其他利益相关者提供会计信息的对外报告会计。

2．管理会计

管理会计是企业为了加强内部经营管理，提高企业经济效益，在企业经营管理过程中直接发挥作用的对内报告会计。

3. 财务会计与管理会计的联系与区别

（1）财务会计和管理会计的联系。

财务会计和管理会计处于相同的环境中，都在为企业的生产、经营、管理服务，都能够记录、计算、分析及评价企业的经济活动，为企业的经营管理决策提供客观依据，有助于企业实现经济价值最大化的发展目标。财务会计和管理会计都源于传统的会计，二者之间相互制约、相互依存，共同构成了企业财务活动的有机整体。它们通过对企业资金的记录、控制、运用，帮助企业高层管理人员合理利用企业资源，并对企业运营效果进行评价、考核。

（2）财务会计和管理会计的区别。

财务会计和管理会计的区别如表 1-1 所示。

表 1-1　财务会计和管理会计的区别

事项	财务会计	管理会计
服务对象	与企业有经济利益的外部个人或团体	企业内部管理人员
工作重点	提供历史资金信息，面向过去	强化前景预测、规划、决策，面向未来
时间跨度	时间跨度弹性小，编制时间为一年、一季度或一个月	时间跨度弹性大，编制时间可为一天，也可为几年
会计主体	以整个企业为工作主体	以企业内部各层次的责任单位为工作主体

课堂互动

思考与讨论：

（1）将全班分为若干组，每组 4 ～ 6 人，并选出一名组长。

（2）分组讨论电商从业人员是否有必要学习会计、税收知识，原因是什么。

（3）每组选出一名代表分享本组讨论结果。

行家点拨

对电商创业者而言，学习会计知识是非常重要的。学习会计知识可以帮助电商创业者了解企业的财务状况，包括资产、负债、收入、支出等方面。只有了解企业的财务状况，才能更好地制订预算和经营计划，做出投资决策，规避风险，合规经营。

1. 了解企业经营状况

学习会计知识可以帮助电商创业者分析财务报表，如资产负债表、利润表、现金流量表等。只有分析好财务报表，才能更好地了解企业的经营状况。

2. 制订预算和经营计划

只有制订了合理的预算计划，才能更好地控制成本和获得利润。学习会计知识可以帮助电商创业者管理现金流，包括现金收入、现金支出等。只有管理好现金流，才能确保企业的正常运营。

3. 做出投资决策

学习会计知识可以帮助电商创业者了解税务政策和规定，包括增值税、所得税等。只有了解税务政策和规定，才能做出正确的投资决策。

4. 风险管理

学习会计知识可以帮助电商创业者进行风险管理，包括财务风险、市场风险、信用风险等。只有进行有效的风险管理，才能避免不必要的损失。

5. 法律合规

学习会计知识可以帮助电商创业者了解法律法规要求，包括财务报表要求、税务申报要求、审计要求等。只有遵守法律法规要求，才能确保企业的合法性和稳定性。

实践任务

任务背景

随着信息技术的快速发展，各行各业都在加速向数字化转型，电子商务作为数字化转型的重要领域之一，正以前所未有的速度发展。这为电商创业者提供了广阔的市场空间和无限的可能性。

任务要求

电商行业具有良好的创新创业政策背景，我们在创建企业之前，要了解企业的组织形式，熟悉会计准则和税收政策，从而保证企业持续合规经营。请通过互联网搜集信息，了解以下内容并填写表 1-2。

（1）企业有哪些类型？如何创建企业？企业如何办理工商登记？

（2）企业应设置哪些会计岗位？会计岗位有什么要求？

表 1-2 企业分析

问题	分析结果
企业类型	
企业创建流程	

续表

问题	分析结果
办理工商登记的方法、流程	
企业会计岗位	
企业会计岗位要求	

课外拓展

货币的职能

货币是商品交换发展到一定阶段的产物，马克思的货币理论认为，货币在商品交换的过程中，逐渐具备了价值尺度、流通手段、贮藏手段、支付手段和世界货币五种职能。

1. 价值尺度

价值尺度，即货币作为表现和计量其他商品价值大小的职能，能够表现商品价格。例如一辆车售价 10 万元，一个包子售价 1 元。

2. 流通手段

商品流通是以货币为媒介的商品交换，流通手段是货币充当商品流通媒介的职能，如图 1-4 所示。

图 1-4　商品流通过程

3. 贮藏手段

当货币暂时离开流通领域，被人们保存、收藏起来时，货币就具备了贮藏手段的职能。

4. 支付手段

货币在作为一种独立的价值形式进行单方面转移时，就具备了支付手段的职能。

5. 世界货币

货币超越国界，在世界市场上发挥一般等价物的作用时，就具备了世界货币的职能。

练一练

图 1-5 中的商品标价表示什么？它们体现了货币的哪种职能？

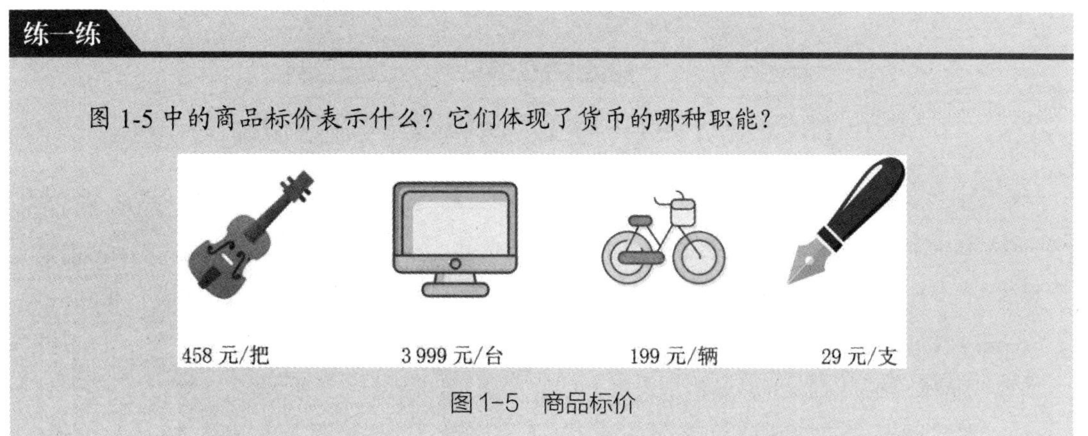

图1-5 商品标价

任务二　认识资产和负债要素

任务引例

MCN 机构的“网红”短视频账号属于谁

随着互联网经济和新媒体平台的不断发展，各大网络平台陆续推出网络直播、网络“带货”等服务，使得一些粉丝数量巨大的平台账号具有一定的经济价值。账号运营主要有两方的共同努力——MCN 机构和博主（主播、自媒体人）。MCN 机构，即 Multi-Channel Network 的简称，指的是多频道网络，是与内容创作者合作或直接生产各种独特内容的实体或组织。该概念最早源自国外的互联网平台领域，广义上是指有能力服务和管理一定规模账号的内容创作机构，内容形式不限于视频，还包括直播、图文等多种形式。国内引入 MCN 机构这一概念后，成立了一批以孵化“网红”博主、自媒体为主业的网络科技公司。“网红”的兴起促进了 MCN 机构的发展，MCN 机构为“网红”的内容产出、商业合作提供帮助，也从“网红”的流量中获取利益。

MCN 机构与博主之间的合作模式一般分为以下三类。

一、以 MCN 机构为主，MCN 机构与博主之间成立劳动关系

在此类合作模式中，MCN 机构提供账号运营的大多数硬件设施，并主导账号的主要发展方向。例如确定账号风格、用户群体，提供视频拍摄剧本及图文、博文的具体文案，租用拍摄场地，提供演出道具，以及与广告合作商洽谈，确定视频或图文内容中的硬广、软广等内容。博主本质上是 MCN 机构的员工，其在账号运营中仅作为演员或账号运营辅助人员，不参与账号运营的整体设计，听从 MCN 机构的指示进行运营。二者不存在分成问题，MCN 机构以计薪模式向博主发放报酬。此时，MCN 机构与博主之间倾向于成立劳动关系。在该模式下运营的平台账号，MCN 机构的贡献度明显大于博主。

二、以博主运营为主，博主与 MCN 机构之间类似于挂靠关系

在此类合作模式中，博主个人占据主导地位，其在账号的运营方向、发布的内容质量及商务洽谈方面均有极大自主性，与 MCN 机构合作是因为一些平台要求营利账号有具体公司，否则不能通过账号从平台获取收益。二者在分成上无明显争议。此时二者的关系类似于挂靠关系，博主借助 MCN 机构获得某些资质，但博主本人对账号具有绝对控制权。此时博主在运营账号的贡献度上明显大于 MCN 机构。

三、MCN 机构与博主共同运营

在此类运营模式中，博主本人对账号有一定控制权，MCN 机构对账号的运营方向、广告来源也有一定话语权，MCN 机构负责对外承接、洽谈广告，将确定的广告商发给旗下的博主，由博主发布相关内容取得收益。

在这种模式下，双方在合作过程中可能因为各种原因产生冲突，引发诉讼，承载流量变现利益的网络账号的权益归属往往成为争议焦点。

例如某科技公司 Q 诉博主 Y 物权确认纠纷案，原告某科技公司 Q 向 A 市人民法院起诉称，原告系互联网科技公司，主营互联网短视频创作及推广。2019 年初，原告注册申请了抖音账号“××”并开始在该抖音账号发布短视频作品。2019 年 8 月，原告招聘被告 Y 做短视频表演工作，为便于对抖音账号进行商业运营，原告将涉案抖音账号实名认证在被告 Y 名下，但由原告管理使用。2019 年 10 月 28 日，被告从原告处离职，涉案抖音账号依旧由原告管理使用。经过原告的运营，涉案抖音账号已经拥有粉丝数量超 10 万人。被告在 2021 年 11 月未经原告许可擅自更改了涉案抖音账号的账号名及密码，删除了该抖音账号的全部短视频作品，并私自使用该抖音账号，严重侵害了原告的合法权益。原告多次要求被告返还涉案抖音账号，被告均无理拒绝。因双方未达成一致，故原告诉至人民法院，请求判令现抖音账号“××”的相关权属归原告所有。

A 市人民法院作出一审判决，确认抖音账号“××”的相关权益归属于原告某科技公司 Q。人民法院认为，对于 MCN 机构与“网红”博主合作运营的短视频账号，因双方在运营过程中贡献程度不同，其相关权益归属不能一概而论，应综合考量合同约定、贡献程度等因素进行具体分析。在 MCN 机构对短视频账号运营投入大量资金与资源的情形下，基于诚实信用和公平正义原则，认定短视频账号相关权益归属于 MCN 机构较为合理。宣判后，双方未提出上诉，判决已发生法律效力。

思考：

（1）不同合作模式下，“网红”短视频账号所有权归谁？

（2）如果短视频账号属于 MCN 机构，该账号是否属于 MCN 机构的资产？

学思践悟

《中华人民共和国民法典》（以下简称《民法典》）第一百二十七条：法律对数据、网络虚拟财产的保护有规定的，依照其规定。《民法典》第二百三十四条：因物权的归属、内容发生争议的，利害关系人可以请求确认权利。不管是“网红”博主，还是 MCN 机构，都要学习相关法律知识，以保护自身合法权益。我们要学法、知法、懂法、守法、用法，争做遵纪守法的好公民。

知识储备

一、资产和负债的含义

资产是指企业过去的交易或者事项形成的、由企业拥有或者控制的、预期会给企业带来经济利益的资源。

负债是指企业过去的交易或者事项形成的，预期会导致经济利益流出企业的现时义务。

二、资产和负债的特征

（一）资产的特征

（1）资产是由企业过去的交易或者事项形成的。企业过去的交易或者事项包括购买、生产、建造行为及其他交易或者事项。预期在未来发生的交易或者事项不形成资产。例如企业计划下半年购置新的办公场所，这不是企业的资产，只有下半年购入以后才能形成资产。

（2）资产是由企业拥有或者控制的资源。由企业拥有或者控制，是指企业享有某项资源的所有权，或者虽然不享有某项资源的所有权，但该资源被企业所控制。

（3）资产预期会给企业带来经济利益。预期会给企业带来经济利益，是指直接或者间接导致现金和现金等价物流入企业的潜力。

职场任务

图 1-6 所示为企业资产的确定，云帆电商公司因业务需要使用三屏导播直播一体机，公司可以选择直接购买、经营租入或者融资租入设备，用不同方式获得的设备是否属于企业的资产？（融资租入：企业要购进一台设备，但是由于资金不足、资金周转暂时困难或想减少投资风险，通过租赁公司或其他金融机构租入设备。）

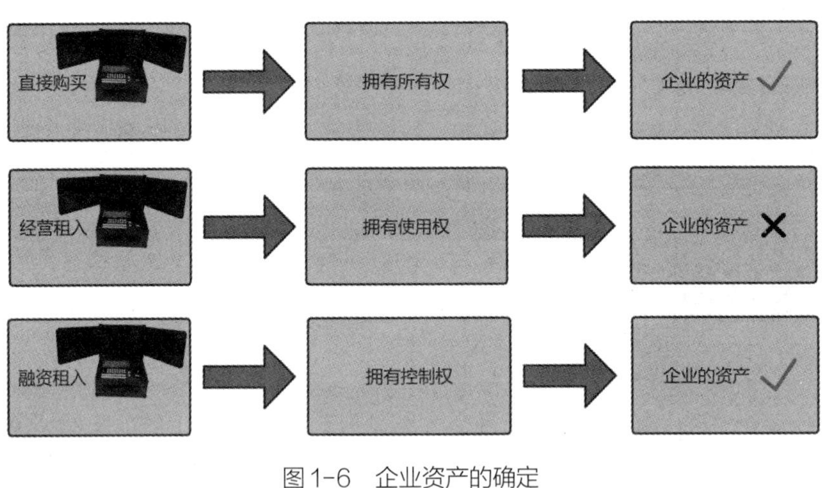

图1-6　企业资产的确定

（二）负债的特征

（1）负债是企业过去的交易或者事项形成的。企业在未来发生的承诺、签订的合同等交易或事项，不能确认为负债。例如企业预计六个月后向供应商购买一批价值 10 万元的原材料，现在不能确认为负债。

（2）负债预期会导致经济利益流出企业。企业履行偿债义务，必定会导致经济利益流出企业，如使用现金或实物资产偿还债务，或以提供劳务形式偿还债务等。

（3）负债是企业的现时义务，包括法定的缴纳税款等法律义务，以及销售产品承诺的保修服务等企业公开承诺将承担的推定义务。现时义务是指企业在现行条件下已承担的义务，未来的交易或事项形成的义务，不能确认为负债。

职场任务

云帆电商公司开始经营后，开展预售活动收取顾客定金 12 000 元。为完成交易，云帆电商公司向银行取得借款 5 万元，当月应支付银行借款利息 500 元，并下了 3 万元的 A 商品采购订单，预付给商家 5 000 元。此外，应支付员工工资 8 000 元、办公场地租金 3 000 元。这几笔支出是否属于企业的负债？企业负债的确定如图 1-7 所示。

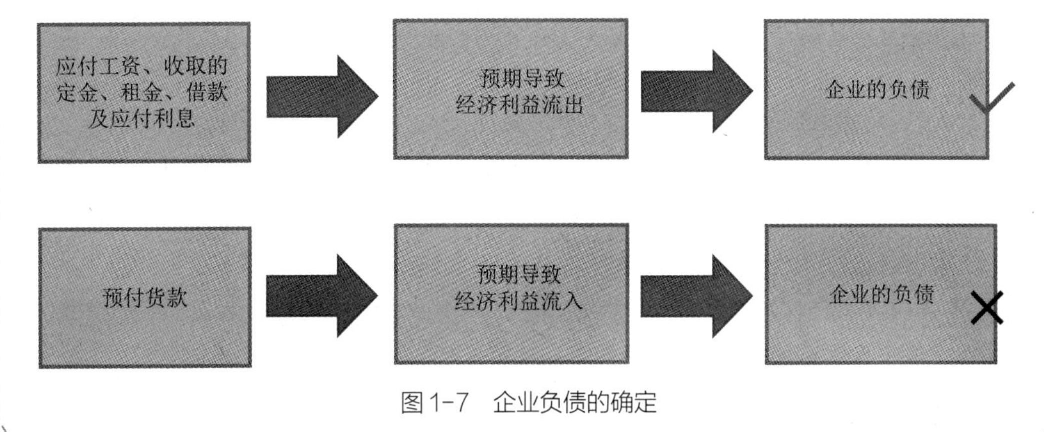

图 1-7　企业负债的确定

三、资产和负债的分类

（一）资产的分类

资产按其流动性的不同分为流动资产和非流动资产两大类，如图 1-8 所示。

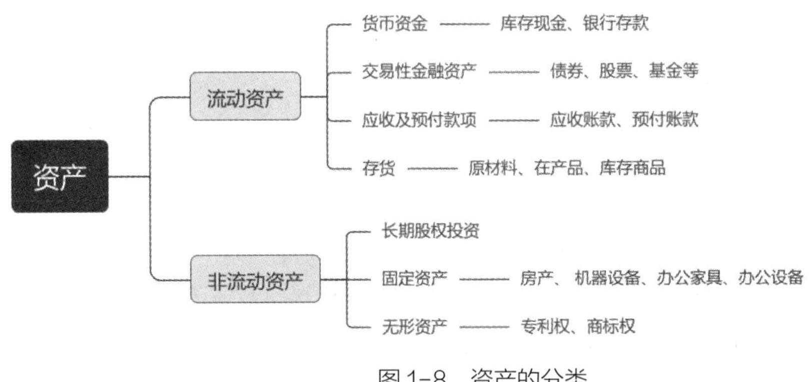

图 1-8　资产的分类

流动资产是指预计在一年内或者超过一年的一个营业周期内可以随时变现或者耗用的资产，包括库存现金、银行存款、应收账款、预付账款、存货等。例如企业还未销售的商品属于企业的流动资产。

非流动资产是流动资产以外的、变现能力不强的资产，是指在一年以上或者超过一年的一个营业周期内变现或耗用的资产，包括长期股权投资、固定资产、无形资产等。例如企业购置的房产、计算机、办公家具等属于企业的非流动资产。

在电商行业中有一些特殊的资产，如数据资产和数字人资产。数据资产是指企业在日常运营过程中产生的、具有商业价值的数据。这些数据包括但不限于用户行为数据、消费记录、市场趋势分析等。通过收集、整合和分析这些数据，企业可以获得宝贵的市场洞察力和消费者行为分析结果，从而指导产品开发、营销策略和决策制定。

数字人资产是指运用人工智能、虚拟现实等技术创造的数字化人物。在电商行业中，数字人资产可以以直播主播、虚拟客服等形式存在。数字人主播可以实现 24 小时不间断直播，提高直播效率和扩大覆盖范围；虚拟客服可以提供效益高、可规模化复制的服务，同时降低人力成本和提升服务标准化水平。

职场点津

MCN 机构孵化运营的社交平台“网红”账号、购入的“网红”账号均属于企业的无形资产。无形资产是指企业拥有或者控制的没有实物形态的可辨认非货币性资产。无形资产同时满足下列条件的，才能予以确认：与该无形资产有关的经济利益很可能流入企业；该无形资产的成本能够可靠地计量。购买的“网红”账号带有流量，能够为企业创造收益，购买合同能够计量购买该账号的成本，因此其属于企业的无形资产。MCN 机构孵化运营的社交平台“网红”账号则属于自行开发的无形资产。

（二）负债的分类

负债按其偿还期限的不同，可分为流动负债和非流动负债，如图 1-9 所示。

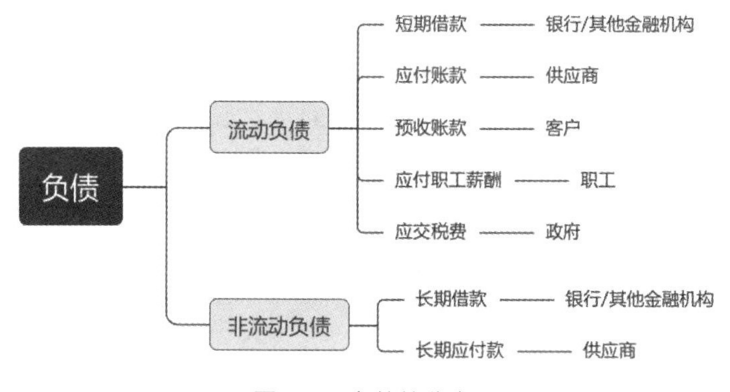

图 1-9 负债的分类

流动负债是指企业在一年或者超过一年的一个营业周期内必须偿还的各种债务，包括短期借款、应付账款、预收账款、应付职工薪酬、应交税费等。

非流动负债也称长期负债，是流动负债以外的负债，是指偿还期在一年或者超过一个营业周期的各种债务，包括长期借款、长期应付款等。

四、资产和负债的确认条件

（一）资产的确认条件

符合资产定义的资源，在同时满足以下条件时，确认为资产：

（1）与该资源有关的经济利益很可能流入企业；

（2）该资源的成本或者价值能够可靠地计量。

练一练

云帆电商公司购买了一批办公家具，约定六个月内付清货款，在付完最后一笔货款前，这批办公家具是否可以确认为云帆电商公司的资产？

（二）负债的确认条件

符合负债定义的义务，在同时满足以下条件时，确认为负债：

（1）与该义务有关的经济利益很可能流出企业；

（2）未来流出的经济利益的金额能够可靠地计量。

课堂互动

思考与讨论：

（1）企业在电商平台注册的账号是否属于企业的无形资产？

（2）电商企业的营销和推广能力能作为资产吗？

（3）MCN 机构预付给“网红”一笔费用，用于未来一段时间内的合作内容创作，这笔预付费用是否属于负债？

行家点拨

对企业来说，资产负债率的适宜水平是 40% ～ 60%。资产负债率反映企业利用债权人提供的资金进行经营活动的能力，是反映债权人发放贷款的安全程度的指标，通过将企业的负债总额与资产总额相比较得出。如果举债数额很大，超出债权人的心理承受程度，企业就融不到资金。借入资金越多，越显得企业充满活力。因此，经营者希望企业资产负债率稍高些，通过举债经营，扩大生产规模，开拓市场，增强企业活力，获取较高的利润。

资产负债率为 70% 通常被视为警戒线，但是不同行业的资产负债率的指标不相同，要判定资产负债率是否合理，可从以下几方面进行判断。

（1）从债权人的角度看，他们最关心的是能否按期收回本金和利息，他们希望债务比例越低越好，企业偿债有保证，贷款的风险就不会太大。

（2）从股东的角度看，他们最关心借入资本的代价，当全部资本利润率高于借款利息率时，负债比例越高越好。

（3）从经营者的角度看，如果举债数额很大，超出债权人的心理承受能力，企业就无钱可借；如果不举债，则说明企业经营保守或者信心不足，利用债权人的资本进行经营活动的能力不足。因此，企业经营者要权衡利害得失，界定合理的资产负债率区间。

实践任务

任务背景

随着互联网的飞速发展，数据资源已成为数字时代互联网企业重要的战略资源，形成了企业的数据资产。数据资产是由企业拥有或控制的，能为企业带来经济效益的数据资源价值，以电子数据形式记录保存。学会管理和保护企业数据资源成了电商行业从业人员的重要工作。

任务要求

2023 年 8 月 1 日，财政部印发《企业数据资源相关会计处理暂行规定》，请登录财政部官网，搜索该文件，分析整理企业数据资源相关会计处理，填入表 1-3 中。

表 1-3 企业数据资源相关会计处理分析

无形资产类型	资产确认条件	会计处理方法
外购的 数据资源		
自行加工的 数据资源		
其他方式取得的 数据资源		

课外拓展

会计法规体系

我国目前形成了以《中华人民共和国会计法》为主体的比较完整的会计法律体系，主要包括会计法律、会计行政法规、会计部门规章等。

1．会计法律

我国有《中华人民共和国会计法》和《中华人民共和国注册会计师法》两部会计法律。

2．会计行政法规

会计行政法规是根据《中华人民共和国会计法》，由国务院制定并发布，或者由国务院有关部门拟定并经国务院批准发布的法律规范，如《企业财务会计报告条例》和《总会计师条例》。

3．会计部门规章

会计部门规章指由主管全国会计工作的行政部门——财政部针对会计工作中某些方面所制定的规范性文件。会计部门规章依据会计法律和会计行政法规制定，如财政部发布的《股份有限公司会计制度》《会计基础工作规范》，财政部与国家档案局联合发布的《会计档案管理办法》等。

任务三　认识所有者权益要素

任务引例

云帆电商公司的资金筹集

云帆电商公司正处在业务不断扩展的阶段，为了支持业务扩展，公司计划成立一家电商分公司。为了确保电商项目顺利启动，云帆电商公司正在探索多种资金筹集渠道。

首先，云帆电商公司可以考虑寻找合伙人共同出资创业。合伙人入股不仅能够分担启动资金的压力，还能实现风险共担和收益共享。合伙人将成为公司的一部分，根据其出资比例享有相应的利润和决策权。

其次，云帆电商公司可以向银行申请商业贷款，以此作为公司的灵活资金来源。这种贷款方式可以为电商分公司提供必要的运营资金，同时允许公司在业务增长时保持资金的流动性。

最后，云帆电商公司还可以考虑通过股权众筹的方式筹集资金。这涉及在互联网平台发布众筹项目，吸引众多小额投资者投资。这种方法不仅能够快速聚集资金，还能够扩大公司的投资者基础，提高项目的社会影响力。

思考：

（1）采用不同资金筹资渠道对云帆电商公司所有者权益有哪些影响？

（2）负债经营是否存在风险？若存在，应如何规避？

学思践悟

保护并增加所有者权益是企业管理者的基本职责，他们应恪守职业道德，确保经营活动的合法性和公正性。企业管理者不应仅追求企业利润最大化，更应关注企业的长远发展和员工、社会利益。通过诚信经营、透明管理，企业管理者可以树立良好的道德形象，赢得各方信任，从而为企业创造更大的价值。所有者权益变动表可以帮助企业管理者了解企业的财务状况、分析企业的经营状况，从而对企业的发展前景做出预测和判断。

在社会主义市场经济体制下，企业成为自主经营、自负盈亏的独立商品生产者和经营者，企业必须独立承担风险。企业在从事生产经营活动时，由于内外部环境的变化，实际结果与预期效果相偏离的情况是难以避免的。因此，企业管理者必须树立风险意识，即正确认识风险、科学估测风险、预防发生风险、有效应对风险。风险是不可避免的，企业管理者要勇于承担和面对风险，并采取有效措施防范和降低风险。

知识储备

一、所有者权益的含义

（一）所有者权益的定义

所有者权益是指企业资产扣除负债后，由所有者享有的剩余权益。股份公司的所有者权益又称为股东权益。所有者权益是所有者对企业资产的剩余索取权，它是企业的资产扣除债权人权益后应由所有者享有的部分，既可反映所有者投入资本的保值增值情况，又体现了保护债权人权益的理念。

所有者权益的来源包括所有者投入的资本、其他综合收益、留存收益等，通常由实收资本（股本）、资本公积（含股本溢价或资本溢价、其他资本公积）、其他综合收益、盈余公积和未分配利润等构成。所有者权益类主要科目如表 1-4 所示。

表 1-4　所有者权益类主要科目

所有者权益类主要科目名称	科目含义
实收资本	指企业实际收到的投资人投入的资本，包括货币、实物、无形资产等各种形式的投入
资本公积	指企业在经营过程中由于接受捐赠、股本溢价以及法定财产重估增值等形成的公积金
盈余公积	指企业从税后利润中提取形成的、留存于企业内部、具有特定用途的收益积累
未分配利润	是企业留待以后年度分配或待分配的利润
本年利润	指企业某个会计年度的净利润（或净亏损）
利润分配	是企业在一定时期（通常为年度）内，对所实现的利润总额以及从联营单位分得的利润，按规定在国家与企业、企业与企业之间进行分配
库存股	指已公开发行但发行企业通过购入、赠予或其他方式重新获得可再行出售或注销的股票
其他综合收益	指企业根据会计准则规定未在当期损益中确认的各项利得和损失
其他权益工具	指企业发行的除了普通股股票和优先股股票以外的权益工具

（二）所有者权益的确认条件

所有者权益体现的是所有者在企业中的剩余权益，所有者权益的确认与计量主要依赖于资产和负债的确认与计量。例如，企业接受投资者投入的资产，在该资产符合资产确认条件时，就相应地符合所有者权益的确认条件；当该资产的价值能够可靠计量时，所有者权益的金额也就可以确定。

财务状况等式如下。

资产 = 负债 + 所有者权益

练一练

2023 年底，云帆电商公司负债总额 10 万元，资产总额 20 万元，请计算云帆电商公司的所有者权益。

所有者权益 = ________________

二、企业的筹资方式

企业筹资是指企业为了满足经营活动、投资活动、资本结构管理和其他需要，运用一定的筹资方式，通过一定的筹资渠道，筹措和获取所需资金的一种财务行为。

一般来说，企业的筹资方式有两种：股权筹资和债务筹资。

（一）股权筹资

股权筹资，即通过吸收直接投资、公开发行股票等方式取得资金，形成企业的股权资本。股权资本，是投资者投入、企业依法长期拥有、能够自主调配运用的资本。股权资本在企业持续经营期间，投资者不得抽回，也称为企业的自有资本、主权资本或权益资本。股权资本是企业从事生产经营活动和偿还债务的基本保证，是代表企业基本资信状况的一个主要指标。企业的股权资本通过吸收直接投资、发行股票、内部积累等方式取得。股权资本一般不用偿还本金，形成企业的永久性资本，财务风险小，但付出的资本成本相对较高。

股权资本包括实收资本（股本）、资本公积、盈余公积和未分配利润。其中，实收资本（股本）和其溢价部分形成的资本公积，来自外部投资者的原始投入；盈余公积、未分配利润和部分资本公积，是原始投入资本在企业持续经营中形成的经营积累。通常情况下，盈余公积、未分配利润统称为留存收益。股权资本在经济意义上形成了企业的所有者权益。

（二）债务筹资

债务筹资，即通过向银行借款、发行公司债券、利用商业信用等方式取得资金，形成企业的债务资本。

债务资本是企业按合同向债权人取得的，在规定期限内需要清偿的债务。企业通过债务筹资形成债务资金，债务资金通过向金融机构借款、发行债券、租赁等方式取得。由于债务资金到期要归还本金和支付利息，债权人对企业的经营状况不承担责任，因此债务资金具有较大的财务风险，但付出的资本成本相对较低。从经济意义上说，债务资金是债权人对企业的一种投资，债权人依法享有企业使用债务资金所取得的经济利益，债务资金形成了企业的债权人权益。

职场点津

筹资方式一：寻找合伙人共同出资创业，以入股的形式投入资金，分担资金压力，共担风险和共享收益。

分析：入股投入资金意味着实收资本（股本）增加，所有者权益增加。

筹资方式二：向银行申请商业贷款，作为企业灵活资金。

分析：向银行申请贷款会导致负债和资产同时增加，对所有者权益没有直接影响。

筹资方式三：通过股权众筹的方式，在互联网平台筹集众多小额资金来支持创业项目。

分析：股权众筹增加企业的股本，所有者权益增加。

三、所有者权益与债权人权益的区别

所有者权益反映的是企业所有者对企业资产的索取权，负债反映的是企业债权人对企业资产的索取权，两者在性质上有本质区别，因此企业在会计确认、计量和报告中应当严格区分负债和所有者权益，如实反映企业的财务状况，尤其是企业的偿债能力和产权比率等。所有者权益与债权人权益的区别有四点，如图 1-10 所示。

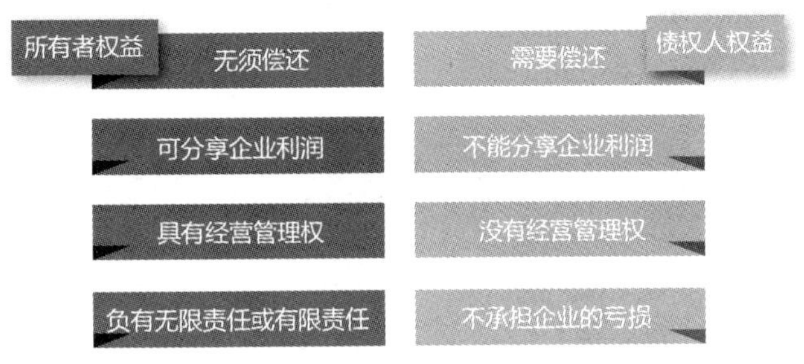

图 1-10　所有者权益与债权人权益的区别

（1）所有者权益在企业经营期内可供企业长期、持续地使用，企业不必向投资人返还资本金；而负债则须按期返还给债权人。

（2）所有者权益是企业分配税后净利润的主要依据，企业所有人凭其对企业投入的资本，享受税后分配利润的权利；而债权人除按规定取得利息外，无权分配企业的利润。

（3）企业所有者有权行使企业的经营管理权，或者授权管理人员行使经营管理权；但债权人并没有经营管理权。

（4）企业的所有者对企业的债务和亏损负有无限责任或有限责任；而债权人与企业的其他债务无关，一般也不承担企业的亏损。

课堂互动

思考与讨论：请对比电商企业或 MCN 机构中所有者权益与债权人权益的主要区别。

行家点拨

所有者权益核算是财务报表制作的核心环节之一，对企业的财务状况和经营成果具有至关重要的影响。准确、完整地核算所有者权益，能够真实反映企业的资产、负债和净资产状况，为企业经营者、投资者以及其他利益相关方提供决策依据。在进行所有者权益核算时，必须严格遵守会计准则和法规，确保财务报表的准确性和完整性，从而保障数据的真实可靠性。

在所有者权益核算过程中，需要注意以下几点。

首先，要确保各项数据的来源可靠。这包括从企业内部各部门收集原始数据，以及从外部机构获取相关数据。在收集数据的过程中，需要对数据的真实性进行验证，避免因为数据错误或失真而导致财务报表数据不准确。

其次，根据会计准则和法规的要求进行核算。这包括选择合适的会计政策和估计方法，以及正确运用会计准则和法规。在核算过程中，要严格遵守会计准则的规范，确保财务报表的合规性和可比性。

最后，还需要关注所有者权益变动的原因和影响。对所有者权益变动情况进行分析，可以了解企业的资本结构和盈利能力的发展趋势，以及可能存在的风险和问题，这有助于及时发现并解决潜在的问题，保障企业稳健发展。

实践任务

任务背景

经过一整年的运营，云帆电商公司本年度共计取得净利润 300 万元，且以前年度没有亏损。根据公司章程的规定，公司需要按照净利润（扣减弥补以前年度亏损后）的 10% 提取法定盈余公积，并按 5% 的比例计提任意盈余公积。这将为公司的长期发展和风险防范提供资金保障。

任务要求

分析任务背景，分析并阐述年终分配业务对企业所有者权益的具体影响。

课外拓展

权责发生制

在会计主体的经济活动中，经济业务的发生和货币的收支不是完全一致的，即存在现金流动与经济活动的分离。由此而产生两个确认和记录会计要素的标准：一个标准是以货币收支作为收入确认与费用确认的依据，称为收付实现制；另一个标准是以取得收款权利、付款责任作为记录收入或费用的依据，称为权责发生制。

权责发生制又称“应收应付制”，它是以本期会计期间发生的费用和收入是否应计入本期损益为标准，处理有关经济业务的一种制度。凡在本期发生应从本期收入中获得补偿的费用，不论是否在本期支付，均应作为本期的费用处理；凡在本期发生应归属于本期的收入，不论是否在本期收到，均应作为本期的收入处理。实行权责发生制，有利于正确反映各期的费用水平和盈亏状况。

权责发生制是依据持续经营和会计分期两个基本前提正确划分不同会计期间资产、负债、收入、费用等会计要素的归属的。权责发生制运用应收、应付、预提、待摊等项目记录由此形成的资产和负债等会计要素。企业经营不是一次而是多次，而其损益的记录又要分期进行，每期的损益计算理应反映所有属于本期的真实经营业绩，收付实现制显然不能完全做到这一点。因此，权责发生制能更加准确地反映特定会计期间实际的财务状况和经营业绩。

任务四　认识收入要素

任务引例

电商企业盈利模式

电商企业的盈利模式多样，主要包括以下几种。

1. 销售商品模式

电商企业通过生产商品或与供应商合作，在平台上销售商品给消费者，从中获取利润。例如凡客诚品、京东、苏宁易购采用这种模式。

2. 佣金模式

电商企业作为中间商连接买家和卖家，根据交易提取佣金。例如美团、饿了么、滴滴出行采用这种模式。

3. 广告模式

电商企业广告商通过平台投放广告吸引流量和用户，平台向广告商收取费用。例如淘宝、京东、拼多多采用这种模式。

4. 分销模式

电商企业与其他企业合作，将商品或服务分销给合作伙伴，获取分成收益。例如微店、有赞微商城采用这种模式。

5. 会员制度模式

电商企业建立会员制度，吸引用户并收取会员费或提高用户消费频率。例如天猫88VIP、京东 PLUS 会员采用这种模式。

6. 增值服务模式

电商企业提供物流、售后服务等增值服务，从中获取服务费用。例如京东物流、京东家电安装服务、苏宁易购家电安装服务等采用这种模式。

7. 品牌授权模式

电商企业与品牌商合作，进行品牌授权或代理，获取授权费用或销售分成。

8. 导购模式

电商企业主要做流量分发，通过赚取交易佣金获利。

思考：

（1）电商企业通过以上模式获得经济利益，是否能使企业所有者权益增加？

（2）企业接受捐赠、投资者增加投资资金能否使企业所有者权益增加？这些算企业的收入吗？

学思践悟

对企业来说，营业外收入的获得可以增加企业的收益，并有助于企业的经营发展。然而，如果企业在获得营业外收入时违反法律法规，或者过于依赖营业外收入而忽视主营业务的发展，可能会给企业带来不利影响。企业应当严格遵守法律法规，平衡营业收入与营业外收入的关系。同时，企业要承担一定的社会责任，履行道德义务，避免出现不当的营业外收入行为，保护企业和社会的共同利益。

知识储备

一、收入的含义

收入是指企业在日常活动中形成的、会增加所有者权益的、与所有者投入资本无关的经济利益的总流入。

二、收入的特征

收入主要具备以下特征。

（1）收入是企业在日常活动中形成的。日常活动是指企业为完成经营目标所从事的经常性活动以及与之相关的活动。非日常活动形成的经济利益流入应确认为利得。例如企业销售商品或提供服务得到的经济利益属于收入，获得的捐赠属于利得。

（2）收入是与所有者投入资本无关的经济利益的总流入。所有者投入资本也会导致经济利益流入企业，但它不能确认为收入，应当确认为所有者权益。

（3）收入会增加所有者权益。收入的取得意味着利润的增加，利润在分配之前属于所有者权益。

职场任务

云帆电商公司在某月通过直播销售商品300件，累计收入3万元。公司管理层研究决定将之前购入的三屏导播直播一体机出售，出售后收到款项2.8万元。这两笔款项是否属于公司的收入？企业收入的确定如图1-11所示。

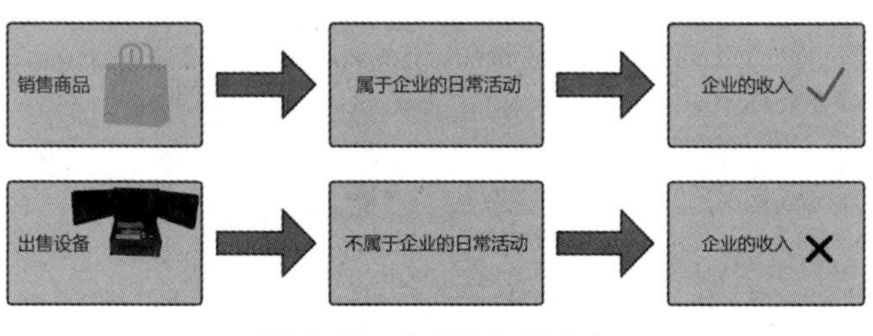

图1-11 企业收入的确定

三、收入的分类

（一）按营业项目的主次分类

按营业项目的主次，将收入分为主营业务收入和其他业务收入，如图 1-12 所示。

主营业务收入是指企业经常性的、主要经营业务所产生的收入。

其他业务收入是指企业除主营业务活动以外的其他日常生产经济活动实现的收入。例如电商企业出租房屋、股权出售等取得的经济利益。

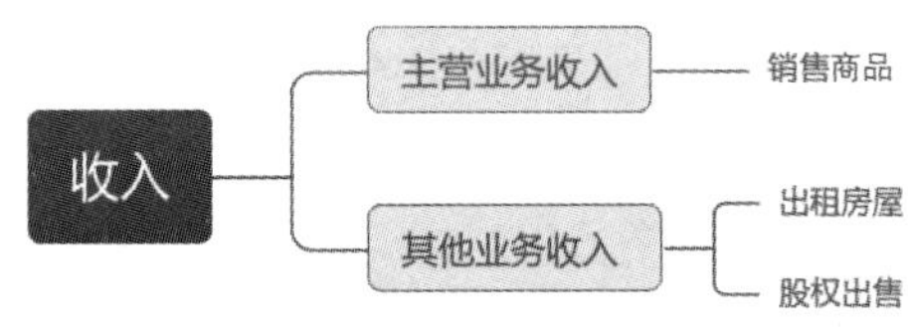

图 1-12　收入的分类

（二）电商企业常见的收入类型

1. 商品销售收入

这是电商企业直接的收入。企业通过平台销售商品或服务，从中赚取销售差价或收取服务费。根据商品类型和市场定位，商品销售收入可能来自日常消费品、电子产品、家用电器、时尚服饰、美妆产品等各个领域。

2. 广告收入

电商平台通常会提供广告位给商家，通过展示广告获取收入。这些广告可能是品牌商为了提高产品曝光率而形成的，也可能是基于竞价排名的付费广告。

3. 佣金收入

一些电商平台对通过平台完成的交易收取一定比例的佣金。这种模式在第三方支付平台和一些拍卖型电商网站上比较常见。

4. 增值服务收入

电商企业会提供一些增值服务，如物流配送服务、售后服务、商品安装、个性化定制等，这些服务通常会收取额外费用。

四、收入的确认条件

收入只有在经济利益很可能流入使得企业资产增加或者负债减少，且经济利益的流入额能够可靠计量时才能予以确认。

练一练

云帆电商公司本月通过销售商品获得 3 万元，收取新会员入会费 2 000 元，通过海报超链接帮助其他店铺引流获得广告收入 1 000 元，支付天猫技术服务费 5 000 元，支付圆通速递运费 900 元，云帆本人追加投资 20 万元，云帆的好朋友小陆无偿提供给该公司价值 1 万元的广告位。

以上哪些业务或事项可以确认为该公司的收入？

课堂互动

思考与讨论：以京东为例，在网上查找资料，分析其收入的主要类型是什么？

行家点拨

电商时代的收入来源越发多样化，判断某一经济活动是否为企业带来收入时，应着眼于探究该经济活动的本质，并将其与企业经营范围进行紧密结合。

经济活动的本质是其背后的商业逻辑和价值创造过程。只有那些符合企业经营范围要求，能够为企业创造实际价值、价值能够被量化的经济利益流入，才能被视为企业的收入。

为第三方或客户代收的款项不符合上述条件，具体体现为：为第三方或客户代收的款项增加了企业的资产，也增加了企业的负债，但没有增加企业的所有者权益，不能作为企业的收入。例如电商平台代客户购买景点门票、高铁票、飞机票而收取的票款，不能确定为企业的收入。

实践任务

任务背景

云帆电商公司 2020 年成功在淘宝、京东和抖音等知名电商平台上线后，其运行情况良好，业务量逐日攀升。凭借敏锐的市场洞察力和高效的品牌推广策略，该公司迅速在竞争激烈的电商市场中脱颖而出，赢得了众多消费者的青睐。如今，云帆电商公司已经积累了丰富的运营经验和客户资源，为其后续发展奠定了坚实基础。

2024 年 10 月，云帆电商公司迎来了新的业绩高峰，其收入明细如表 1-5 所示。

表 1-5　云帆电商公司收入明细

日期	摘要	收入金额/元
2024-10-1	销售货物，收到淘宝平台结算的款项	52 353.00
2024-10-5	客户因商品问题申请退货或换货，公司需进行退款或换货处理	-3 115.00
2024-10-6	提供会员服务，收取会员费	13 595.00
2024-10-7	销售货物，收到京东平台结算的款项	482 180.00
2024-10-8	客户使用累积的积分兑换商品	554.00
2024-10-11	销售给批发商一批护肤品，收到批发商结算的款项	421 765.00
2024-10-15	销售货物，收到抖音平台结算的款项	232 790.00

续表

日期	摘要	收入金额/元
2024-10-18	出售不再使用的办公设备（空调）2台	3 580.00
2024-10-22	销售货物，收到淘宝平台结算的款项	422 519.00
2024-10-24	销售给批发商一批护肤品，收到批发商结算的款项	132 590.00
2024-10-25	客户使用累积的积分兑换商品	12 767.00
2024-10-30	销售给批发商一批护肤品，收到批发商结算的款项	179 650.00
2024-10-30	销售货物，收到京东平台结算的款项	76 058.51
2024-10-30	销售货物，收到抖音平台结算的款项	312 490.00

任务要求

（1）分析云帆电商公司 2024 年 10 月的收入类型。

（2）结合摘要，将表 1-5 中各项收入进行分类，用 Excel 数据表统计各类收入金额。

课外拓展

原始凭证

原始凭证是在经济业务发生时取得或填制的，用以记录和证明经济业务发生或完成情况的凭证。原始凭证的基本内容包括：凭证名称，填制日期，凭证编号，填制和接受凭证的单位名称，业务内容，业务数量和金额，填制单位，填制人、经办人或验收人的签字或盖章。

原始凭证的种类很多，如发货票、收货单、领料单、银行结算凭证、各种报销单据等。原始凭证按来源不同，可分为自制原始凭证和外来原始凭证。自制原始凭证是由本单位经办业务的部门和人员在执行或完成经济业务时填制的凭证。自制原始凭证按其反映业务的方法不同，又可分为一次凭证、累计凭证和汇总凭证。一次凭证如现金收据、银行结算凭证、收料单、领料单、发货票等，累计凭证如限额领料单等，汇总凭证如发料汇总表、工资结算汇总表等。外来原始凭证是经济业务发生时，从其他单位取得的原始凭证，如供应单位的发货单等。

原始凭证是会计工作和财务管理的基础，主要具有以下作用。

1. 记录交易信息

原始凭证包含交易时间、交易对象、交易金额等重要信息，它们能够及时准确地反映企业在特定时期内的运作情况，为后续的会计处理和管理工作提供坚实的基础。

2. 证明交易真实性

原始凭证是证明企业交易合法性和真实性的重要证据，有助于保障会计账务的准确性。

3. 会计账务依据

原始凭证是会计账务处理的依据，只有准确、完整的原始凭证才能保障会计账务的准确性。

4. 便于审计

原始凭证记录了企业的交易信息，便于审计人员对企业财务状况进行核实和审计，确保审计结果的准确性。

5. 便于管理

原始凭证是企业管理的重要依据，通过对其进行汇总和分析，管理人员可以及时了解企业的财务状况，做出正确的决策，提高企业经营的效率和竞争力。

6. 提供会计信息

原始凭证使得会计人员能够整理、分类、汇总日常的大量、分散的经济业务，经过会计处理后，为经济管理提供有用的会计信息。

7. 明确经济责任

原始凭证能够明确经济责任，加强经济管理中的责任制。

原始凭证在会计工作和财务管理中扮演着至关重要的角色，它们不仅是记录和证明经济业务发生的文件，也是保障数据准确性、支持管理决策和符合审计要求的基础。

任务五　认识费用要素

任务引例

京东商城的成本控制策略

京东商城作为我国领先的综合性电商平台之一，面临着激烈的市场竞争和不断上升的运营成本压力。为了保持竞争优势和提升盈利能力，京东采取了一系列有效的成本控制策略。

1. 供应链优化

京东与供应商建立长期稳定的合作关系，通过批量采购、集中采购等方式降低采购成本。同时，京东利用大数据和人工智能技术，对销售数据进行分析预测，实现精准库存管理，减少库存积压和缺货现象，从而降低库存成本。

2. 物流体系建设

京东自建了完善的物流体系，包括仓储、分拣、配送等环节，实现了物流作业的自动化和智能化。京东通过智能路由规划、区域配送中心布局等措施，提高了物流效率，降低了运输成本。此外，京东还推广绿色包装和回收政策，进一步降低了包装成本和对环境的影响。

3. 技术驱动效率提高

京东在技术研发上投入巨资，利用大数据、云计算、人工智能等先进技术优化业务流程，提高运营效率。例如，京东通过智能客服系统处理大量标准化问题，减少人工客服压力，提高服务效率；通过智能推荐系统提升用户购物体验，提高转化率等。

4. 市场推广的精细化

京东在市场推广方面注重精准营销和效果评估，通过市场分析和用户画像，精准投放广告和推广活动，降低市场推广成本，提高投入产出比。同时，京东还利用社交媒体、直播“带货”等新兴渠道，以更低的成本吸引更多用户关注和购买。

思考：

（1）京东商城通过哪些举措实现有效的成本控制？

（2）成本控制对企业来说重要吗？如果经营一个网店，应如何控制成本？

学思践悟

在企业项目管理过程中，我们需要承担起责任，合理规划和控制成本，确保项目顺利进行。我们要意识到，成本管理不仅是为了企业的利益，更是为了社会的发展和进步。只有承担起责任，我们才能在项目中发挥自己的价值，为社会创造更大的价值。

知识储备

一、费用的含义

费用是指企业在日常活动中发生的、会导致所有者权益减少的、与向所有者分配利润无关的经济利益的总流出。费用表现为企业资产的减少、负债的增加或二者兼而有之，最终导致所有者权益的减少。例如企业用银行存款支付当期的推广费，费用可表现为企业资产的减少；企业当期发生运输费用，但没有实际支付，费用则表现为企业负债的增加。无论上述哪种情况，最终都会导致企业所有者权益的减少。

二、费用的特征

费用主要有以下特征。

（1）费用是企业在日常活动中形成的。非日常活动形成的经济利益的流出不能确认为费用，应确认为损失。

（2）费用是与向所有者分配利润无关的经济利益的总流出。向所有者分配利润也会导致经济利益流出企业，但它属于利润分配，不能确认为费用。

（3）费用会导致所有者权益的减少。费用的发生意味着利润的减少，利润在分配之前属于所有者权益。

职场任务

云帆电商公司在开立天猫专卖店后为了吸引用户下单，开启了全店包邮活动，本月包邮运费共计 900 元。为了引流，该公司通过平台直通车和钻石展位推广，推广费 1 万元；通过淘宝客推广，支付佣金 2 000 元。其中，一件商品缺货未及时下架，导致未能按时发货，平台罚款 1 000 元，晚发补偿客户 200 元。以上支出属于云帆电商公司的费用吗？企业费用的确定如图 1-13 所示。

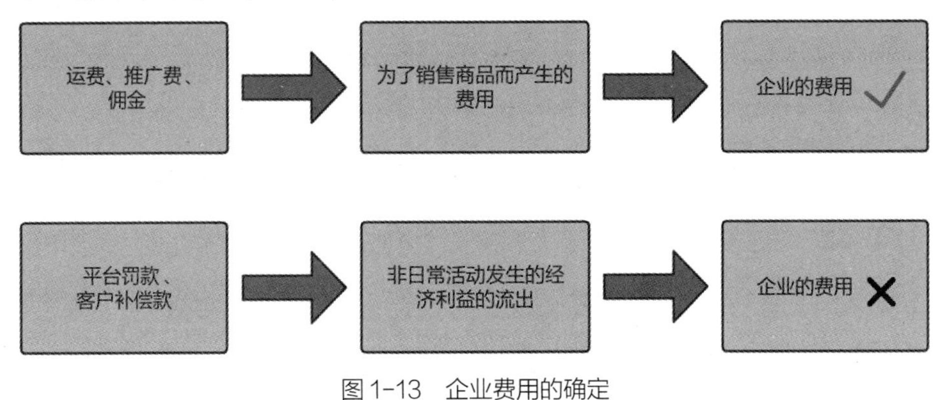

图 1-13　企业费用的确定

三、费用的分类

（一）费用的一般分类

企业进行费用分类是为了更好地管理和控制成本，确保企业财务稳定和健康。企业费用一般有以下四种。

1. 营业成本

营业成本是指与当期营业收入相关的产品成本或劳务成本，包括主营业务成本和其他业务成本。

（1）主营业务成本：企业销售商品、提供劳务等经常性活动所发生的成本。

（2）其他业务成本：企业除主营业务活动以外的其他经营活动所发生的成本。

2. 税金及附加

税金及附加是指企业经营活动应负担的相关税费，包括消费税、城市维护建设税、教育费附加、资源税、土地增值税、房产税、城镇土地使用税、车船税、印花税等。

3. 期间费用

期间费用是指计入当期损益的费用，包括销售费用、管理费用和财务费用。

（1）销售费用：企业在销售商品和材料、自制半成品以及提供劳务等过程中发生的各种费用，包括包装费、运输费、广告费、装卸费、委托代销手续费、销售过程中的保险费、展览费，以及为销售本企业商品而专设销售机构的销售人员工资、业务费、折旧费等。

（2）管理费用：企业为组织和管理生产经营活动所发生的各项费用，包括企业在筹建期间发生的开办费、咨询费、业务招待费等，以及行政管理人员的办公费、管理用固定资产折旧费与维修费等。

（3）财务费用：企业为筹集生产经营所需资金而发生的筹资费用，包括利息支出、汇兑差额和相关的手续费等。

4. 损失性费用

损失性费用是指列作营业收入减项的各项损失，包括投资损失、公允价值变动损失、资产减值损失、资产处置损失等。

部分损益类会计科目如表1-6所示。

表1-6 部分损益类会计科目

损益类会计科目名称	科目含义
资产减值损失	因资产的可回收金额低于其账面价值而造成的损失。企业会计准则规定资产减值范围主要是固定资产、无形资产以及除特别规定外的其他资产
信用减值损失	因应收账款的账面金额高于其可收回金额而造成的损失，其对应科目是坏账准备
其他收益	用于核算与企业日常活动相关但不宜确认收入或冲减成本费用的政府补助
投资收益	企业或个人对外投资所得的收入（所发生的损失为负数），如企业对外投资取得股利收入、债券利息收入以及与其他单位联营所分得的利润等

续表

损益类会计科目名称	科目含义
公允价值变动收益	资产或负债因公允价值变动所形成的收益。公允价值是指在公平交易中，熟悉情况的交易双方自愿进行资产交换或者债务清偿的金额
资产处置收益	反映企业出售划分为持有待售的非流动资产（金融工具、长期股权投资和投资性房地产除外）或处置组（子公司和业务除外）时确认的处置利得或损失，以及处置未划分为持有待售的固定资产、在建工程、生产性生物资产及无形资产而产生的处置利得或损失

（二）电商企业费用的分类

电商企业的费用较为复杂，主要包括以下几个方面。

1. 运输费用

电商企业为客户提供包邮服务，需要承担运输过程中的物流费用，包括快递公司的运输费、包装费等。为了降低运输成本，电商企业会选择与多家快递公司合作，以获取更优惠的物流价格。

2. 销售佣金

电商企业通常需要向第三方平台（如淘宝、京东等）支付一定比例的销售佣金。此外，为了激励推广者为自己带来更多流量和销量，电商企业还需向淘宝客等推广平台支付一定的佣金。

3. 广告费

为了提高品牌知名度和销售额，电商企业会在各大平台（如搜索引擎、社交媒体、短视频平台等）投入广告。广告费包括广告投放费、广告创意设计费等。

4. 平台服务费

电商企业需要在第三方平台上支付一定的服务费，以使用平台提供的各项功能，如商品上架、订单管理、客户服务等。

5. 技术服务费

为了保障电商平台正常运行，电商企业需要支付技术服务费，包括服务器租赁费、软件开发维护费等。

6. 仓储物流费用

电商企业需要租赁仓库、购置仓储设备，以及支付仓储管理人员的工资。此外，商品在运输过程中的仓储费用也需要由电商企业承担。

7. 售后服务费用

为了提高客户满意度，电商企业需要提供售后服务，如退换货、维修等。这些服务所产生的费用包括物流费、维修费等。

四、费用的确认条件

费用只有在经济利益很可能流出而导致企业资产减少或者负债增加，且经济利益的流出额能够可靠计量时才能予以确认。企业为生产商品、提供劳务等发生的可归属于商品成本、劳务成本等的费用，应当在确认商品销售收入、劳务收入等时，将已销售商品、已提供劳务的成本等计入当期损益。

练一练

企业在各大电商平台发生了以下开销，哪些属于费用？哪些属于损失？请分析后填入表1-7中。

（1）通过电商平台销售商品时的推广费、快递费、运费补偿、技术服务费、延迟发货费用、缺货扣款、售后补偿费等。

（2）与店铺相关的软件费用、样品费、快递拦截费等。

（3）抖音平台：达人佣金、贴息费用、小额打款、超时赔付等。

（4）天猫平台：个人部分淘宝客佣金、发货扣款等。

（5）京东平台：京挑客费用、直赔等。

（6）拼多多平台：售后补偿、货款充值评价有礼、小额打款等。

表1-7　电商平台的费用和损失

费用	
损失	

课堂互动

思考与讨论：电商企业与传统企业相比，最大的费用支出是什么？

行家点拨

网店经营可能遇到恶意退货，导致企业产生损失，经营者应提前做好准备。经营者可以采取以下方法维护自己的权益。

1. 收集证据

在面对恶意退款退货时，要确保有充足的证据支持自己的主张，证据包括购买凭证、收据、发票、商品照片、沟通记录等。这些证据有助于证明恶意退款退货行为。

2. 与消费者沟通

商家应及时与消费者沟通，了解退款退货的具体原因和情况。友好的沟通可以帮助商家解决纠纷，寻求消费者的理解和妥协。

3. 确定退款政策和规定

商家需要清楚了解自己的退款政策和规定，并根据实际情况判断消费者是否符合退款条件。如果消费者存在违规行为，商家可以据此拒绝恶意退款退货请求。

4. 寻求法律援助

如果与消费者无法达成一致，商家可以咨询专业律师，并根据法律建议采取相应的法律行动。这包括起诉恶意消费者、提交证据给相关机关等，以维护自己的合法权益。

5. 寻求第三方调解

商家可以寻求第三方调解机构的帮助，如当地的消费者权益保护组织、行业协会或仲裁机构。这些机构通常具有调解纠纷的能力，可以协助商家和消费者达成和解。

6. 宣传和声誉管理

如果商家认为遭受了恶意退款退货的损害，可以通过宣传和声誉管理维护自己的品牌形象，通过向公众清楚地阐述事件的真相，提升品牌的透明度和信誉，减少负面影响。

在处理恶意退款退货问题时，商家需要注意合法性和公平性，不应采取过于激烈或违法的手段。尽管恶意退款退货可能带来一定的经济损失，但保持冷静、理性和合法是维护自身权益的关键。

实践任务

任务背景

2024 年 10 月，云帆电商公司在实现了可观收入的同时，也产生了一定的费用。为了更好地掌握公司的财务状况，公司高层决定对 2024 年 10 月的成本费用进行详细分析，以便在未来的经营决策中更加精准地把握成本控制和资源配置。

在 2024 年 10 月，云帆电商公司面临各种挑战和机遇。一方面，为了提高市场占有率，公司加大了销售和推广力度，导致销售费用大幅增加。另一方面，公司还承担了社会责任，进行公益捐赠，展示了公司的社会担当。同时，为了保证日常运营和管理，公司还发生了一系列管理费用和财务费用，如表 1-8 和表 1-9 所示。

表 1-8　云帆电商公司 2024 年 10 月成本

日期	摘要	成本金额/元
2024-10-1	货物销售成本	57 932.21
2024-10-6	货物销售成本	83 912.23
2024-10-14	货物销售成本	127 532.55

续表

日期	摘要	成本金额/元
2024-10-16	通过公益事业单位给山村贫困小学捐赠	20 000.00
2024-10-21	货物销售成本	671 279.34
2024-10-30	货物销售成本	84 932.21

表 1-9　云帆电商公司 2024 年 10 月费用

日期	摘要	费用金额/元
2024-10-1	支付支付宝提现手续费	52.35
2024-10-4	支付平台推广费	89 353.05
2024-10-5	支付装卸搬运费	3 960.00
2024-10-6	支付展会费用	15 691.00
2024-10-7	支付天猫佣金	1 931.21
2024-10-7	支付支付宝提现手续费	482.18
2024-10-15	支付支付宝提现手续费	421.77
2024-10-15	支付管理部门工资和社保公积金	165 676.37
2024-10-15	支付销售运营部门工资和社保公积金	594 231.92
2024-10-15	支付财务部门工资和社保公积金	56 731.85
2024-10-21	支付产品技术研发费用尾款	58 560.00
2024-10-22	支付支付宝提现手续费	422.52
2024-10-23	支付公司节日福利费	2 883.20
2024-10-28	销售部门报销差旅费	2 750.00
2024-10-30	支付店铺软件及插件工具费用	3 179.58
2024-10-30	支付仓储场地租赁费用	17 570.00
2024-10-30	支付办公楼租赁费用	52 960.00
2024-10-30	支付支付宝提现手续费	76.06

任务要求

分析云帆电商公司 2024 年 10 月的成本和费用类型，将表 1-8 和表 1-9 各项成本和费用进行分类，用 Excel 数据表统计各类成本和费用的金额。

课外拓展

会计账户

会计账户是根据会计科目开设的，在会计核算中，会计科目只是会计账户的名称，不能体现资金的变化；而会计账户除了名称之外，还包括金额以及金额体现的借贷方向等。为了适应会计核算的要求，可以在会计科目的基础上增加能反映会计要素增减变动的会计账户。因此，会计账户和会计科目是一一对应的，有什么会计科目就会有相应的会计账户。

与会计科目的分类相对应，会计账户也可根据核算的经济内容，分为资产类账户、负债类账户、所有者权益类账户、成本类账户和损益类账户。

会计账户的四要素如下。

（1）本期增加发生额：表示会计要素在特定会计期间增加的金额。

（2）本期减少发生额：表示会计要素在特定会计期间减少的金额。

（3）期初余额：上期的期末余额转入本期，表示本期的期初余额。

（4）期末余额：本期的期末余额转入下期，表示下期的期初余额。

对同一会计账户而言，四要素的基本关系如下。

$$期末余额=期初余额+本期增加发生额-本期减少发生额$$

任务六　认识利润要素

任务引例

财务造假案例

A 公司实际控制人通过虚构销售业务等方式，累计虚增收入 71 亿元，累计虚增利润 28 亿元；B 公司销售收入严重虚增，通过虚增销售收入等手段提高公司利润，进而吸引投资者和维持股价；C 公司通过编造虚假合同、单据虚增收入和成本费用，累计虚增利润 115 亿元；D 公司实际控制人、董事长等通过虚开和篡改增值税发票、伪造银行单据，累计虚增货币资金 887 亿元，虚增收入 275 亿元，虚增利润 39 亿元；E 公司通过虚构销售业务、租赁和加工业务等方式，虚增营业收入和利润；F 公司串通其他公司虚构采购销售闭环贸易，虚增营业利润 73 万元，约占当年年度报告披露营业利润的 13%。

以上公司及相关责任人员都受到了相应的处罚，公司的股价和声誉也受到了影响。

思考：

（1）A、B、C、D、E、F 公司为什么要进行财务造假？你对此有什么看法？

（2）谈一谈你对合法经营的理解。

学思践悟

会计人员的核心职业道德之一是“诚信”，会计人员的工作指南针是“诚信为本、操守为重、坚持准则、不做假账”，在日常学习和考试中，也应当遵守诚信原则，以自身的努力换取漂亮的成绩单。对企业而言，诚实守信、合法经营是发展的底线，只有通过科技创新、绿色发展等途径把企业做大做强，才能真正获得投资者的青睐和认可。任何想通过虚假业绩支撑股价的企业最终都将付出惨痛的代价。

知识储备

一、利润的含义

利润是指企业在一定会计期间的经营成果。利润包括收入减去费用后的净额、直接计入当期利润的利得和损失等。

对每个企业来说，获取利润是进行生产经营的最终目的。企业如果实现盈利，则所有者权益增加；如果亏损，则所有者权益减少。

二、利润的分类

（一）营业利润

营业利润是指企业在销售商品、提供劳务等日常活动中所产生的利润，是企业最基本的经营活动成果，也是企业利润的主要来源。营业利润的计算公式如下。

营业利润 = 营业收入 − 营业成本 − 税金及附加 − 销售费用 − 管理费用 − 财务费用 − 资产减值损失 − 信用减值损失 + 其他收益 + 投资收益（− 投资损失）+ 公允价值变动收益（− 公允价值变动损失）+ 资产处置收益（− 资产处置损失）

（二）利润总额

利润总额又称“税前利润”，是指企业在一定时期内通过生产经营活动所实现的最终财务成果，它由营业利润和营业外收支净额构成。利润总额的计算公式如下。

利润总额 = 营业利润 + 营业外收入 − 营业外支出

（三）净利润

净利润又称“税后利润”，是指企业当期利润总额减去所得税费用后的金额。净利润需要进行分配，按一定的比例提取盈余公积，然后再进行利润分配，分配后如果有剩余，则为未分配利润。净利润的计算公式如下。

净利润 = 利润总额 − 所得税费用

（四）综合收益总额

综合收益总额是企业在某一会计期间的净利润和其他综合收益的合计金额。其中，净利润是企业在一定会计期间的经营成果，而其他综合收益则是指企业根据会计准则规定未在当期损益中确认的各项利得和损失。综合收益总额的计算公式如下。

综合收益总额 = 净利润 + 其他综合收益的税后净额

三、利润的确认条件

利润金额取决于收入和费用、直接计入当期利润的利得和损失金额。直接计入当期利润的利得和损失，是指应当计入当期损益、会导致所有者权益发生增减变动的、与所有者投入资本或者向所有者分配利润无关的利得或者损失。其中，利得是指由企业非日常经营活动形成的、会导致所有者权益增加、与所有者投入资本无关的经济利益的流入；损失是指由企业非日常经营活动形成的、会导致所有者权益减少、与向所有者分配利润无关的经济利益的流出。

四、利润率

利润率是反映企业一定时期利润水平的相对指标。利润率指标既可考核企业利润计划的完成情况，又可比较各企业之间和企业不同时期的经营管理水平。利润率的计算公式如下。

成本利润率 = 利润 ÷ 成本 ×100%

销售利润率 = 利润 ÷ 销售收入 ×100%

练一练

云帆电商公司 3 月 1 日销售收入 3.8 万元，成本合计 2.8 万元，请计算云帆电商公司该日的销售利润率。

销售利润率 = ____________________

课堂互动

思考与讨论：根据任务四、任务五统计的云帆电商公司的收入、成本、费用金额，计算 2024 年 10 月该企业的利润。

行家点拨

随着市场竞争的日益激烈，企业部分商品的利润率下滑，此时企业可以通过以下四个方面提高利润率。

1. 降低成本

降低成本是提高利润率的有效途径之一。企业可以采取多种措施降低成本，例如优化供应链、精简运营环节、压缩费用等。优化供应链是指在采购、库存、配送等环节实现信息共享和流程协同，从而提高效率和降低成本。精简运营环节是指通过管理流程的优化，以及采用科技手段提高运营效率，从而降低人力成本和管理成本。压缩费用是指从财务管理方面入手，例如降低税费、节约能源等，从而降低运营成本。

2. 提高产品差异化，树立品牌形象

产品差异化主要表现在产品品质、品牌、功能和服务等方面。企业可以通过加强品牌建设、提供优质的售前和售后服务等方式提高产品差异化，增加客户黏性和忠诚度。

电商时代，除看重产品本身外，讲好品牌故事同样重要。企业通过讲述品牌的创立背景、核心价值和使命，使消费者能够更好地理解和认同品牌。这有助于在消费者心中形成独特的品牌形象，从而在众多竞争者中脱颖而出。

一个引人入胜的品牌故事可以激发消费者的情感共鸣，增强品牌与消费者之间的情感连接。情感连接可以使消费者对品牌产生忠诚度和信任感，从而更愿意选择购买该品牌的产品。

3. 拓展市场渠道

除了在线销售外，企业可以通过多种方式拓展市场渠道，如线下实体店、代理销售等；也可以利用社交媒体平台进行精准营销，通过发布优质内容、互动营销等方式吸引目标消费者；还可以拓展境外市场，通过跨境电商平台将产品销售到全球各地，提高销售额和利润。

通过拓展市场渠道，企业可以扩大销售范围和覆盖面，提高产品知名度和销售量，从而增加收入和提高利润率。

4. 增强客户体验

客户体验是影响企业利润率的重要因素之一。为了增强客户体验，企业需要加强售前和售后服务，提供更加专业和及时的咨询与技术支持，简化购物流程，提高页面加载速度和响应速度，降低客户流失率。同时，企业可以通过培训等手段提升售后服务质量，致力于解决客户疑问和问题，提高客户信任度和忠诚度。此外，企业还可以通过大数据精准推送，将提供优惠券和促销活动等吸引新客户的方式与会员积分制度结合，提高客户忠诚度和复购率。

实践任务1

任务背景

企业利润是企业经营活动的产出，对企业的发展和生存至关重要。利润支持企业实现经济持续发展、为投资者提供回报、提升产品和服务质量、推动创新与研发以及创造就业机会。因此，企业应当通过有效的经营管理追求利润最大化，及时了解企业利润率，调整经营策略。

任务要求

请分析云帆电商公司 2024 年 8 月第一周营业利润表，如表 1-10 所示，计算其营业损失、实际收入、成本合计、营业利润，填入表 1-11 中。

表 1-10　云帆电商公司 2024 年 8 月第一周营业利润表

单位：元

日期	收入金额	货品成本	成本率	售中/售后退款	退货成本	退货率	实际货品成本	物流费/包装费	平台费用	行政类费用	佣金/礼品/补偿/返现	好评返现/售后	营业损失	实际收入	成本合计	营业利润	销售利润率
8月1日	25 846	13 548	52.4%	60	24	0.2%	13 524	1 801	6 510		180			25 786	22 015	3 771	14.6%
8月2日	21 354	12 035	56.4%	75	36	0.4%	11 999	1 501	4 730		148	50		21 279	18 428	2 851	13.4%
8月3日	16 874	9 465	56.1%	0	0	0.0%	9 465	1 494	3 801		171			16 874	14 931	1 943	11.5%
8月4日	21 301	10 212	47.9%	100	48	0.5%	10 164	1 601	3 789	1 000	135			21 201	16 689	4 512	21.3%
8月5日	25 879	15 063	58.2%	0	0	0.0%	15 063	1 703	6 901		187	80		25 879	23 934	1 945	7.5%
8月6日	23 014	12 654	55.0%	0	0	0.0%	12 654	1 587	5 201		203			23 014	19 645	3 369	14.6%
8月7日	20 458	9 843	48.1%	75	36	0.4%	9 807	1 841	4 364		187			20 383	16 199	4 184	20.5%
合计	154 726	82 820	53.5%	310	144	0.2%	82 676	11 528	35 296	1 000	1 211	130					

表 1-11 云帆电商公司 2024 年 8 月第一周营业成果

事项	合计金额/元
营业损失	
实际收入	
成本合计	
营业利润	

实践任务2

任务背景

云帆电商公司目前在天猫、淘宝、京东、抖音等平台注册并运营 6 家旗舰店店铺，拥有 3 款 AI 数字人主播。公司在电商工业园租赁了两层作为办公场所，一层用于办公，另一层用于仓储和打包发货。公司拥有自主研发的抗敏专利和商标权。以下为该公司的资产和负债变动情况，请根据其业务发生情况分析资产和负债项目的变动情况。

业务 1：公司新购置了一批直播设备，包括高端摄像机、话筒和照明设备，采用银行存款支付含税价款 33 900 元（增值税 3 900 元，取得数电发票—增值税专用发票）。

业务 2：公司购买了 3 台计算机作为办公设备，采用银行存款支付含税价款 16 950 元（增值税 1 950 元，取得数电发票—增值税专用发票）。

业务 3：本月新增了一批待售的护肤品 A。

业务 4：公司在扩展业务的过程中，借了一笔短期借款以应对库存采购的资金需求。

业务 5：公司从银行获得了一笔长期借款，用于购买新办公楼。

业务 6：公司销售给 A 批发商一批护肤品 B，款项未收。

任务要求

请列出上述业务涉及的资产与负债项目，将其划分为流动资产和非流动资产、流动负债和非流动负债，区分各业务对资产和负债的影响，并将相关数据填入表 1-12 中。

表 1-12　资产与负债项目变动情况

资产项目			
流动资产			
项目	已有	增加	减少
货币资金			
应收账款			
存货			
持有待售资产			
非流动资产			
项目	已有	增加	减少
固定资产			
在建工程			
无形资产			
使用权资产			
负债项目			
流动负债			
项目	已有	增加	减少
短期借款			
应付账款			
应交税费			
非流动负债			
项目	已有	增加	减少
长期借款			
长期应付款			

AI+智慧财税

AI 在财税数据录入中的应用

在传统的会计工作中，数据录入是一个烦琐且容易出错的过程。大量的发票、收据、银行对账单等财务文件需要人工逐一录入财务系统，这不仅耗时耗力，还容易因为人为因素导致数据错误。随着企业规模的扩大和业务量的增加，传统记账方式已难以满足企业高效、准确的财务管理需求。将 AI 应用到数据录入与记账中，能够提高会计工作的效率和准确性。

一、数据录入与分类

与数据录入相关的 AI 应用有以下两种。

1. 光学字符识别（Optical Character Recognition，OCR）技术

AI 通过 OCR 技术可以自动扫描与识别纸质或电子文档中的文字和数字信息，并将其转化为可编辑的文本数据。这样，会计人员无须手工输入，即可将大量财务数据快速导入系统。

2. 机器学习算法

结合机器学习算法，AI 能够学习与理解财务数据的结构和规律，自动进行数据分类和校验。例如，自动识别并分类不同类型的发票（如增值税发票、普通发票等），或者校验发票上的金额、日期等信息是否与实际情况相符。

AI 应用的优势有以下三点。

（1）提高效率：自动录入数据显著缩短了录入时间，提高了工作效率。

（2）降低错误率：减少了人为因素导致的录入错误，提高了数据的准确性。

（3）节省成本：减少了对人工录入员的依赖，降低了人力成本。

二、自动记账平台

基于 AI 技术的自动记账平台能够实时或定时从企业的各个业务系统中抓取交易数据（如销售数据、采购数据、库存数据等），并自动根据预设的会计政策和规则生成记账凭证。同时，自动记账平台还能自动与银行、税务等部门进行对账，确保财务数据的准确性和一致性。除了基本的记账功能外，自动记账平台还能提供数据分析、预测和报告等功能，帮助企业管理者做出更加明智的决策。

自动记账平台的优势有以下四点。

（1）实时性：实现了财务数据的实时处理和更新，提高了财务管理的时效性。

（2）准确性：减少了人为干预，降低了记账过程中的错误率。

（3）高效性：自动化记账流程显著提高了工作效率，使得会计人员有更多时间专注于更高价值的工作。

（4）智能化：通过数据分析和预测功能，为企业提供更加精准的财务洞察和决策支持。

AI 在会计领域的应用不仅提高了数据处理的效率和准确性，还推动了会计工作的智能化和自动化进程。随着技术的不断进步和应用场景的拓展，AI 将在会计领域发挥更加重要的作用。

项目通关测试

一、单选题

1. 会计以（　　）为主要计量单位。

A. 时间　　B. 货币

C. 质量　　D. 劳动

2.（　　）指企业过去的交易或者事项形成的、由企业拥有或者控制的、预期会给企业带来经济利益的资源。

A. 资产　　B. 负债

C. 收入　　D. 费用

3.（　　）是企业留待以后年度分配或待分配的利润。

A. 利润总额　　B. 净利润

C. 未分配利润　　D. 所有者权益

4. 非日常活动形成的经济利益流入应确认为（　　）。

A. 利得　　B. 负债

C. 收入　　D. 费用

5.（　　）是指企业经常性的、主要经营业务所产生的收入。

A. 销售商品收入　　B. 建造合同收入

C. 主营业务收入　　D. 提供劳务收入

二、多选题

1. 以下关于会计核算的特征说法正确的有（　　）。

A. 会计核算以货币为主要计量单位

B. 会计核算主要是对已经发生的经济活动进行事中、事后的核算

C. 会计核算主要是对未来发生的经济活动进行事前的核算

D. 会计核算具有连续性、完整性和系统性

2. 以下属于流动资产的有（　　）。

A. 货币资金　　B. 存货

C. 应收账款　　D. 预付账款

3. 以下属于流动负债的有（　　）。

A. 短期借款　　B. 应交税费

C. 长期应付款　　D. 应付职工薪酬

4. 以下关于所有者权益与债权人权益的说法正确的有（　　）。

A. 所有者权益在企业经营期内可供企业长期、持续地使用，企业不必向投资人返还资本金

B. 债权人除按规定取得利息外，还可以分配企业的盈利

C. 企业所有人和债权人都有权行使企业的经营管理权

D. 企业的所有者对企业的债务和亏损负有无限的责任或有限的责任，而债权人与企业的其他债务无关，一般也不承担企业的亏损

5. 以下属于企业费用的有（　　）。

A. 营业成本　　B. 税金及附加

C. 销售费用　　D. 财务费用

三、判断题

1. 企业资金运动的起点是资金投放。（　　）
2. 会计核算与会计监督两种职能是相辅相成、辩证统一的关系。（　　）
3. 财务会计强化前景预测、规划、决策，面向未来。（　　）
4. 资产、负债、所有者权益是反映企业经营成果的要素。（　　）
5. 企业在电商平台注册的账号属于企业的固定资产。（　　）
6. 流动负债是指企业在两年内必须偿还的各种债务。（　　）
7. 资产负债率越高越好。（　　）
8. 获得的捐赠属于收入。（　　）
9. 企业如果实现盈利，则企业所有者权益增加；如果亏损，则企业所有者权益减少。（　　）

四、案例分析

大学生云帆毕业后创建云帆电商公司，他投入资金 10 万元；租了一间办公室，花费 2.4 万元作为一年的租金；支付各种办公费用 6 000 元；批发 3 万元商品并通过天猫店铺全部卖出，收到货款 6 万元；支付员工工资 7 000 元。请问：云帆电商公司在经过这些经济活动以后，其会计要素是否还符合会计恒等式？

知识复盘

请复习本项目所讲知识，填充空白处，并对各知识点进行标记，△表示了解，○表示熟悉，☆表示掌握。

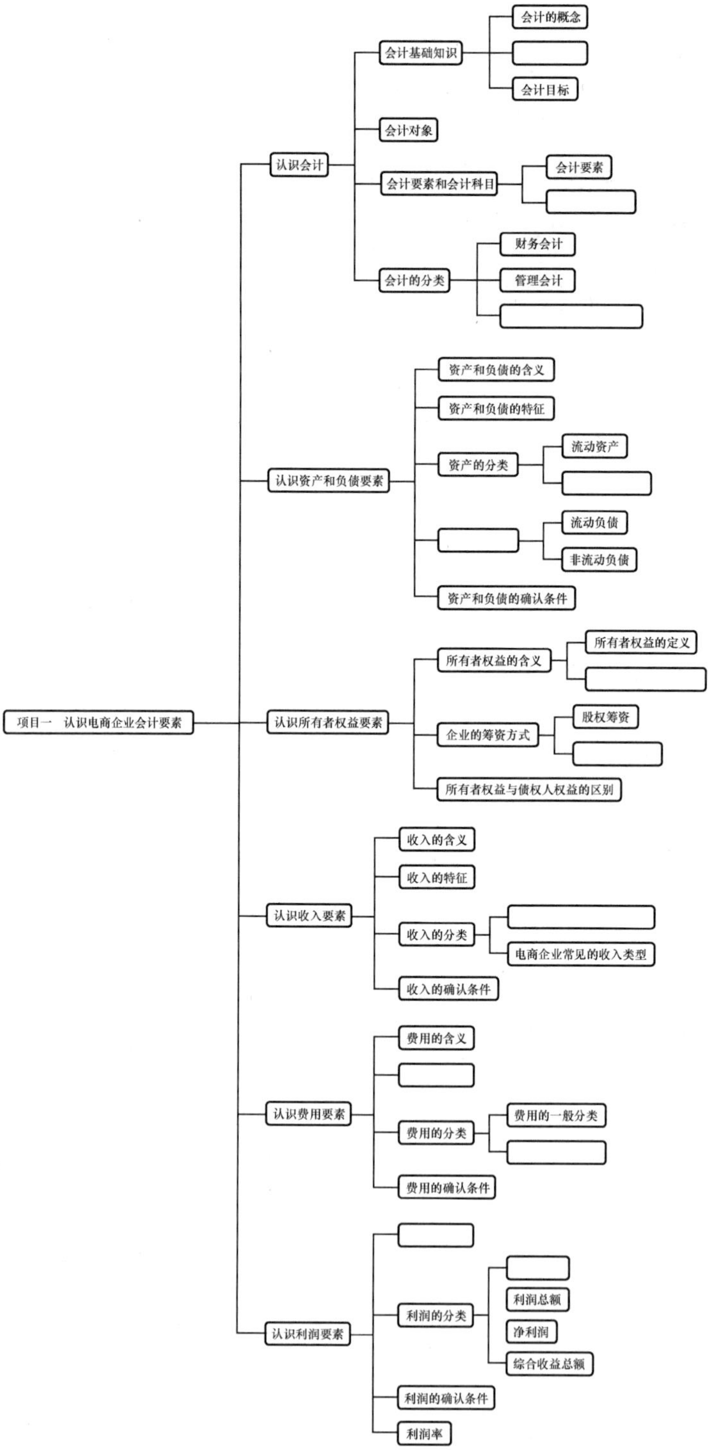

- 项目一　认识电商企业会计要素
  - 认识会计
    - 会计基础知识
      - 会计的概念
      -
      - 会计目标
    - 会计对象
    - 会计要素和会计科目
      - 会计要素
      -
    - 会计的分类
      - 财务会计
      - 管理会计
      -
  - 认识资产和负债要素
    - 资产和负债的含义
    - 资产和负债的特征
    - 资产的分类
      - 流动资产
      -
    -
      - 流动负债
      - 非流动负债
    - 资产和负债的确认条件
  - 认识所有者权益要素
    - 所有者权益的含义
      - 所有者权益的定义
      -
    - 企业的筹资方式
      - 股权筹资
      -
    - 所有者权益与债权人权益的区别
  - 认识收入要素
    - 收入的含义
    - 收入的特征
    - 收入的分类
      -
      - 电商企业常见的收入类型
    - 收入的确认条件
  - 认识费用要素
    - 费用的含义
    -
    - 费用的分类
      - 费用的一般分类
      -
    - 费用的确认条件
  - 认识利润要素
    -
    - 利润的分类
      -
      - 利润总额
      - 净利润
      - 综合收益总额
    - 利润的确认条件
    - 利润率

学习评价

根据考核内容，完成自我小结并进行自我评价和小组互评，最后按自我评价分 ×40%+小组互评分 ×60% 计算综合得分。

评价表

评价维度	考核内容	分值	自我评价	小组互评
知识学习评价	能够结合电商案例，了解会计的基本概念	10分		
	能够了解会计要素的含义，熟悉会计要素和会计科目的对应关系	10分		
	掌握六大会计要素的含义、特征、分类和确认条件	20分		
职业素养评价	逻辑思路清晰，能正确分析问题原因，给出处理方案	5分		
	具备强烈的学习欲望，认真完成拓展任务	5分		
	具有良好的信息收集能力和学习能力	5分		
	能够运用正确的方法和技巧掌握新知识	10分		
品行素养评价	在学习态度上，重视自主探索、自主学习，拓宽视野	5分		
	在探究活动中，勇于质疑，善于反思，有创新意识	10分		
	具有较强的团队合作意识，取长补短	5分		
	在活动参与过程中，积极参与实践活动，态度端正，无无故缺勤、迟到、早退现象	10分		
	在学习方式上，能自主反思，发扬求异、求新的创新精神，积极地在团队中提出问题、讨论问题和解决问题	5分		
合计		100分		

综合评价表

综合评价	自我评价（40%）	小组互评（60%）	综合得分

项目二　认识电商企业主要税种

学习目标

✧知识目标

（1）理解增值税、消费税、个人所得税、企业所得税、其他税费、进出口税等的概念、征税对象、税率等基本知识。

（2）掌握增值税、消费税、个人所得税、企业所得税等电商企业常见税种的计算。

（3）了解电商行业不同交易模式的税务处理规则和注意事项。

（4）了解税收优惠政策，熟悉跨境电商进出口征税政策。

✧ 技能目标

（1）能够识别电商企业在经营过程中可能存在的税务风险，并提出相应的解决方案。

（2）能够根据电商企业的实际经营数据，准确计算增值税、企业所得税等税种的税额。

（3）能够运用税收优惠政策，为电商企业制定合理的税务筹划方案。

✧ 素养目标

（1）将诚信视为立足之本，自觉树立依法纳税的价值理念。

（2）意识到税收“取之于民，用之于民”，税收是调节收入分配、促进共同富裕、维护社会公平正义的重要手段。

（3）坚定理想信念，培养经世济民的职业素养、匹夫有责的担当精神，赤诚仁爱、胸怀天下的家国情怀。

思维导图

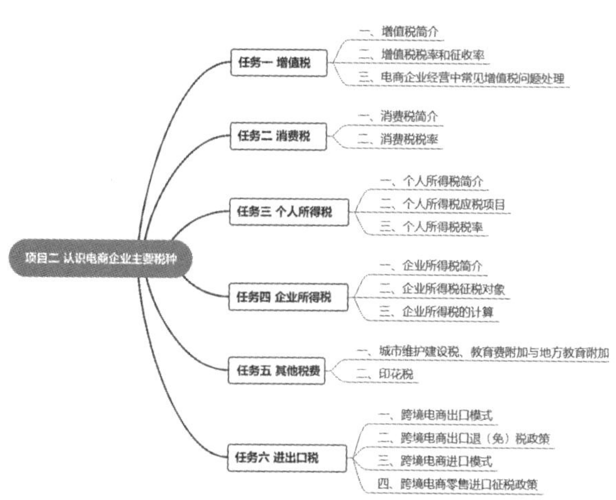

项目背景

根据2018年发布的《中华人民共和国电子商务法》第十条以及2021年发布的《网络交易监督管理办法》第八条规定，电子商务经营者应当依法办理市场主体登记。但是，个人销售自产农副产品、家庭手工业产品，个人利用自己的技能从事依法无须取得许可的便民劳务活动和零星小额交易活动（年交易额累计不超过10万元），以及依照法律、行政法规不需要进行登记的除外。

电子商务经营者需按照相关税收法规履行纳税义务，电商行业涉及的税种及其适用规则较为复杂，包括但不限于增值税、企业所得税、个人所得税等。为了帮助电商企业准确理解和应用这些税种，本项目将详细介绍电商企业主要税种的相关知识，包括征税对象、税率等，旨在提升电商企业的税务管理能力，确保其合规经营，同时帮助其有效利用税收优惠政策，降低税负，促进企业健康持续发展。

任务一　增值税

任务引例

电商行业的不同交易模式

电商行业的不同交易模式对税收征管提出了不同的要求。在了解电商行业的税种之前，我们需要分析这些不同的交易模式，以明确其商业实质和适用的税法规则。

（1）B2B，指企业对企业的电子商务，通常涉及大宗商品、工业品制造业和批发业。B2B 模式下的电商平台，如 1688，主要为企业间交易提供便利。在税收征管方面，B2B 模式下的企业通常适用一般的增值税规定，企业之间可以通过规范流程开具增值税专用发票抵扣进项税额。

（2）B2C，指企业对个人的电子商务，分为平台型和自营型两种。平台型 B2C，由平台经营者提供平台，商品经营者在平台上向消费者销售商品。自营型 B2C，由商品生产者自行搭建销售平台，同时提供平台服务。在税收征管方面，B2C 模式下的企业通常需要按照增值税规定纳税，税率为 13%。

（3）C2C，指个人对个人的电子商务，如闲鱼 App，涉及个人之间的二手物品交易等。C2C 模式下的税收征管较为复杂，因为个人卖家通常不需要进行税务登记，且交易规模较小，税务部门难以有效监管。

在电商行业的税收征管中，增值税是一个重要的税种。增值税是对商品和服务增值部分征税的一种税种，适用于 B2B、B2C 和 C2C 模式，纳税人是从事商品生产、销售和服务的企业或个人。

思考：

（1）三种交易模式下，纳税人该如何确定？增值税税率如何确定？

（2）不同商品和服务的增值税税率有何不同？

学思践悟

增值税是我国税收体系中的一个重要组成部分，对电商行业而言，合理征税有助于维护市场秩序，促进线上线下公平竞争，同时也保障了国家的财政收入。随着电商行业的快速发展，电商平台的税收征管面临一些挑战，例如纳税主体的确定、课税对象的确定、纳税地点的确定和计税依据的确定等。

知识储备

一、增值税简介

（一）增值税的概念

增值税是以商品和劳务在流转过程中产生的增值额作为征税对象而征收的一种流转税。按照我国增值税法的规定，增值税是对在我国境内销售货物、服务、无形资产、不动产，以及进口货物的单位和个人（包括个体工商户），就其销售货物、服务、无形资产、不动产的增值额和货物进口金额为计税依据而课征的一种流转税。

（二）纳税人和扣缴义务人

1. 纳税人

在中华人民共和国境内（简称境内）销售货物、服务、无形资产、不动产，以及进口货物的单位和个人，为增值税纳税人。单位是指企业、行政单位、事业单位、军事单位、社会团体及其他单位。个人是指个体工商户和其他个人。

根据纳税人的经营规模以及会计核算健全程度的不同，增值税的纳税人可划分为小规模纳税人和一般纳税人。

（1）小规模纳税人。

增值税小规模纳税人的标准为年应税销售额 500 万元及以下。年应税销售额，是指纳税人在连续不超过 12 个月或四个季度的经营期内累计应征增值税销售额，包括纳税申报销售额、稽查查补销售额、纳税评估调整销售额。

小规模纳税人会计核算健全，能够提供准确税务资料的，可以向税务机关申请登记为一般纳税人。会计核算健全，是指能够按照国家统一的会计制度规定设置账簿，根据合法、有效凭证进行核算。

为持续推进"放管服"（即简政放权、放管结合、优化服务）改革，全面推行小规模纳税人自行开具增值税专用发票。小规模纳税人（其他个人除外）发生增值税应税行为，需要开具增值税专用发票的，可以自愿使用增值税发票管理系统自行开具。

（2）一般纳税人。

一般纳税人，是指年应税销售额超过财政部、国家税务总局规定的小规模纳税人标准的企业和企业性单位。

一般纳税人实行登记制，除另有规定外，应当向税务机关办理登记手续。下列纳税人不办理一般纳税人登记：

① 按照政策规定，选择按照小规模纳税人纳税的；

② 年应税销售额超过规定标准的其他个人。

纳税人自一般纳税人生效之日起，按照增值税一般计税方法计算应纳税额，并按照规定领用增值税专用发票，财政部、国家税务总局另有规定的除外。纳税人登记为一般纳税人后，不得转为小规模纳税人，国家税务总局另有规定的除外。

2. 扣缴义务人

中华人民共和国境外的单位或者个人在境内销售劳务，在境内未设有经营机构的，以其境内代理人为扣缴义务人；在境内没有代理人的，以购买方为扣缴义务人。

二、增值税税率和征收率

（一）增值税税率

1. 适用13%税率的项目

纳税人销售货物、加工修理修配服务、有形动产租赁服务，进口货物，除有特殊规定外，税率为 13%。

2. 适用9%税率的项目

纳税人销售交通运输、邮政、基础电信、建筑、不动产租赁服务，销售不动产，转让土地使用权，销售或者进口下列货物，除有特殊规定外，税率为 9%。

（1）农产品、食用植物油、食用盐；

（2）自来水、暖气、冷气、热水、煤气、石油液化气、天然气、二甲醚、沼气、居民用煤炭制品；

（3）图书、报纸、杂志、音像制品、电子出版物；

（4）饲料、化肥、农药、农机、农膜。

3. 适用6%税率的项目

纳税人销售服务、无形资产，除另有规定外，税率为 6%。

4. 适用零税率的项目

（1）纳税人出口货物，税率为零；国务院另有规定的除外。

（2）境内单位和个人跨境销售国务院规定范围内的服务、无形资产，税率为零。其包括以下项目。

① 国际运输服务。

② 航天运输服务。

③ 向境外单位提供的完全在境外消费的下列服务：研发服务、合同能源管理服务、设计服务、广播影视节目（作品）的制作和发行服务、软件服务、电路设计及测试服务、信息系统服务、业务流程管理服务、离岸服务外包业务、转让技术。

④ 国务院规定的其他服务。

（二）增值税征收率

1. 征收率的一般规定

小规模纳税人以及一般纳税人选择简易计税方法计算缴纳增值税的征收率为 3%。为延续、优化、完善并落实好减税降费政策，营造小微企业和个体工商户良好发展的营商环境，2023 年 1 月，财政部和税务总局发布了《财政部 税务总局关于明确增值税小规模纳税人减免增值税等政策的公告》。该公告规定：“自 2023 年 1 月 1 日至 2023 年 12 月 31 日，对月销售额 10 万元以下（含本数）的增值税小规模纳税人，免征增值税。自 2023 年 1 月 1 日至 2023 年 12 月 31 日，增值税小规模纳税人适用 3% 征收率的应税销售收入，减按 1% 征收率征收增值税；

适用 3% 预征率的预缴增值税项目，减按 1% 预征率预缴增值税。”

2. 征收率的特殊规定

特殊情况按照 5% 的征收率征收增值税。

一般纳税人与小规模纳税人的区别如表 2-1 所示。

表 2-1　一般纳税人与小规模纳税人的区别

项目	一般纳税人	小规模纳税人
标准	年应税销售额＞500万元	年应税销售额≤500万元
	健全的会计核算	不能正确核算进项税额、销项税额、应纳税额
	能按规定报送有关税务资料	不能按规定报送有关税务资料
计税方法	一般计税，一些情况下采用简易计税	简易计税
税率	适用13%、9%、6%、0%这4档税率，一些情况下适用5%、3%征收率	适用5%、3%征收率
发票使用	购进货物对方开具增值税专用发票，可以抵扣进项税额	购进货物对方开具增值税专用发票，不得抵扣进项税额
财务处理	进项税额可以抵扣	进项税额不能抵扣，金额全部计入成本
应交税费计算	销项税额－进项税额	应税销售额×征收率
申报期	月度申报	按月/季度申报

练一练

云帆电商公司是一家专注于线上销售家居用品和护肤品的电商企业，在淘宝和天猫两大平台注册了线上店铺。公司拥有独立物流车队，提供高效的商品配送服务。2023 年第一季度，公司业绩稳健，家居用品销售额达到 200 万元（其中家具 100 万元，家居装饰 100 万元），护肤品销售额达到 100 万元（其中高档护肤品 60 万元，普通护肤品 40 万元）。公司进货成本分别为家居用品 120 万元，护肤品 60 万元。公司拥有 10 名员工，月平均薪酬 1 万元 / 人，员工薪酬已扣除五险一金。公司拥有自有仓库及办公室，并与供应商签订了总金额为 200 万元的采购合同。

思考：云帆电商公司 2023 年第一季度应缴纳多少增值税？

三、电商企业经营中常见增值税问题处理

（一）电商平台经营者的增值税处理

电商平台经营者主要提供平台服务，自身不向消费者销售货物或提供服务，如外卖平台并不提供餐饮服务，而是为入驻商户提供整合信息、派单服务等。同样，也有一些电商平台经营

者在提供平台服务的同时也销售货物或提供服务，如京东自营，这种情况同平台内经营者的增值税处理。此处只分析电商平台经营者提供平台服务的增值税处理。

例如，当当网是一个专门从事图书、音像制品等文化产品销售的平台，平台经营模式主要分为两类：第一类是商家入驻，即出版社或其他商家在当当网注册开设店铺，然后消费者直接在该商户的店铺购物，当当网仅向商户收取平台服务费；第二类是平台自营商品，如对于一些特殊版本的图书或独家版权的出版物，当当网与出版社签订专门的代理经营协议，由当当网直接向消费者销售，消费者不与出版社直接联系。

在第一类模式下，平台向商户收取的服务费属于现代服务业，一般纳税人按 6% 开具发票并纳税；在第二类模式下，当当网自己销售货物，应按 13% 的税率开具发票并纳税。

（二）平台内经营者的增值税处理

平台内经营者主要在电商平台销售货物或提供服务，与传统线下交易类似，但是需要支付给电商平台一系列费用，如佣金、推广费。

平台内经营者在正确计提销项税额时，首先应正确确认计税基础，满减促销和无门槛优惠券会影响计税基础的确定，因为它们会直接降低消费者的支付价格。对于购买单件商品，这些优惠会直接冲减商品价格；对于购买多件商品，优惠金额会自动分摊到每件商品上，消费者支付的价格是每件商品的折后价格。这些优惠属于商业折扣，在计算增值税应税收入时，应直接减除。尽管满减金额和无门槛优惠的总额可以直接从收入中扣除，但在计算销项税额时需要先分摊再计提，原因有二：一是不同商品可能适用不同的税率，需要分别确定计税基础；二是如果发生商品退货，需要确定冲销收入的计税基础。

满减促销和无门槛优惠券类的折扣会直接影响销项税额的计算，因为它们改变了消费者支付的价款，从而影响了计税基础。而佣金、推广费等是平台内经营者承担的费用，不影响计税基础。

（三）其他经营者的增值税处理

通过自建网站等销售商品或者服务的电商经营者，即自建渠道在线上销售商品或服务的电商经营者，需要依法进行增值税处理。这些经营者通常需要按照税法规定，对其线上线下的活动进行统一的税务管理，确保税务申报的准确性和合规性。

例如盒马鲜生，在实体店进行商品销售的同时，也在其线上平台同步销售相同商品。在这种情况下，盒马鲜生需要对其线上线下的销售收入进行整合，进行统一的增值税核算和申报。这意味着，无论销售发生在线下实体店还是线上平台，都需要按照相应的增值税税率计算税额。

课堂互动

思考与讨论：电商企业在业务宣传、广告等活动中向消费者派送礼品，应如何确定销售额并计算增值税销项税额呢？

行家点拨

在电商活动中，企业面临的典型税务风险包括隐瞒收入、虚开发票以及通过个人账户发放工资等行为。以下为三种行为的详细阐述。

1. 隐瞒收入

鉴于电商企业主要从事零售业务，面向的是个人消费者，故而请求开具发票的消费者寥寥无几，这一比例甚至低于营业额的 1%。这种现象为部分企业隐瞒收入提供了可乘之机。例如，企业实际月收入达 100 万元，但在向税务机关提交的报告中，其收入仅几万元，甚至显示为零。隐瞒收入会直接导致少缴增值税。然而，在大数据时代，尤其是对于电商企业，隐瞒收入的风险极高。因为每一笔交易流水都在后台有记录，且平台间共享税务信息，一旦企业偷逃税款，将难逃税务机关的审查。对于交易量大的电商企业，务必真实申报收入情况。

2. 虚开发票

电商平台在激烈的市场竞争中，为了压缩成本，可能会出现不合规行为，如虚开发票。一方面，由于商品毛利率较低，合规经营可能难以为继，尤其在与其他存在税收违规风险的同行竞争时。另一方面，从上游供应商（如工厂、批发企业、个体户或个人）处获取发票较为困难。虚开发票的行为很容易受到税务机关的稽查，一旦查实“三流”（即货物流、资金流、发票流）不符，若上游企业为空壳企业，未履行纳税义务，最终所有的税费责任都可能转嫁到企业身上。

3. 通过个人账户发放工资

当企业存在隐瞒收入行为时，其成本也可能被隐藏。在没有相应收入的情况下，过高的成本更容易引起税务部门的关注。一些企业为了逃避纳税责任，会向税务部门申报较低的工资支出，而将超出部分通过个人账户等途径发放。企业在支付工资时，有义务代扣代缴个人所得税，未能履行该义务即构成税收违法行为。

实践任务

任务背景

随着国内外经济环境的变化，以及我国税收制度的不断完善，增值税政策在近年来经历了多次调整。2023—2024 年，为了进一步优化税收结构，支持小微企业及个体工商户的发展，国家税务总局和财政部根据国家宏观调控的需要，制定了一系列新的增值税政策。这些政策涉及税率、免税额度、征管方式等多个方面，对广大纳税人的经营成本和税收负担产生直接影响。因此，及时了解和掌握这些新增值税政策的内容和影响，对企业和个人合理规划税务安排、降低税收风险具有重要意义。

任务要求

登录国家税务总局和财政部官网，了解 2023—2024 年出台的三项增值税政策，分析政策内容，填入表 2-2 中。

表 2-2　2023—2024 年新增值税政策

政策发布机构	发布时间	文件名	主要内容

任务二　消费税

任务引例

财政部　税务总局关于继续对废矿物油再生油品免征消费税的公告

为继续支持促进资源综合利用和环境保护，现对以回收的废矿物油为原料生产的润滑油基础油、汽油、柴油等工业油料免征消费税政策公告如下。

一、废矿物油，是指工业生产领域机械设备及汽车、船舶等交通运输设备使用后失去或降低功效更换下来的废润滑油。

二、纳税人利用废矿物油生产的润滑油基础油、汽油、柴油等工业油料免征消费税，应同时符合下列条件。

（一）纳税人必须取得生态环境部门颁发的《危险废物（综合）经营许可证》，且该证件上核准生产经营范围应包括“利用”或“综合经营”字样。生产经营范围为“综合经营”的纳税人，还应同时提供颁发《危险废物（综合）经营许可证》的生态环境部门出具的能证明其生产经营范围包括“利用”的材料。

纳税人在申请办理免征消费税备案时，应同时提交污染物排放地生态环境部门确定的该纳税人应予执行的污染物排放标准，以及污染物排放地生态环境部门在此前 6 个月以内出具的该纳税人的污染物排放符合上述标准的证明材料。

纳税人回收的废矿物油应具备能显示其名称、特性、数量、接收日期等项目的《危险废物转移联单》。

（二）生产原料中废矿物油重量必须占到 90% 以上。产成品中必须包括润滑油基础油，且每吨废矿物油生产的润滑油基础油应不少于 0.65 吨。

（三）利用废矿物油生产的产品与利用其他原料生产的产品应分别核算。

三、符合本公告第二条规定的纳税人销售免税油品时，应在增值税专用发票上注明产品名称，并在产品名称后加注“(废矿物油)”。

四、符合本公告第二条规定的纳税人利用废矿物油生产的润滑油基础油连续加工生产润滑油，或纳税人（包括符合本公告第二条规定的纳税人及其他纳税人）外购利用废矿物油生产的润滑油基础油加工生产润滑油，在申报润滑油消费税额时按当期销售的润滑油数量扣减其耗用的符合本公告规定的润滑油基础油数量的余额计算缴纳消费税。

五、对未达到相应的污染物排放标准或被取消《危险废物（综合）经营许可证》的纳税人，自发生违规排放行为之日或《危险废物（综合）经营许可证》被取消之日起，取消其享受本公告规定的免征消费税政策的资格，且三年内不得再次申请。纳税人自发生违规排放行为之日起已申请并办理免税的，应予追缴。

六、各级税务机关应采取严密措施，对享受本公告规定的免征消费税政策的纳税人加强动态监管。凡经核实纳税人弄虚作假骗取享受本公告规定的免征消费税政策的，由税务机关追缴其此前骗取的免税税款，并自纳税人发生上述违法违规行为年度起，取消其享受本公告规定的免征消费税政策的资格，且纳税人三年内不得再次申请。

发生违规排放行为之日，是指已由污染物排放地生态环境部门查证确认的、纳税人发生未达到应予执行的污染物排放标准行为的当日。

七、本公告执行至2027年12月31日。

思考：

（1）税收政策在促进环境保护和可持续发展方面扮演了什么角色？

（2）这种免征消费税的政策如何影响相关企业的生产决策和废物处理方式？

学思践悟

消费税作为一种税收手段，旨在通过对特定商品和服务征税，实现多重社会经济目标。首先，对奢侈品和非必需品征收较高的消费税，可以限制高消费和不合理消费，促进消费者发生更加理性和可持续的消费行为。其次，对有害健康的商品（如烟和酒）征税，能通过提高价格降低消费量保障人民健康。此外，消费税还能帮助平衡不同行业的税负，通过差异化税率鼓励或抑制特定行业的发展。最后，消费税的征收原则体现了朴素的公平正义，即按照消费能力征税，有助于实现财富的再分配和社会的公平。因此，消费税不仅是一种财政工具，也是促进社会和谐、维护公共利益的重要政策手段。

知识储备

一、消费税简介

（一）消费税的概念

消费税是对特定的某些消费品和消费行为征收的一种间接税。自2022年11月1日起，将电子烟纳入消费税征收范围。

（二）消费税纳税人

在中华人民共和国境内生产、委托加工和进口《中华人民共和国消费税暂行条例》规定的消费品的单位和个人，以及国务院确定的销售《中华人民共和国消费税暂行条例》规定的消费品的其他单位和个人，为消费税的纳税人。

在中华人民共和国境内，是指生产、委托加工和进口属于应当缴纳消费税的消费品的起运地或者所在地在中国境内。单位，是指企业、行政单位、事业单位、军事单位、社会团体及其他单位。个人，是指个体工商户及其他个人。

在大多数国家，销售高档珠宝（如钻石、金饰、宝石镶嵌饰品等）往往会被征收消费税，这是为了调节高档消费品的消费，并为国家财政筹集资金。在生产环节，如果珠宝饰品属于消费税征税范围（如某些高档珠宝），那么生产这些珠宝的单位和个人就需要作为纳税人，按照税法规定缴纳消费税。在零售环节，销售金银首饰、铂金首饰、钻石及钻石饰品等特定珠宝的零售商需要作为纳税人，按照税法规定缴纳消费税。零售商在销售这些珠宝时，需要将消费税包含在售价中，并向消费者收取。

由于消费税是在对所有货物普遍征收增值税的基础上选择部分消费品征收的，因此，消费税纳税人同时也是增值税纳税人。

二、消费税税率

（一）消费税税率的形式

消费税税率采取比例税率和定额税率两种形式，以适应不同应税消费品的实际情况。

（二）消费税的具体税率

消费税根据不同的税目或子目确定相应的税率或单位税额。一般情况下，一种消费品只适用一种税率形式，但为了更好、更有效地保全消费税税基，例如卷烟和白酒，则适用比例税率和定额税率复合征收的形式。消费税税目和税率如表 2-3 所示。

表 2-3　消费税税目和税率

税目	税率		
	生产（进口）环节	批发环节	零售环节
一、烟			
1. 卷烟			
（1）甲类卷烟	56%加0.003元/支	11%加0.005元/支	
（2）乙类卷烟	36%加0.003元/支		
2. 雪茄烟	36%		
3. 烟丝	30%		
二、酒			
1. 白酒	20%加0.5元/500克（或者500毫升）		
2. 黄酒	240元/吨		
3. 啤酒			
（1）甲类啤酒	250元/吨		

续表

税目	税率		
	生产（进口）环节	批发环节	零售环节
（2）乙类啤酒	220元/吨		
4. 其他酒	10%		
三、高档化妆品	15%		
四、贵重首饰及珠宝玉石			
1. 金银首饰、铂金首饰和钻石及钻石饰品			5%
2. 其他贵重首饰和珠宝玉石	10%		
五、鞭炮、焰火	15%		
六、成品油			
1. 汽油	1.52元/升		
2. 柴油	1.2元/升		
3. 航空煤油	1.2元/升		
4. 石脑油	1.52元/升		
5. 溶剂油	1.52元/升		
6. 润滑油	1.52元/升		
7. 燃料油	1.2元/升		
七、摩托车			
1. 气缸容量250毫升	3%		
2. 气缸容量在250毫升以上	10%		
八、小汽车			
1. 乘用车			
（1）气缸容量（排气量、下同）在1.0升（含1.0升）以下的	1%		
（2）气缸容量在1.0升以上至1.5升（含1.5升）的	3%		
（3）气缸容量在1.5升以上至2.0升（含2.0升）的	5%		

续表

税目	税率		
	生产（进口）环节	批发环节	零售环节
（4）气缸容量在2.0升以上至2.5升（含2.5升）的	9%		
（5）气缸容量在2.5升以上至3.0升（含3.0升）的	12%		
（6）气缸容量在3.0升以上至4.0升（含4.0升）的	25%		
（7）气缸容量在4.0升以上的	40%		
2. 中轻型商用客车	5%		
3. 超豪华小汽车	按子税目1和子税目2的规定征收		10%
九、高尔夫球及球具	10%		
十、高档手表	20%		
十一、游艇	10%		
十二、木制一次性筷子	5%		
十三、实木地板	5%		
十四、电池	4%		
十五、涂料	4%		

课堂互动

思考与讨论：查找护肤品牌华熙生物和电器品牌小熊电器适用的消费税税率，并比较其差异。

行家点拨

消费税纳税义务发生时间如下。

（1）纳税人销售应税消费品的，按不同的销售结算方式确定。

① 采取赊销和分期收款结算方式的，为书面合同约定的收款日期的当天，书面合同没有

约定收款日期或者无书面合同的，为发出应税消费品的当天。

② 采取预收货款结算方式的，为发出应税消费品的当天。

③ 采取托收承付和委托银行收款方式的，为发出应税消费品并办妥托收手续的当天。

④ 采取其他结算方式的，为收讫销售款或者取得索取销售款凭据的当天。

（2）纳税人自产自用应税消费品的，为移送使用的当天。

（3）纳税人委托加工应税消费品的，为纳税人提货的当天。

（4）纳税人进口应税消费品的，为报关进口的当天。

实践任务

任务背景

随着人们生活水平的提高和消费观念的转变，高档珠宝市场日益繁荣。高档珠宝的消费税政策不仅影响着消费者的购买决策，也深刻影响着珠宝企业的运营与发展。本次实践任务旨在深入研究高档珠宝消费税政策，全面了解消费税在珠宝行业中的作用、计算方法、政策变化及其对消费者、企业和市场的影响。

任务要求

掌握高档珠宝消费税的基本政策、税率、计税依据及征收环节，分析消费税政策对消费者购买行为、企业定价策略、市场竞争力及行业发展趋势的影响，并据此撰写一份关于高档珠宝消费税政策与影响的研究报告，其内容包括政策梳理、影响分析及优化建议等。

任务三　个人所得税

任务引例

网络主播 LY：税务合规典范，共筑公平税收环境

2023 年，知名网络主播 LY 作为行业内的正面典型，以高度的税收合规意识和积极的税务筹划实践赢得了广泛赞誉。

2021 年至 2022 年，LY 作为网络直播行业的领军人物，面对日益复杂的税务环境，主动采取了一系列合法合规的税务筹划措施，确保自身及企业的税务处理完全符合法律法规要求，为行业树立了典范。

1. 增强税收法律意识

LY 及其团队积极学习并遵守《中华人民共和国税收征收管理法》《中华人民共和国个人所得税法》等相关税收法律法规，定期邀请税务专家进行内部培训，确保团队成员对税收政策有深入的理解。

2. 规范税务筹划

LY 通过设立合法的个人工作室和企业实体，根据业务性质合理划分收入类型，确保每一笔收入都能得到正确的税务处理。例如，将直播“带货”的佣金、坑位费等明确划分为劳务报酬所得，并按照法定税率进行纳税申报。LY 充分利用国家提供的税收优惠政策，如小微企业税收优惠、研发费用加计扣除等，合理减轻税负，且所有税务筹划均在法律允许的范围内进行。

3. 主动配合税务部门的检查

在税务部门开展日常检查或专项核查时，LY 及其团队总是积极响应，主动提供完整的账簿、记账凭证等纳税资料，配合税务部门的工作，确保税务信息的透明度和准确性。

4. 建立良好纳税信用记录

LY 坚持按时足额缴纳税款，从未发生逾期申报或欠缴税款的情况，维护了良好的纳税信用记录。这不仅提升了 LY 在社会上的信誉评价，还为 LY 争取了更多的税收优惠政策的支持。

5. 分享税务合规经验

LY 经常在公开场合分享自己的税务合规经验和心得，鼓励同行加强税收法律意识，共同维护健康、公平的税收环境。LY 还积极参与税务部门组织的宣传活动，为提升全社会的纳税意识贡献力量。

思考：

（1）主播 LY 是如何确保自身及企业的税务处理完全符合法律法规要求的？

（2）如何有效预防和打击个人所得税逃税行为？

学思践悟

遵守法律是每个公民的基本义务，同时也是维护社会公平正义的重要保障。诚信不仅是个人品德的体现，也是社会和谐稳定的基础。作为社会中的一员，我们应该积极履行自己的社会责任，关注社会公共事务，为构建和谐社会贡献自己的力量。在未来的职业生涯中，我们要始终坚守职业道德底线，不断提升自己的专业素养，为社会提供优质的服务。树立正确的价值观和人生观，努力成为具有诚信意识、社会责任感和法治观念的人。

知识储备

一、个人所得税简介

（一）个人所得税的概念

个人所得税是对个人取得的各项应税所得征收的一种税。

（二）个人所得税纳税人

个人所得税纳税人依据住所和居住时间两个标准，分为居民个人和非居民个人。

1. 居民个人

在中国境内有住所，或者无住所而 1 个纳税年度内在中国境内居住累计满 183 天的个人，为居民个人。在中国境内有住所，是指因户籍、家庭、经济利益关系而在中国境内习惯性居住；纳税年度，自公历 1 月 1 日起至 12 月 31 日止。

无住所个人 1 个纳税年度内在中国境内累计居住天数，按照个人在中国境内累计停留的天数计算。在中国境内停留的当天满 24 小时的，计入中国境内居住天数；在中国境内停留的当天不足 24 小时的，不计入中国境内居住天数。

2. 非居民个人

在中国境内无住所又不居住，或者无住所而 1 个纳税年度内在中国境内居住累计不满 183 天的个人，为非居民个人。

（三）个人所得税纳税人的纳税义务

1. 居民个人的纳税义务

居民个人从中国境内和境外取得的所得，依照法律规定缴纳个人所得税。

从中国境内和境外取得的所得，分别是指来源于中国境内的所得和来源于中国境外的所得。

在中国境内无住所的个人，在中国境内居住累计满 183 天的年度连续不满 6 年的，经向主管税务机关备案，其来源于中国境外且由境外单位或者个人支付的所得，免予缴纳个人所得税；在中国境内居住累计满 183 天的任一年度中有 1 次离境超过 30 天的，其在中国境内居住累计满 183 天的年度的连续年限重新起算。

中国境内无住所的个人1个纳税年度在中国境内累计居住满183天的，如果此前6年在中国境内每年累计居住天数都满183天而且没有任何一年单次离境超过30天，该纳税年度来源于中国境内、境外所得应当缴纳个人所得税；如果此前6年的任何一年在中国境内累计居住天数不满183天或者单次离境超过30天，该纳税年度来源于中国境外且由境外单位或者个人支付的所得，免予缴纳个人所得税。

此前6年，是指该纳税年度的前1年至前6年的连续6个年度，此前6年的起始年度自2019年（含）以后年度开始计算。

2. 非居民个人的纳税义务

非居民个人从中国境内取得的所得，依照法律规定缴纳个人所得税。

在中国境内无住所的个人，在1个纳税年度内在中国境内居住累计不超过90天的，其来源于中国境内的所得，由境外雇主支付并且不由该雇主在中国境内的机构、场所负担的部分，免予缴纳个人所得税。

二、个人所得税应税项目

按所得的来源划分，将现行个人所得税分为9个应税项目。

（一）工资、薪金所得

工资、薪金所得，是指个人因任职或者受雇而取得的工资、薪金、奖金、年终加薪、劳动分红、津贴、补贴以及与任职或者受雇有关的其他所得。

（二）劳务报酬所得

劳务报酬所得，是指个人从事劳务取得的所得，包括从事设计、装潢、安装、制图、化验、测试、医疗、法律、会计、咨询、讲学、翻译、审稿、书画、雕刻、影视、录音、录像、演出、表演、广告、展览、技术服务、介绍服务、经纪服务、代办服务以及其他劳务取得的所得。例如，以个人名义加入平台的主播，其收入一般为劳务报酬所得。

（三）稿酬所得

稿酬所得，是指个人因其作品以图书、报刊形式出版、发表而取得的所得。作品包括文学作品、书画作品、摄影作品，以及其他作品。作者去世后，财产继承人取得的遗作稿酬，也应按“稿酬所得”征收个人所得税。

（四）特许权使用费所得

特许权使用费所得，是指个人提供专利权、商标权、著作权、非专利技术以及其他特许权的使用权取得的所得；提供著作权的使用权取得的所得，不包括稿酬所得。

（五）经营所得

（1）个体工商户从事生产、经营活动取得的所得，个人独资企业投资人、合伙企业的个人合伙人来源于境内注册的个人独资企业、合伙企业生产、经营的所得。

（2）个人依法从事办学、医疗、咨询以及其他有偿服务活动取得的所得。

（3）个人对企业、事业单位承包经营、承租经营以及转包、转租取得的所得。

（4）个人从事其他生产、经营活动取得的所得。

（六）利息、股息、红利所得

利息、股息、红利所得，是指个人拥有债权、股权而取得的利息、股息、红利所得。其中，利息一般是指存款、贷款和债券的利息。股息、红利是指个人拥有股权取得的公司、企业分红。

（七）财产租赁所得

财产租赁所得，是指个人出租不动产、机器设备、车船以及其他财产取得的所得。

（八）财产转让所得

财产转让所得，是指个人转让有价证券、股权、合伙企业中的财产份额、不动产、机器设备、车船以及其他财产取得的所得。

（九）偶然所得

偶然所得，是指个人得奖、中奖、中彩以及其他偶然性质的所得。得奖是指参加各种有奖竞赛活动，取得名次得到的奖金；中奖、中彩是指参加各种有奖活动，如有奖储蓄、购买彩票，经过规定程序，抽中、摇中号码而取得的奖金。

个人取得的所得，难以界定应纳税所得项目的，由国务院税务主管部门确定。

居民个人取得上述（一）至（四）项所得（以下称“综合所得”），按纳税年度合并计算个人所得税；非居民个人取得上述（一）至（四）项所得，按月或者按次分项计算个人所得税。纳税人取得上述（五）至（九）项所得，依照法律规定分别计算个人所得税。

职场点津

电商企业在直播销售中，为了活跃直播间气氛、提高互动率，会不定时举办线上抽奖、红包发放活动，用户中奖获得的奖品或抢到的红包，按照“偶然所得”项目计算个人所得税；但主播在直播间发放的优惠券、电商平台补贴的消费券除外。

三、个人所得税税率

（一）综合所得适用的税率

居民个人每一纳税年度内取得的综合所得包括：工资、薪金所得，劳务报酬所得，稿酬所得，特许权使用费所得。

综合所得适用 3% ～ 45% 的超额累进税率，具体税率如表 2-4 所示。

表 2-4　个人所得税税率表一

（综合所得适用）

级数	全年应纳税所得额	税率/%	速算扣除数
1	不超过36 000元的	3	0
2	超过36 000元至144 000元的部分	10	2 520
3	超过144 000元至300 000元的部分	20	16 920
4	超过300 000元至420 000元的部分	25	31 920

续表

级数	全年应纳税所得额	税率/%	速算扣除数
5	超过420 000元至660 000元的部分	30	52 920
6	超过660 000元至960 000元的部分	35	85 920
7	超过960 000元的部分	45	181 920

注：①本表所称全年应纳税所得额是指依照法律规定，居民个人取得综合所得以每一纳税年度收入额减除费用 6 万元以及专项扣除、专项附加扣除和依法确定的其他扣除后的余额；②非居民个人取得工资、薪金所得，劳务报酬所得，稿酬所得和特许权使用费所得，依照本表按月换算后计算应纳税额。

（二）经营所得适用的税率

经营所得适用 5% ～ 35% 的超额累进税率，具体税率如表 2-5 所示。

表 2-5　个人所得税税率表二

（经营所得适用）

级数	全年应纳税所得额	税率/%	速算扣除数
1	不超过30 000元的	5	0
2	超过30 000元至90 000元的部分	10	1 500
3	超过90 000元至300 000元的部分	20	10 500
4	超过300 000元至500 000元的部分	30	40 500
5	超过500 000元的部分	35	65 500

注：本表所称全年应纳税所得额是指依照法律规定，以每一纳税年度的收入总额减除成本、费用以及损失后的余额。

（三）其他所得适用的税率

利息、股息、红利所得，财产租赁所得，财产转让所得和偶然所得适用比例税率，税率为 20%。

自 2001 年 1 月 1 日起，对个人出租住房取得的所得暂减按 10% 的税率征收个人所得税。

课堂互动

思考与讨论：分析目前主流社交媒体平台（如抖音、快手、微博等）在网络主播税收管理方面的差异。

行家点拨

MCN 机构及主播主要税务风险

（一）MCN 机构主要税务风险——未依法代扣代缴个人所得税风险

法律规定，个人所得税以所得人为纳税人，以支付所得的单位或者个人为扣缴义务人。扣缴义务人向个人支付应税款项时，应当依照《中华人民共和国个人所得税法》规定预扣或者代扣税款，按时缴库，并专项记载备查。扣缴义务人应扣未扣、应收而不收税款的，由税务机关向纳税人追缴税款，对扣缴义务人处应扣未扣、应收未收税款 50% 以上 3 倍以下的罚款。因此，MCN 机构在向主播支付劳务报酬所得和工资、薪金所得时，应代扣代缴个人所得税。

实践中，由于 MCN 机构与直播平台、主播、商家等各方主体之间的合作形式及收入分配的复杂性，对主播收入性质的认定与判断较为复杂和困难，这对 MCN 机构是否负有代扣代缴义务产生实质性的影响；加上部分 MCN 机构规模较小、财务核算不健全，导致未依法足额代扣代缴个人所得税是 MCN 机构处理与主播有关涉税事务时面临的主要税务风险。

（二）主播个人主要税务风险——少缴未缴个人所得税

研究主播相关的税务处理案件可以发现，大部分主播的税务风险来自将自己从事直播“带货”取得的佣金、坑位费等“劳务报酬所得”转换为个人独资企业、合伙企业等实体的“经营所得”进行虚假申报，以图不缴或者少缴税款。

实践任务1

任务背景

2024 年 5 月 30 日，国家税务总局、国家医疗保障局在北京签署《关于“推进数据共享 深化协同共治”合作备忘录》，进一步深化巩固两部门合作，拓展双方数据资源优势，持续提升服务效能，以部门协同共治更好地服务经济社会高质量发展。

根据合作备忘录，国家税务总局和国家医疗保障局将分别成立工作组，建立联席会议制度和日常联系机制，分步有序推进双方数据共享。税务、医保部门将密切关注纳税人、参保人需求，依托电子税务局、国家医保服务平台等信息系统，进一步优化政务服务，加强在基本医疗保险费征缴、个人所得税大病医疗专项附加扣除审核、优化职工医保个人账户家庭共济等领域的合作，深化构建协同共治格局，不断提升纳税人、参保人获得感。同时，国家税务总局与国家医疗保障局还将推动各地税务、医保部门建立常态化沟通合作机制，结合地方实际，积极探索两部门数据共享应用、优化政务服务等方面的新模式、新方法，为推进高质量发展贡献新力量、新动能。

任务要求

仔细阅读以上材料，回答下列问题。

（1）上文中提到税务与医保部门将优化政务服务，并加强在个人所得税大病医疗专项附加扣除审核等领域的合作。请思考这种合作对纳税人有哪些具体的好处。

（2）你认为数据共享在个人所得税管理中会发挥哪些作用？请结合上文内容，至少列出两点可能的影响。

实践任务2

任务背景

电商行业作为新兴产业，发展迅速，税收问题也日益受到关注。尤其是几大网络主播偷税漏税被处罚后，公众对电商行业的税收问题更加关注。作为电商行业未来的从业人员，我们需要了解国家针对电商行业的税收政策，依法纳税。

任务要求

阅读下列内容，将其中提到的人物填到表2-6对应位置，并分析她们是否需要缴纳个人所得税，如需要，将需要缴纳个人所得税的收入填到表2-6对应位置，保持排版整洁、字迹清晰。

小美大学毕业后进入本地一家电商公司工作，岗位是主播助理。2024年3月，小美随主播小莉出差到浙江省杭州市开展直播“带货”工作，小美预计本月能获得差旅费补贴1 000元，直播分红5 000元，底薪3 000元。工作之余，小美还会帮小敏的个人网店制作图片，包括海报、主图、详情页等，每月能够获得2 000元的报酬。

小乐是一名作家，本月通过出版图书获得了10万元稿酬，小敏观察到小乐图书内的人物人气较高，于是和小乐合作，开发联名产品。两人签订合作协议，小敏预计支付1万元合作费给小乐。次月，小敏网店的联名产品问世后销量可观，去除掉各项成本，小敏收入2万元。除此之外，小敏还收到了房屋出租的租赁费4 500元。

2024年4月1日，小美购买彩票中了100万元。小美、小莉、小敏、小乐四人是好朋友，从小一起长大，从未出过国。中奖后，小美决定请她的三个好朋友出国旅游，小美通过互联网发布旅游信息，寻找旅游路线。信息很快得到回复，外籍个人甲（留学生，2023年9月1日入境，暂未出境）帮小美等人预订好机票和国外酒店、国外旅游景点的门票，收取了500元手续费。外籍个人乙（2024年1月1日入境，暂未出境）与小美商定，陪同小美四人出境游玩，担当翻译，全程收费5 000元，机票酒店等出行费用由小美承担。外籍个人丙（2024年2月1日入境，2024年2月7日出境）则为小美等人提供接送机服务，费用500元。

表2-6　个人所得税分析

序号	姓名（居民个人）	姓名（非居民个人）	需要缴纳个人所得税的收入/元				
1							
2							
3							

续表

序号	姓名（居民个人）	姓名（非居民个人）	需要缴纳个人所得税的收入/元				
4							
5							
6							

课外拓展

我国个人所得税的发展历程

一、制度建立

1980 年 9 月 10 日，第五届全国人民代表大会第三次会议通过并颁布《中华人民共和国个人所得税法》，个人所得税起征点设置为 800 元，我国的个人所得税制度至此建立。

二、第一次修订

1993 年 10 月 31 日，第八届全国人民代表大会常务委员会第四次会议通过《关于修改〈中华人民共和国个人所得税法〉的决定》，规定不分内、外，所有中国居民和有来源于中国所得的非居民，均应依法缴纳个人所得税，初步建立起内外统一的个人所得税制度。

三、第二次修订

1999 年 8 月 30 日，第九届全国人民代表大会常务委员会第十一次会议通过《关于修改〈中华人民共和国个人所得税法〉的决定》，恢复征收储蓄存款利息个人所得税，自 1999 年 11 月 1 日后孳生的储蓄存款利息所得征收 20% 个人所得税。

四、第三次修订

2005 年 10 月 27 日，第十届全国人民代表大会常务委员会第十八次会议通过《关于修改〈中华人民共和国个人所得税法〉的决定》，个人所得税起征点由 800 元调整为 1 600 元，2006 年 1 月 1 日起施行。

五、第四次修订

2007 年 6 月 29 日，第十届全国人民代表大会常务委员会第二十八次会议通过《关于修改〈中华人民共和国个人所得税法〉的决定》，将《中华人民共和国个人所得税法》第十二条修改为“对储蓄存款利息所得开征、减征、停征个人所得税及其具体办法，由国务院规定”。

六、第五次修订

2007 年 12 月 29 日，第十届全国人民代表大会常务委员会第三十一次会议通过《关于修改〈中华人民共和国个人所得税法〉的决定》，个人所得税起征点自 2008 年 3 月 1 日起由 1 600 元提高到 2 000 元。

七、第六次修订

2011 年 6 月 30 日，第十一届全国人民代表大会常务委员会第二十一次会议通过《关于修改〈中华人民共和国个人所得税法〉的决定》，个人所得税起征点从 2 000 元提高到 3 500 元；同时，将个人所得税第 1 级税率由 5% 修改为 3%，9 级超额累进税率修改为 7 级，取消 15% 和 40% 两档税率，扩大 3% 和 10% 两个低档税率的适用范围。

八、第七次修订

2018 年 8 月 31 日，第十三届全国人民代表大会常务委员会第五次会议通过《关于修改〈中华人民共和国个人所得税法〉的决定》，将个人所得税起征点提高到 5 000 元，并于 2018 年 10 月 1 日先行实施；修改后的个人所得税法自 2019 年 1 月 1 日起全面施行。此次修订增加子女教育支出、继续教育支出、大病医疗支出、住房贷款利息和住房租金等专项附加扣除项目。

任务四　企业所得税

任务引例

财政部 税务总局关于进一步支持小微企业和个体工商户发展有关税费政策的公告

为进一步支持小微企业和个体工商户发展，现将有关税费政策公告如下。

一、自 2023 年 1 月 1 日至 2027 年 12 月 31 日，对个体工商户年应纳税所得额不超过 200 万元的部分，减半征收个人所得税。个体工商户在享受现行其他个人所得税优惠政策的基础上，可叠加享受本条优惠政策。

二、自 2023 年 1 月 1 日至 2027 年 12 月 31 日，对增值税小规模纳税人、小型微利企业和个体工商户减半征收资源税（不含水资源税）、城市维护建设税、房产税、城镇土地使用税、印花税（不含证券交易印花税）、耕地占用税和教育费附加、地方教育附加。

三、对小型微利企业减按 25% 计算应纳税所得额，按 20% 的税率缴纳企业所得税政策，延续执行至 2027 年 12 月 31 日。

四、增值税小规模纳税人、小型微利企业和个体工商户已依法享受资源税、城市维护建设税、房产税、城镇土地使用税、印花税、耕地占用税、教育费附加、地方教育附加等其他优惠政策的，可叠加享受本公告第二条规定的优惠政策。

五、本公告所称小型微利企业，是指从事国家非限制和禁止行业，且同时符合年度应纳税所得额不超过 300 万元、从业人数不超过 300 人、资产总额不超过 5 000 万元等三个条件的企业。

从业人数，包括与企业建立劳动关系的职工人数和企业接受的劳务派遣用工人数。所称从业人数和资产总额指标，应按企业全年的季度平均值确定。具体计算公式如下。

季度平均值 =（季初值 + 季末值）÷2

全年季度平均值 = 全年各季度平均值之和 ÷4

年度中间开业或者终止经营活动的，以其实际经营期作为一个纳税年度确定上述相关指标。

小型微利企业的判定以企业所得税年度汇算清缴结果为准。登记为增值税一般纳税人的新设立的企业，从事国家非限制和禁止行业，且同时符合申报期上月末从业人数不超过 300 人、资产总额不超过 5 000 万元等两个条件的，可在首次办理汇算清缴前按照小型微利企业申报享受第二条规定的优惠政策。

六、本公告发布之日前，已征的相关税款，可抵减纳税人以后月份应缴纳税款或予以退还。发布之日前已办理注销的，不再追溯享受。

《财政部 税务总局关于进一步实施小微企业“六税两费”减免政策的公告》（财政部 税务总局公告2022年第10号）及《财政部 税务总局关于小微企业和个体工商户所得税优惠政策的公告》（财政部 税务总局公告2023年第6号）中个体工商户所得税优惠政策自2023年1月1日起相应停止执行。

思考：

（1）对电商企业而言，如何在符合政策规定的前提下，最大化利用税费优惠政策，降低企业税负？

（2）以小型微利企业为例，电商企业在享受税费优惠政策时，应当如何正确计算应纳税所得额？

学思践悟

企业所得税政策的优化与电商行业的发展是推动企业纾困、产业升级、经济再发展的关键因素。通过减税降费，政府为企业提供了有力支持，帮助企业渡过难关，提升市场竞争力。例如，山东省商务厅与抖音电商签约，共同扶持产业带成长，在促进消费、培育电商经营主体和人才、乡村振兴等方面开展全面合作，帮助中小企业在电商平台找到新的增长点。电商行业以独特的优势，为传统产业注入新活力，推动经济转型升级。在实现中华民族伟大复兴的进程中，我们应继续完善企业所得税政策，支持电商行业健康发展，为我国经济繁荣和中华民族伟大复兴贡献力量。

知识储备

一、企业所得税简介

（一）企业所得税的概念

企业所得税是对企业和其他取得收入的组织的生产经营所得和其他所得征收的一种税。

（二）企业所得税纳税人

在中华人民共和国境内，企业和其他取得收入的组织（统称企业）为企业所得税的纳税人，依照《中华人民共和国企业所得税法》的规定缴纳企业所得税。企业所得税纳税人包括各类企业、事业单位、社会团体、民办非企业单位和从事经营活动的其他组织。依照中国法律、行政法规成立的个人独资企业、合伙企业，不属于企业所得税纳税人，不缴纳企业所得税。

企业所得税采取收入来源地管辖权和居民管辖权相结合的双重管辖权，把企业分为居民企业和非居民企业，分别确定不同的纳税义务。

1．居民企业

居民企业，是指依法在中国境内成立，或者依照外国（地区）法律成立但实际管理机构在中国境内的企业。

实际管理机构，是指对企业的生产经营、人员、账务、财产等实施实质性全面管理和控制的机构。

2．非居民企业

非居民企业，是指依照外国（地区）法律成立且实际管理机构不在中国境内，但在中国境内设立机构、场所的，或者在中国境内未设立机构、场所，但有来源于中国境内所得的企业。

非居民企业委托营业代理人在中国境内从事生产经营活动的，包括委托单位或者个人经常代其签订合同，或者储存、交付货物等，该营业代理人视为非居民企业在中国境内设立的机构、场所。

练一练

以下属于非居民企业的是（　　）。

A. 一家在中国境内设有分支机构的美国电商企业

B. 一家在中国境内注册且实际管理机构也在中国境内的电商企业

C. 一家人工智能企业，虽然实际管理机构不在中国境内，但在中国境内设有数据中心

D. 一家在日本注册，没有在中国境内设立任何机构或场所，而所有销售收入都来源于中国境内的电商企业

二、企业所得税征税对象

（一）居民企业的征税对象

居民企业应当就其来源于中国境内、境外的所得缴纳企业所得税，具体包括销售货物所得、提供劳务所得、转让财产所得、股息红利等权益性投资所得、利息所得、租金所得、特许权使用费所得、接受捐赠所得和其他所得。

（二）非居民企业的征税对象

非居民企业在中国境内设立机构、场所的，应当就其所设机构、场所取得的来源于中国境内的所得，以及发生在中国境外但与其所设机构、场所有实际联系的所得，缴纳企业所得税。

非居民企业在中国境内未设立机构、场所的，或者虽设立机构、场所但取得的所得与其所设机构、场所没有实际联系的，应当就其来源于中国境内的所得缴纳企业所得税。实际联系，是指非居民企业在中国境内设立的机构、场所拥有据以取得所得的股权、债权，以及拥有、管理、控制据以取得所得的财产等。

（三）来源于中国境内、境外所得的确定原则

来源于中国境内、境外的所得，按照以下原则确定。

（1）销售货物所得，按照交易活动发生地确定；

（2）提供劳务所得，按照劳务发生地确定；

（3）转让财产所得，不动产转让所得按照不动产所在地确定，动产转让所得按照转让动产的企业或者机构、场所所在地确定，权益性投资资产转让所得按照被投资企业所在地确定；

（4）股息、红利等权益性投资所得，按照分配所得的企业所在地确定；

（5）利息所得、租金所得、特许权使用费所得，按照负担、支付所得的企业或者机构、场所所在地确定，或者按照负担、支付所得的个人住所地确定；

（6）其他所得，由国务院财政、税务主管部门确定。

居民企业和非居民企业的区别如表 2-7 所示。

表 2-7　居民企业和非居民企业的区别

<table>
<tr><th>类型</th><th colspan="2">身份判断</th><th>征税对象</th></tr>
<tr><td rowspan="2">居民企业</td><td colspan="2">依法在中国境内成立的企业</td><td rowspan="2">就其来源于中国境内、境外的所得缴纳企业所得税</td></tr>
<tr><td colspan="2">依照外国（地区）法律成立但实际管理机构在中国境内的企业</td></tr>
<tr><td rowspan="3">非居民企业</td><td rowspan="3">依照外国（地区）法律成立且实际管理机构不在中国境内</td><td>在中国境内设立机构、场所</td><td>就其来源于中国境内的所得，以及发生在中国境外但与其所设机构、场所有实际联系的所得缴纳企业所得税</td></tr>
<tr><td>在中国境内设立机构、场所，但取得的所得与所设机构、场所没有实际联系</td><td rowspan="2">就其来源于中国境内的所得缴纳企业所得税</td></tr>
<tr><td>在中国境内未设立机构、场所，但有来源于中国境内的所得</td></tr>
</table>

三、企业所得税的计算

（一）企业所得税的税率

企业所得税实行比例税率。

居民企业以及在中国境内设立机构、场所且取得的所得与其所设机构、场所有实际联系的非居民企业，应当就其来源于中国境内、境外的所得缴纳企业所得税，适用税率为 25%。

非居民企业在中国境内未设立机构、场所的，或者虽设立机构、场所但取得的所得与其所设机构、场所没有实际联系的，应当就其来源于中国境内的所得缴纳企业所得税，适用税率为 20%。

（二）企业所得税的计算公式

企业所得税的计税依据是应纳税所得额，即企业每一纳税年度的收入总额，减除不征税收入、免税收入、各项扣除以及允许弥补的以前年度亏损后的余额。

应纳税所得额 = 收入总额 − 不征税收入 − 免税收入 − 各项扣除 − 以前年度亏损

练一练

请列举 3 ～ 5 个企业，并说明这些企业分别属于居民企业还是非居民企业，适用的税率是多少。

课堂互动

思考与讨论：近年来，我国实施了一系列税收优惠政策，这些政策为电商行业带来了诸多利益，在此背景下，如何利用大数据和人工智能技术提高财税领域的管理效率呢？

行家点拨

企业所得税应纳税所得额的计算，以权责发生制为原则：属于当期的收入和费用，不论款项是否收付，均作为当期的收入和费用；不属于当期的收入和费用，即使款项已经在当期收付，均不作为当期的收入和费用。在计算应纳税所得额时，企业财务、会计处理办法与税收法律法规的规定不一致的，应当依照税收法律法规的规定计算。

实践任务

任务背景

随着互联网技术的飞速发展和消费者购物习惯的转变，电商成为推动现代经济增长的重要力量。在这样的市场环境下，广州的一家电商公司，作为小规模纳税人，积极参与在线市场竞争。该公司 2023 年有关数据如下。① 2023 年第一季度在线销售商品取得收入 40 万元，从厂家购买含税商品 20 万元，并在 2023 年第一季度售完。② 2023 年第一季度开设电商运营的培训课程取得收入 10 万元。③ 2023 年全年的应纳税所得额为 100 万元。该公司在享受电商增长红利的同时，必须遵守国家税收法律法规，正确计算并缴纳各项税款。

任务要求

（1）根据公司的实际经营数据，准确计算其 2023 年全年企业所得税的应纳税所得额。

（2）提供详细的计算过程和结果，以便公司更好地理解和履行其税务责任。

任务五 其他税费

任务引例

瑞光电器的成长故事

有一家名为“瑞光电器”的公司，其在电器电商领域以高质量的产品和卓越的客户服务而闻名。公司的董事李明，是一位注重企业社会责任的商人，他相信企业的成功与社会的和谐发展息息相关。

瑞光电器在线商城的客流量日益增加，公司的电器销售额也随之攀升。李明知道，公司的成长离不开社会的支持，因此他坚持合法经营，积极纳税。每当公司卖出一件电器，他都会确保按照法律规定，缴纳城市维护建设税，让城市更加美好。为了保持产品的竞争力，公司还积极进行产品研发和品牌推广，这意味着公司需要签订大量的合同和协议。此时，公司会按照规定缴纳印花税，确保交易的公正和透明。此外，公司还非常关注教育事业，相信教育是国家的未来，按照法律规定缴纳教育费附加，为国家的教育事业贡献一份力量。

瑞光电器的成功不仅在于其高质量的产品和卓越的服务，更在于积极承担社会责任。该公司相信，只有企业依法纳税，国家才能有稳定、充足的财政资金用于公共事业和社会福利，从而创造一个更加繁荣和谐的社会环境。瑞光电器的经营理念得到了社会的广泛认可，其在电器电商领域树立了一个良好的榜样。随着公司的不断发展，瑞光电器将继续履行社会责任，为国家的发展和人民的幸福做出更大的贡献。

思考：

（1）故事中涉及哪些税费？这些税费是如何计算的？

（2）你还知道哪些电商企业常见税费，请举例说明。

学思践悟

税务机关“放管服”改革体现了“以人民为中心”的理念，特别是对电商企业而言，这一改革带来了极大的便利。税务机关通过简政放权、优化服务、创新监管，为电商企业提供了更加便捷、高效的税务服务。例如，税务机关推行网上办税、电子发票等举措，使电商企业可以轻松办理税务事项，节省了时间和成本。同时，税务机关运用大数据、云计算等技术，实现对电商企业的精准监管，确保税收法律法规的公平实施。这些举措体现了税务机关对电商企业的关心和支持，为电商企业的发展提供了有力保障。

知识储备

除了增值税、消费税、个人所得税、企业所得税等常见税费，电商企业还可能涉及其他税费，如城市维护建设税、教育费附加、印花税等。

一、城市维护建设税、教育费附加与地方教育附加

（一）城市维护建设税

城市维护建设税是以纳税人依法实际缴纳的增值税、消费税税额为计税依据所征收的一种税，主要目的是筹集城镇设施建设和维护资金。

1. 税率的具体规定

城市维护建设税实行差别比例税率，按照纳税人所在地区的不同，设置了三档比例税率。

（1）纳税人所在地在市区的，税率为 7%。

（2）纳税人所在地在县城、镇的，税率为 5%。

（3）纳税人所在地不在市区、县城或者镇的，税率为 1%。

2. 城市维护建设税计税依据

城市维护建设税的计税依据为纳税人实际缴纳的增值税、消费税税额。在计算计税依据时，应当按照规定扣除期末留抵退税退还的增值税税额。

3. 城市维护建设税应纳税额的计算

城市维护建设税的应纳税额按照纳税人实际缴纳的增值税、消费税税额乘以具体适用税率计算。其计算公式为：

应纳税额 =（纳税人实际缴纳的增值税 + 消费税税额）× 适用税率

练一练

B 公司所在地为市区，2022 年 9 月应缴增值税 120 000 元，实际缴纳增值税 100 000 元；应缴消费税 80 000 元，实际缴纳消费税 70 000 元。依照相关规定，适用的城市维护建设税税率为 5%，要求计算该公司当月应纳城市维护建设税税额。

解析：根据城市维护建设税法律制度规定，城市维护建设税以纳税人实际缴纳的增值税、消费税税额为计税依据。

4. 城市维护建设税税收优惠

城市维护建设税属于增值税、消费税的一种附加税，原则上不单独规定税收减免条款。如果税法规定减免增值税、消费税，也就相应地减免了城市维护建设税。现行城市维护建设税的减免规定主要有以下几条。

（1）对进口货物或者境外单位和个人向境内销售劳务、服务、无形资产缴纳的增值税、消费税税额，不征收城市维护建设税。

（2）对出口货物、劳务和跨境销售服务、无形资产以及因优惠政策退还增值税、消费税

的，不退还已缴纳的城市维护建设税。

（3）对增值税、消费税实行先征后返、先征后退、即征即退办法的，除另有规定外，对随增值税、消费税附征的城市维护建设税，一律不予退（返）还。

（4）根据国民经济和社会发展的需要，国务院对重大公共基础设施建设、特殊产业和群体以及重大突发事件应对等情形可以规定减征或者免征城市维护建设税，报全国人民代表大会常务委员会备案。

职场点津

财政部 税务总局关于城市维护建设税计税依据确定办法等事项的公告

财政部 税务总局公告2021年第28号

《中华人民共和国城市维护建设税法》已由第十三届全国人民代表大会常务委员会第二十一次会议于2020年8月11日通过，自2021年9月1日起施行。经国务院同意，现将城市维护建设税计税依据确定办法等事项公告如下。

一、城市维护建设税以纳税人依法实际缴纳的增值税、消费税税额（以下简称两税税额）为计税依据。

依法实际缴纳的两税税额，是指纳税人依照增值税、消费税相关法律法规和税收政策规定计算的应当缴纳的两税税额（不含因进口货物或境外单位和个人向境内销售劳务、服务、无形资产缴纳的两税税额），加上增值税免抵税额，扣除直接减免的两税税额和期末留抵退税退还的增值税税额后的金额。

直接减免的两税税额，是指依照增值税、消费税相关法律法规和税收政策规定，直接减征或免征的两税税额，不包括实行先征后返、先征后退、即征即退办法退还的两税税额。

二、教育费附加、地方教育附加计征依据与城市维护建设税计税依据一致，按本公告第一条规定执行。

三、本公告自2021年9月1日起施行。

（二）教育费附加与地方教育附加

教育费附加是以各单位和个人实际缴纳的增值税、消费税税额为计征依据所征收的一种费用，其目的是加快发展教育事业，扩大教育经费资金来源。

1. 教育费附加与地方教育附加计征依据

教育费附加与地方教育附加以纳税人实际缴纳的增值税、消费税税额之和为计征依据。

2. 教育费附加与地方教育附加征收率

按照《征收教育费附加的暂行规定》，现行教育费附加征收率为3%。根据《财政部关于统一地方教育附加政策有关问题的通知》的规定，现行地方教育附加征收率为2%。

3. 教育费附加、地方教育附加的计算

教育费附加与地方教育附加的计算公式为：

应纳教育费附加 = 实际缴纳增值税、消费税税额之和 × 征收率

应纳地方教育附加 = 实际缴纳增值税、消费税税额之和 × 征收率

4. 教育费附加与地方教育附加减免规定

教育费附加与地方教育附加的减免，原则上比照增值税、消费税的减免规定。如果税法规定增值税、消费税减免，则教育费附加与地方教育附加也就相应减免。主要的减免规定如下。

（1）对海关进口产品征收的增值税、消费税，不征收教育费附加与地方教育附加。

（2）对由于减免增值税、消费税而发生退税的，可同时退还已征收的教育费附加与地方教育附加。但对出口产品退还增值税、消费税的，不退还已征的教育费附加与地方教育附加。

二、印花税

印花税一般是对经济活动和经济交往中书立、领受、使用的应税经济凭证征收的一种税。因纳税人主要通过在应税凭证上粘贴印花税票完成纳税义务，故名印花税。

（一）印花税纳税人

（1）在中华人民共和国境内书立应税凭证、进行证券交易的单位和个人，为印花税的纳税人，应当依照《中华人民共和国印花税法》规定缴纳印花税。

（2）在中华人民共和国境外书立在境内使用的应税凭证的单位和个人，应当依照《中华人民共和国印花税法》规定缴纳印花税。

（二）印花税计税依据

《中华人民共和国印花税法》（简称《印花税法》）第五条规定，印花税的计税依据如下：

（1）应税合同的计税依据，为合同所列的金额，不包括列明的增值税税款；

（2）应税产权转移书据的计税依据，为产权转移书据所列的金额，不包括列明的增值税税款；

（3）应税营业账簿的计税依据，为账簿记载的实收资本（股本）、资本公积合计金额；

（4）证券交易的计税依据，为成交金额。

（三）印花税税率

印花税实行比例税率。按照凭证所标明的确定的金额按比例计算应纳税额，既能保证财政收入，又能体现合理负担的原则。

印花税的税目、税率，依照《印花税法》所附“印花税税目税率表”（见表 2-8）执行。

表 2-8　印花税税目税率表

税目		税率	备注
合同（指书面合同）	借款合同	借款金额的万分之零点五	指银行业金融机构、经国务院银行业监督管理机构批准设立的其他金融机构与借款人（不包括同业拆借）的借款合同
	融资租赁合同	租金的万分之零点五	

续表

税目		税率	备注
合同（指书面合同）	买卖合同	价款的万分之三	指动产买卖合同（不包括个人书立的动产买卖合同）
	承揽合同	报酬的万分之三	
	建设工程合同	价款的万分之三	
	运输合同	运输费用的万分之三	指货运合同和多式联运合同（不包括管道运输合同）
	技术合同	价款、报酬或者使用费的万分之三	不包括专利权、专有技术使用权转让书据
	租赁合同	租金的千分之一	
	保管合同	保管费的千分之一	
	仓储合同	仓储费的千分之一	
	财产保险合同	保险费的千分之一	不包括再保险合同
产权转移书据	土地使用权出让书据	价款的万分之五	转让包括买卖（出售）、继承、赠与、互换、分割
	土地使用权、房屋等建筑物和构筑物所有权转让书据（不包括土地承包经营权和土地经营权转移）	价款的万分之五	
	股权转让书据（不包括应缴纳证券交易印花税的）	价款的万分之五	
	商标专用权、著作权、专利权、专有技术使用权转让书据	价款的万分之三	
营业账簿		实收资本（股本）、资本公积合计金额的万分之二点五	
证券交易		成交金额的千分之一	

（四）印花税应纳税额的计算

印花税的应纳税额按照计税依据乘以适用税率计算，具体计算公式如下。

（1）应税合同的应纳税额计算公式为：

$$应纳税额 = 价款或者报酬 \times 适用税率$$

（2）应税产权转移书据的应纳税额计算公式为：

应纳税额 = 价款 × 适用税率

（3）应税营业账簿的应纳税额计算公式为：

应纳税额 = 实收资本（股本）、资本公积合计金额 × 适用税率

（4）证券交易的应纳税额计算公式为：

应纳税额 = 成交金额或者依法确定的计税依据 × 适用税率

同一应税凭证载有两个以上税目事项并分别列明金额的，按照各自适用的税目税率分别计算应纳税额；未分别列明金额的，从高适用税率。

已缴纳印花税的营业账簿，以后年度记载的实收资本（股本）、资本公积合计金额比已缴纳印花税的实收资本（股本）、资本公积合计金额增加的，按照增加部分计算应纳税额。

课堂互动

思考与讨论：印花税对电商企业的运营有哪些具体影响？

行家点拨

《印花税法》第十二条规定："下列凭证免征印花税：……（八）个人与电子商务经营者订立的电子订单……"

《财政部 税务总局关于印花税若干事项政策执行口径的公告》（财政部 税务总局公告 2022 年第 22 号）第四条第一款规定："对应税凭证适用印花税减免优惠的，书立该应税凭证的纳税人均可享受印花税减免政策，明确特定纳税人适用印花税减免优惠的除外。"

因此，个人与电子商务经营者订立的电子订单，按照现行规定，免征印花税。

实践任务

任务背景

晨阳电商是一家专注于食品零售的电商企业，成立于 2010 年，总部位于中国上海。晨阳电商致力于为广大消费者提供优质、健康的食品，食品种类涵盖休闲食品、粮油副食、饮料饮品等。随着电子商务的快速发展，晨阳电商积极拓展线上业务，通过自建电商平台以及与其他电商平台合作，实现了销售额的快速增长。

为了备战"双十一"购物节，晨阳电商在 2023 年 11 月向供应商采购了总价值 113 万元的货物（合同列明了增值税税额为 13 万元）；采购的货物主要用于满足"双十一"期间的销售需

求，确保食品供应充足。在“双十一”期间，晨阳电商开展了一系列促销活动，吸引了大量消费者关注和购买，当月线上销售额达到了 80 万元，全部销售给个人消费者。

假如晨阳电商为小型微利企业，请问 2023 年 11 月晨阳电商该如何缴纳印花税？

任务要求

根据我国税法规定和优惠政策，确定晨阳电商 2023 年 11 月应缴纳的印花税金额。

任务六　进出口税

任务引例

商务部等 9 部门关于拓展跨境电商出口推进海外仓建设的意见

为拓展跨境电商出口，优化海外仓布局，加快培育外贸新动能，商务部等 9 部门提出了关于拓展跨境电商出口推进海外仓建设的若干意见。

一、积极培育跨境电商经营主体

（一）大力支持跨境电商赋能产业发展。指导地方依托跨境电商综合试验区、跨境电商产业园区、优势产业集群和外贸转型升级基地等，培育“跨境电商赋能产业带”模式发展标杆。

（二）提升服务跨境电商企业能力。支持有条件的地方对本地贸易规模大、带动效应好的跨境电商企业“一企一策”提升“一对一”服务能力。

（三）支持跨境电商企业“借展出海”。支持跨境电商平台、出口、支付、物流、海外仓等企业参加中国进出口商品交易会（广交会）、全球数字贸易博览会等重点展会。

（四）加强跨境电商行业组织建设与人才培养。充分发挥地方性行业组织作用，加强跨境电商行业自律，引导有序竞争，提升维权能力。

二、加大金融支持力度

（一）畅通跨境电商企业融资渠道。鼓励金融机构探索优化服务模式，为具有真实贸易背景的跨境电商企业提供金融支持。鼓励优化出口信用保险承保模式，为跨境电商国内采购提供保险保障。

（二）优化跨境资金结算服务。支持跨境电商企业按规定将出口货物在境外发生的营销、仓储、物流等费用与出口货款轧差结算。

（三）推动跨境电商供应链降本增效。推动头部跨境电商企业加强信息共享，鼓励金融机构充分利用企业相关信息，依法依规开展供应链金融服务，更好赋能上下游产业链发展。

三、加强相关基础设施和物流体系建设

（一）推动跨境电商海外仓高质量发展。统筹用好现有资金渠道，支持跨境电商海外仓企业发展。

（二）增强跨境电商物流保障能力。促进中欧班列沿线海外仓建设，积极发展“中欧班列 + 跨境电商”模式。

（三）助力跨境电商相关企业“走出去”。更新发布国别合作指南，加强对跨境电商相关企业“走出去”指导和境外报到登记，引导合规有序经营，实现互利共赢。

四、优化监管与服务

（一）优化跨境电商出口监管。探索推广跨境电商出口拼箱“先查验后装运”模式。

（二）提升跨境数据管理和服务水平。在符合法律法规要求、确保安全的前提下，促进和规范数据跨境流动，允许跨境电商、跨境支付等应用场景数据有序自由流动。

五、积极开展标准规则建设与国际合作

（一）加快跨境电商领域标准建设。鼓励地方汇聚行业、企业、高校、智库等资源，积极参与跨境电商生产、营销、支付、物流、售后等各领域的标准建设。

（二）提升企业合规经营水平。修订跨境电商知识产权保护指南。鼓励地方加大知识产权保护、境外知识产权权益维护等培训力度，提升企业风险应对能力。

（三）持续深化国际交流合作。积极参与多边机制谈判和交流合作，深入参与电子单证、无纸贸易、电子交易等方面的国际标准与规则制定。

思考：

（1）什么是跨境电商？在跨境电商出口业务中，税收政策对企业的运营有何影响？

（2）海外仓建设对跨境电商企业的税收筹划有何意义？

学思践悟

跨境电商的发展对“为国聚财，为民收税”的核心要义具有重要意义。通过拓展海外仓建设，跨境电商不仅提高了物流效率和降低了成本，还为国家增加了税收来源，体现了税收“取之于民，用之于民”的原则。我国政府和相关部门应继续完善税收政策，支持跨境电商发展；同时，跨境电商企业也须加强税收合规意识，确保可持续发展。

知识储备

一、跨境电商出口模式

（一）特殊区域出口（海关监管方式代码 1210）

特殊区域出口，又称保税备货出口，依托综合保税区等海关特殊监管区域进行。在此出口模式下，跨境电商企业商品入区即可享受退税优惠（保税区除外），这大大提高了企业的资金利用率并降低了物流成本。近年来，这一出口模式的增长态势尤为明显。

（二）一般出口（海关监管方式代码 9610）

在一般出口模式下，境外消费者下单并付款后，企业需将交易、收款、物流等信息实时上传至海关。海关将审核《申报清单》并在查验后放行包裹，然后通过国际运输和境外配送将商品交付给消费者。企业报关时采取“清单核放、汇总申报”的方式。在跨境电子商务综合试验区，对于符合条件的跨境电商零售商品出口，可采取“清单核放、汇总申报”的方式办理报关手续。对于单票价值在人民币 5 000 元以内且不涉及出口征税、出口退税、许可证件管理的商品，企业只需申报 4 位税号。

（三）跨境电商 B2B 直接出口（海关监管方式代码 9710）

境内企业通过跨境电商平台与境外企业达成交易后，可直接通过跨境物流将货物送达境外企业，并按照海关要求传输相关电子数据。跨境电商 B2B 直接出口货物通常通过“单一窗口”向海关申报出口报关单。对于单票金额在人民币 5 000 元以下且不涉证、不涉检、不涉税的低值货物，企业也可以选择通过“单一窗口”申报电子清单。无论是以报关单形式还是电子清单形式申报，企业在向海关申报前都应提前向海关传输交易订单信息。

（四）跨境电商出口海外仓（海关监管方式代码 9810）

境内企业首先将商品通过跨境物流运送到海外仓，然后通过跨境电商平台实现与境外消费者的交易，并从海外仓发出商品送达消费者手中。海外仓模式包括自营型海外仓模式、第三方海外仓模式以及亚马逊物流模式等三种类型。

二、跨境电商出口退（免）税政策

（一）跨境电子商务零售出口适用增值税、消费税退（免）税政策

根据《财政部 国家税务总局关于跨境电子商务零售出口税收政策的通知》（财税〔2013〕96 号）规定，自 2014 年 1 月 1 日起，电子商务出口企业（自建跨境电子商务销售平台的电子商务出口企业和利用第三方跨境电子商务平台开展电子商务出口的企业）出口货物 [财政部、国家税务总局明确不予出口退（免）税或免税的货物除外]，同时符合下列条件的，适用增值税、消费税退（免）税政策。

（1）电子商务出口企业属于增值税一般纳税人并已向主管税务机关办理出口退（免）税资格认定。

（2）出口货物取得海关出口货物报关单（出口退税专用），且与海关出口货物报关单电子信息一致。

（3）出口货物在退（免）税申报期截止之日内收汇。

（4）电子商务出口企业属于外贸企业的，购进出口货物取得相应的增值税专用发票、消费税专用缴款书（分割单）或海关进口增值税、消费税专用缴款书，且上述凭证有关内容与出口货物报关单（出口退税专用）有关内容相匹配。

（二）跨境电子商务综合试验区零售出口无票免税政策

根据《财政部 税务总局 商务部 海关总署关于跨境电子商务综合试验区零售出口货物税收政策的通知》（财税〔2018〕103 号），自 2018 年 10 月 1 日起，对跨境电子商务综合试验区（以下简称综试区）电子商务出口企业（自建跨境电子商务销售平台或利用第三方跨境电子商务平台开展出口的单位和个体工商户）出口未取得有效进货凭证的货物，同时符合下列条件的，试行增值税、消费税免税政策。

（1）电子商务出口企业在综试区注册，并在注册地跨境电子商务线上综合服务平台登记出口日期、货物名称、计量单位、数量、单价、金额。

（2）出口货物通过综合试验区所在地海关办理电子商务出口申报手续。

（3）出口货物不属于财政部和税务总局根据国务院决定明确取消出口退（免）税的货物。

（三）跨境电子商务出口退运商品税收政策

根据《财政部 海关总署 税务总局关于跨境电子商务出口退运商品税收政策的公告》（财政部 海关总署 税务总局公告2023年第4号），自2023年1月30日起至2024年1月30日止，在跨境电子商务海关监管代码（1210、9610、9710、9810）项下申报出口，因滞销、退货原因，自出口之日起6个月内原状退运进境的商品（不含食品），免征进口关税和进口环节增值税、消费税；出口时已征收的出口关税准予退还，出口时已征收的增值税、消费税参照内销货物发生退货有关税收规定执行。其中，监管代码1210项下出口商品，应自海关特殊监管区域或保税物流中心（B型）出区离境之日起6个月内退运至境内区外。

上述规定中的相关概念及适用条件如下。

（1）原状退运进境，是指出口商品退运进境时的最小商品形态应与原出口时的形态基本一致，不得增加任何配件或部件，不能经过任何加工、改装，但经拆箱、检（化）验、安装、调试等仍可视为“原状”；退运进境商品应未被使用过，但对于只有经过试用才能发现品质不良或可证明被客户试用后退货的情况除外。

（2）对符合上述规定的商品，已办理出口退税的，企业应当按现行规定补缴已退的税款。企业应当凭主管税务机关出具的《出口货物已补税/未退税证明》，申请办理免征进口关税和进口环节增值税、消费税，退还出口关税手续。

（3）对符合退运规定的商品，企业应当提交出口商品申报清单或出口报关单、退运原因说明等证明该商品确为因滞销、退货原因而退运进境的材料，并对材料的真实性承担法律责任。

三、跨境电商进口模式

职场点津

跨境电商零售进口是指在中国境内的消费者，通过跨境电商交易平台进行购买，并根据海关要求传输相关交易电子数据，适用跨境电商零售进口监管条件的交易方式。

跨境电商零售进口分为“网购保税进口”（海关监管方式代码1210）和“直购进口”（海关监管方式代码9610）两种模式。

“网购保税进口”模式中，电商企业首先以海外集采、批量报关的方式将商品引进境内，并存放在海关特殊监管区域或保税物流中心。消费者下单并完成付款后，商品便以快递包裹的形式，直接从境内的保税仓库配送到消费者手中。

“直购进口”模式中，货物存放在企业设在境外的海外仓库中。消费者下单后，企业便从境外发货，通过国际运输抵达中国海关监管区域，然后向海关申报入境，并完成通关手续。之后，商品便进入境内的派送环节。

四、跨境电商零售进口征税政策

根据《财政部 海关总署 国家税务总局关于完善跨境电子商务零售进口税收政策的通知》，跨境电子商务零售进口商品货值在限值以内，按照货物税率征收进口环节增值税、消费税税额的 70%，无免税额度。单次超过限值，且订单下仅一件商品的情况，按照货物税率全额征收关税和进口环节增值税、消费税，交易额计入年度交易总额。

课堂互动

思考与讨论：李红在某电商平台购买了一瓶 30 毫升的进口香水，价格为 480 元，应该如何纳税？

行家点拨

跨境电子商务零售进口商品的年度交易限值为人民币 26 000 元；单次交易限值为人民币 5 000 元，即每次购物货值不能超过 5 000 元，当订单下仅一件商品时，货值可超出单次限值规定。

年度交易总额超过年度交易限值的，应办理退运或按一般贸易货物规定办理通关手续。

个人年度交易限值按照自然年计算，每年 12 月 31 日额度清零，第二年 1 月 1 日起重新计算。

实践任务

任务背景

A 公司为已办理出口退（免）税资格备案的电子商务外贸公司，属于增值税一般纳税人。A 公司通过设立在境内的跨境电商第三方平台 B 开展出口业务，并按月支付服务费。2024 年 5 月 15 日，境外 C 客户通过互联网向 A 公司采购一批高尔夫球，增值税征税率为 13%、退税率为 11%，消费税税率为 10%，合同签订出口销售额为 10 000 元人民币（离岸价，下同）。5 月 22 日，A 公司从境内 D 生产企业购进同数量高尔夫球，取得增值税专用发票注明价款为 8 000 元，增值税为 1 040 元；同时，取得该批高尔夫球消费税专用缴款书注明消费税为 800 元。5 月 25 日，A 公司办妥出口离境手续，取得海关出口货物报关单电子信息，并且 C 客户已在网上支付货款。当月 A 公司将上述业务记入外销收入账，于次月的增值税纳税申报期内申报了出口退（免）税。

任务要求

（1）熟悉我国跨境电商出口退（免）税的政策依据和相关规定。

（2）分析 A 公司的出口业务是否符合退（免）税条件。

（3）计算 A 公司针对该批高尔夫球出口业务应提交的增值税和消费税（免）退税金额。

AI+智慧财税

探索与实践自动报税系统

早期，税务申报主要依赖纸质申报表，这种方式不仅效率低，容易出错，而且不利于税务部门的数据统计和分析。随着计算机技术的普及，一些地区开始尝试将税务申报过程电子化，这标志着电算化系统的出现。电算化系统虽然提高了报税效率，但仍需要纳税人具备一定的计算机操作能力。

进入21世纪后，随着互联网技术的快速发展，网络化申报系统逐渐普及。纳税人可以通过互联网提交税务申报表，实现实时数据更新和查询，大大提高了税务管理的效率和透明度。随着智能手机的普及，移动端报税系统也应运而生，进一步简化了报税流程，降低了报税门槛。

近年来，随着AI和大数据技术的兴起，自动报税系统开始兴起并受到广泛关注。这种系统能够自动识别和分析纳税人的财务数据，自动生成税务申报表，并提供个性化的税务筹划建议。自动报税系统不仅提高了报税的准确性和效率，还为企业和个人提供了更加便捷、高效的税务服务体验。

一、技术原理

自动报税系统的技术原理主要基于大数据处理、自然语言处理（Natural Language Processing，NLP）、机器学习等先进技术。

大数据处理。自动报税系统能够收集和处理海量的税务数据，包括纳税人的收入、支出、资产等财务数据，以及相关的税收法规和政策文件。通过大数据处理技术，自动报税系统能够发现数据中的规律和趋势，为税务申报提供有力的数据支持。

自然语言处理。通过自然语言处理技术，自动报税系统能够理解和处理人类自然语言输入的税务问题或指令。纳税人可以通过自然语言与自动报税系统交互，询问税务政策、填写申报表等，大大提高了系统的易用性，增强了用户体验。

机器学习。通过机器学习算法，自动报税系统能够不断学习和优化自身的性能。通过对历史税务申报数据的分析和学习，自动报税系统能够自动识别和匹配适用的税法条款，生成准确的税务申报表。同时，自动报税系统还能够根据用户的反馈和行为习惯进行自我调整与优化，提高服务的个性化和智能化水平。

二、应用场景

自动报税系统的应用场景非常广泛，主要包括以下几个方面。

（1）企业税务管理。对大型企业来说，自动报税系统可以大大提高税务申报的效率和准确性。自动报税系统能够自动处理大量的财务数据，生成符合税法规定的申报表，并实时监测税务风险。此外，自动报税系统还能够提供税务筹划建议，帮助企业优化税务结构，减轻税负。

（2）个人税务申报。对个人纳税人来说，自动报税系统可以简化烦琐的报税流程。个人只需将财务数据输入系统或通过第三方平台导入数据，系统即可自动生成申报表并计算应纳税额。同时，自动报税系统还能提供个性化的税务咨询和理财建议，帮助个人更好地管理个人财务。

（3）税务机构管理。税务机构可以利用自动报税系统提高税务管理的效率和透明度。自动报税系统能够自动处理纳税人提交的申报材料和数据信息，实时检测与修复错误和漏洞。同时，自动报税系统还能自动生成各种报表和分析数据，帮助税务机构进行稽查和监管工作。

（4）跨境税务管理。随着全球化的深入发展，跨境税务管理变得越来越重要。自动报税系统可以支持多币种、多税制的税务处理需求，为跨国（跨境）企业和个人提供便捷的税务申报服务。同时，自动报税系统能够自动识别与匹配不同国家和地区的税法规定和政策要求，确保税务申报的合规性和准确性。

三、自动报税系统的优势与挑战

自动报税系统在税务管理领域展现出诸多优势，同时也面临一些挑战。

（一）优势

1．提高工作效率

自动报税系统能够自动处理大量数据，生成税务申报表，大大减少了人工输入和核对的时间。同时，自动报税系统支持实时数据更新和查询，使纳税人能够随时掌握税务状况，及时调整税务策略。自动化处理减少了人为因素导致的错误，提高了申报的准确性和效率。

2．降低税务风险

自动报税系统内置最新的税法规则和政策，能够自动识别并匹配适用的税法条款，降低因政策理解错误导致的税务风险。同时，自动报税系统具备数据验证和审计功能，能够自动检查数据的逻辑性和合规性，及时发现并纠正错误。另外，通过数据分析和风险预警系统，自动报税系统能够提前发现并预防潜在的税务风险。

3．减轻财税人员负担

自动报税系统简化了烦琐的税务申报流程，使财税人员能够专注于更高层次的税务筹划和管理工作。自动化处理减轻了财税人员的工作负担，减少了重复性劳动，提高了工作效率和满意度。自动报税系统提供的个性化税务咨询和优化建议有助于财税人员提升专业能力并更好地服务于企业和个人。

（二）挑战

1．法律合规性

税收法规频繁变化，自动报税系统需要及时更新以适应新的法规要求，确保申报的合规性。不同国家和地区的税法存在差异，自动报税系统需要支持多税制处理，满足跨国（跨境）企业和个人的需求。税务部门对自动报税系统的合规性进行审查时，可能提出更高的要求和标准。

2．数据安全

自动报税系统处理大量敏感财务数据，若数据被泄露或被滥用，将带来严重后果。因此，自动报税系统需要采取严格的安全措施保护数据隐私。随着网络技术的发展，黑客攻击手段日益复杂多样，自动报税系统需要不断升级安全防护措施以应对潜在的安全威胁。另外，内部员工的失职行为以及第三方服务商的安全漏洞也可能导致数据泄露风险增加。

自动报税系统以高效、准确、便捷的特点在现代税务管理中发挥着越来越重要的作用。随着技术的不断进步和应用场景的不断拓展，自动报税系统将在未来得到更广泛的应用和推广。

项目通关测试

一、单选题

1. 电商企业 A 向消费者销售一批货物，并提供免费快递服务，以下关于该笔交易的增值税处理的说法正确的是（　　）。

A. 货物销售和快递服务分别计算增值税

B. 货物销售和快递服务合并计算增值税

C. 只对货物销售计算增值税

D. 只对快递服务计算增值税

2. 电商企业 B 通过平台销售自建网站开发的软件，以下关于该笔交易的增值税处理的说法正确的是（　　）。

A. 该软件属于无形资产，应按 6% 的税率缴纳增值税

B. 该软件属于货物，应按 13% 的税率缴纳增值税

C. 该软件属于服务，应按 9% 的税率缴纳增值税

D. 该软件不属于增值税征税范围，无须缴纳增值税

3. 消费税的征税对象是（　　）。

A. 所有商品和服务

B. 特定的消费品和消费行为

C. 所有企业

D. 所有个人

4. 消费税税率的形式包括（　　）。

A. 比例税率

B. 定额税率

C. 比例税率和定额税率

D. 以上都不对

5. 个人所得税综合所得适用的税率是（　　）。

A. 3% 至 45% 的超额累进税率

B. 5% 至 35% 的超额累进税率

C. 20% 的比例税率

D. 以上都不对

二、多选题

1. 增值税纳税人包括（　　）。

A. 企业　　B. 个体工商户

C. 行政单位　　D. 其他个人

2. 消费税的征税对象包括（　　）。

A. 卷烟　　B. 酒

C. 高档化妆品　　D. 润滑油

3. 根据个人所得税法律制度的规定，以下个人取得的收入中，应按照“劳务报酬所得”计缴个人所得税的有（　　）。

A. 某职员取得的本单位优秀员工奖金

B. 某高校教师从任职学校领取的工资

C. 某工程师从非雇佣企业取得的咨询收入

D. 某经济学家从非雇佣企业取得的讲学收入

4. 根据企业所得税法律制度的规定，以下属于企业所得税纳税人的有（　　）。

A. 甲有限责任公司

B. 乙合伙企业

C. 丙股份有限公司

D. 丁个体工商户

5. 根据印花税法律制度的规定，属于印花税征税范围的合同有（　　）。

A. 人身保险合同　　B. 财产保险合同

C. 买卖合同　　D. 再保险合同

三、判断题

1. 除个体工商户以外的其他个人不属于增值税一般纳税人。（　　）

2. C2C 指的是企业对个人的电子商务，分为平台型和自营型两种。（　　）

3. 增值税小规模纳税人的标准为年应税销售额 500 万元及以下。（　　）

4. 纳税人出口货物，税率为 6%。（　　）

5. 电子烟属于消费税征收范围。（　　）

6. 在中国境内无住所且 1 个纳税年度内在中国境内居住累计满 183 天的个人，为非居民个人。（　　）

7. 城市维护建设税是以纳税人依法实际缴纳的增值税、消费税税额为计税依据所征收的一种税，主要目的是筹集城镇设施维护和建设资金。（　　）

8. 电商企业通过自建网站销售商品，不需要缴纳印花税。（　　）

9. 电商企业进口货物，需要缴纳进口环节增值税和消费税。（　　）

10. 电商企业出口货物，可以享受出口退税政策，退还其在境内缴纳的增值税和消费税。（　　）

四、案例分析

某电商平台在国庆节期间推出了一项满 1 000 元减 200 元的优惠活动。某消费者在该平台购买了价值 1 200 元的商品，实际支付了 1 000 元。请问该电商平台应该如何计算增值税销项税额？

知识复盘

请复习本项目所讲知识，填充空白处，并对各知识点进行标记，△表示了解，○表示熟悉，☆表示掌握。

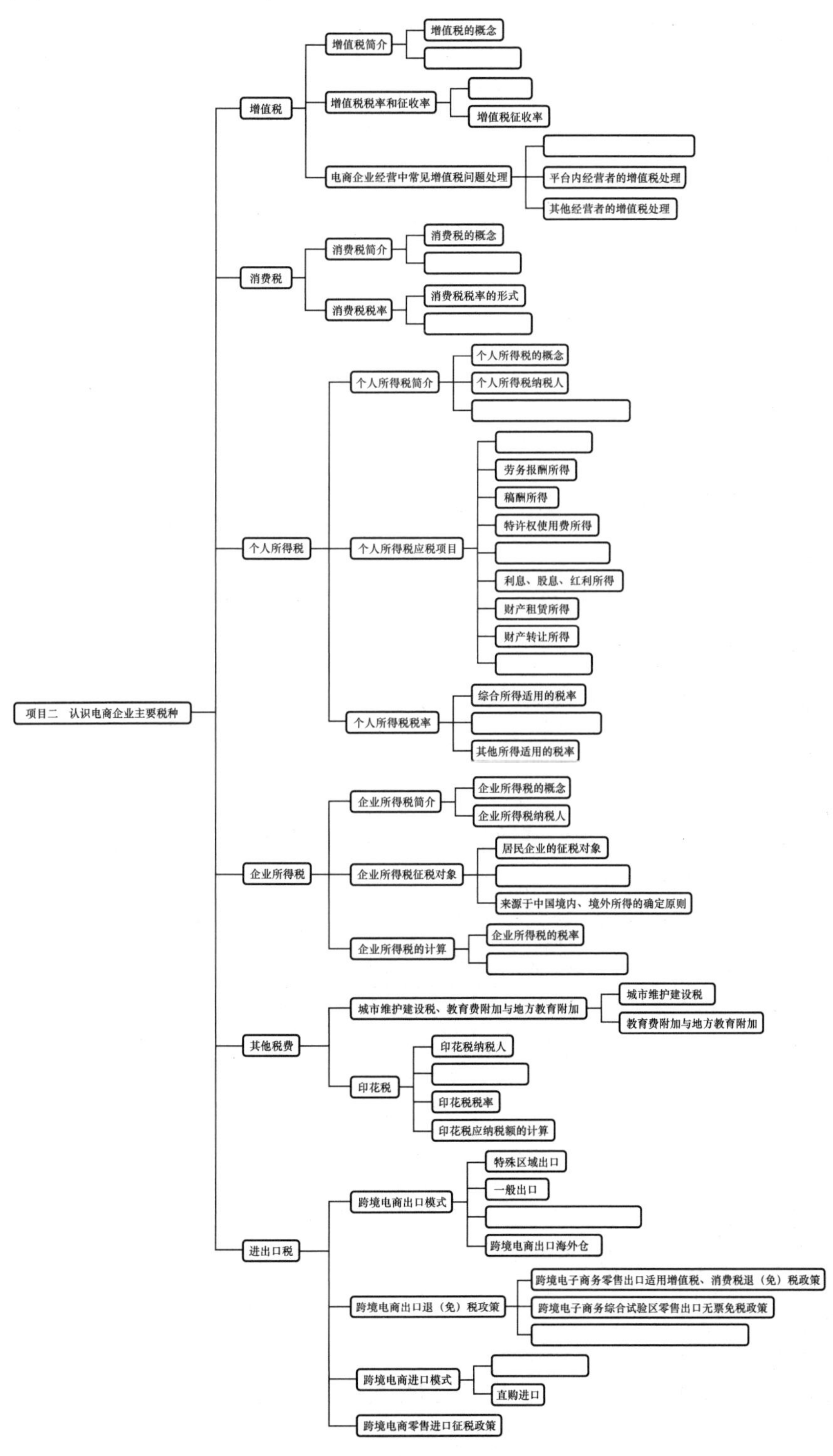

学习评价

根据考核内容，完成自我小结并进行自我评价和小组互评，最后按自我评价分 ×40%+小组互评分 ×60% 计算综合得分。

评价表

评价维度	考核内容	分值	自我评价	小组互评
知识学习评价	理解增值税、消费税、个人所得税、企业所得税、其他税费、进出口税等的概念、征税对象、税率等基本知识	10分		
	掌握增值税、消费税、个人所得税、企业所得税等电商企业常见税种的计算	10分		
	了解电商行业不同交易模式的税务处理规则和注意事项	10分		
	了解税收优惠政策，熟悉跨境电商进出口征税政策	10分		
职业素养评价	能够根据最新的税务政策，及时更新自己的知识体系，确保税务处理的合规性	5分		
	能针对电商企业的特定业务模式，提出有效的税务筹划建议，优化税务成本	10分		
	具备识别电商活动中潜在税务风险（如跨境交易税务合规问题、发票管理不当等）的能力	10分		
品行素养评价	能够始终坚持诚实守信的原则，不参与任何形式的偷税漏税行为	5分		
	具备高度的法律意识，严格遵守国家税收法律法规，维护良好的税务信用记录	10分		
	能有效沟通税务相关信息，与团队成员协作解决税务难题，共同提升团队税务管理水平	5分		
	具备持续学习的意识，主动关注税务政策变化，通过参加培训、阅读专业书籍等方式不断提升自己的税务知识和技能	10分		
	在学习方式上能自主反思，发挥求异、求新的创新精神，积极地在团队中提出问题、讨论问题和解决问题	5分		
合计		100分		

综合评价表

综合评价	自我评价（40%）	小组互评（60%）	综合得分

项目三　电商企业财务分析基础

学习目标

✧知识目标

（1）掌握电商企业常用的财务指标，理解这些指标如何反映企业的运营状况和财务健康度。

（2）掌握电商企业成本的分类，理解成本分析的方法，掌握成本分析的作用。

（3）理解电商企业收入的确认、构成，掌握电商企业优惠策略和收入模型优化策略。

✧ 技能目标

（1）能够运用电商企业财务指标进行数据分析，解读销售、盈利、转化和周转等方面的数据，为企业管理层提供决策支持。

（2）能够从多个维度对企业成本进行分析，深入理解企业成本构成，从而提高经济效益。

（3）能够设计并实施电商企业收入模型优化策略，以提高企业收入和市场份额。

✧ 素养目标

（1）形成数据驱动决策的思维模式，注重数据分析和解读在电商企业管理中的重要性，提高决策的科学性和准确性。

（2）在财务管理和收入管理的过程中，强调职业道德和责任感的重要性，遵守相关法律法规和道德规范，维护企业的声誉和利益。

思维导图

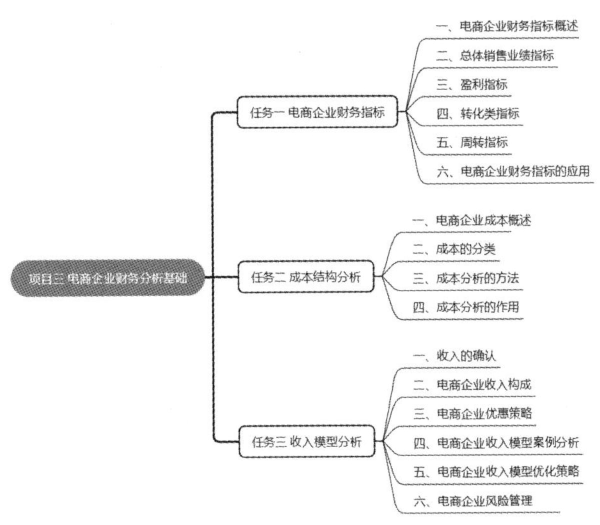

项目背景

据人民网报道的新闻内容，2024年第一季度，商务部深入贯彻落实中央经济工作会议精神和政府工作报告部署，推动我国电子商务在培育壮大新型消费、开展消费品以旧换新、促进数实融合和深化国际合作方面发挥重要作用。

（1）网络消费亮点纷呈。

2024年第一季度全国网上零售额3.3万亿元，同比（下同）增长12.4%。服务消费持续引领增长，商务部重点监测的网络服务消费增长28.5%，其中在线旅游和在线餐饮分别增长95%和27.8%；数字消费成为新增长点，商务部组织各地实施数字消费提升行动，智能穿戴装备和电子音像制品分别增长30.9%和23.4%；应季消费热点涌现，“赏春花、尝春菜”成为新风尚。

（2）平台以旧换新枢纽作用初显。

商务部组织电商平台企业开展消费品以旧换新，第六届双品网购节设置以旧换新专区。主要电商平台加大补贴力度，简化换新流程，换新品类达200多种，覆盖全国95%以上城镇，2024年第一季度以旧换新商品网络销售额增长超过一倍；二手平台创新质检模式，加强用户隐私保护，用户数量已超过4亿人。

（3）数实融合取得新进展。

商务部指导成立数字商务标准化技术委员会，聚焦数字技术应用，推进标准体系建设。编印各地数实融合创新发展典型经验做法案例集，充分发挥电商产业集聚优势，推动服装、家具、玩具和鞋类等传统产业数字化转型升级，如江苏常熟纺织服装产业通过数字化改造生产率提高30%以上。深入开展“数商兴农”，2024年第一季度农产品网络零售额增长28.2%。

（4）电子商务国际合作步伐加快。

商务部首次组织中国电商平台赴双边电商合作伙伴国开展路演活动，在意大利与60余家中小企业对接，进一步丰富双边电商合作内容。2024年第一季度我国跨境电商进出口5 776亿元，增长9.6%，与匈牙利、阿联酋、柬埔寨和巴西等“丝路电商”伙伴国电商进出口快速增长。上海“丝路电商”合作先行区建设开局良好，国际数据服务等五项对接高标准国际经贸规则先行先试举措率先落地见效。

任务一 电商企业财务指标

任务引例

Q公司电商崛起之路：从财务指标解读管理挑战与决策智慧

Q公司是一家新兴的电商企业，专注于销售家居用品。创始人小李是一位年轻有为的创业者，他凭借对市场的敏锐洞察和不懈的努力，成功地在电商领域崭露头角。然而，随着业务规模的不断扩大，小李开始感到管理上的压力，尤其是面对复杂的财务指标时，他感到有些力不从心。于是，他决定学习如何读懂电商企业的财务指标，以便更好地指导企业的经营决策。

表3-1是Q公司2022—2023年部分财务指标数据。

表3-1 Q公司2022—2023年部分财务指标数据

年份	销售收入/万元	销售成本/万元	净利润/万元
2022	2 000	1 400	300
2023	2 500	1 800	400

思考：

（1）小李注意到，虽然2023年的销售收入比2022年增加了500万元，但净利润只增加了100万元。这背后的原因是什么？

（2）小李发现，销售成本的增长速度几乎与销售收入同步。这是为什么？是否有办法降低销售成本？

学思践悟

深入了解电商企业财务指标，不仅能够帮助电商从业者精准掌握企业运营状况，而且能在复杂多变的环境中为企业保驾护航。财务指标包括销售收入、利润率、库存周转率等，直接反映了企业的经营效率和盈利能力，而这些数据往往也是税务、审计等部门监管的重点。通过深入学习，电商从业者能够更准确地解读这些指标背后的法律含义，确保在财务报表编制、税务申报、资金运作等方面严格遵守相关法律法规。这样一来，企业不仅能够避免因财务数据不实、偷逃税款等违法行为而遭受法律制裁，还能在合法合规的基础上，进一步优化经营策略，提升市场竞争力。

知识储备

一、电商企业财务指标概述

（一）电商企业财务指标的含义

电商企业财务指标是评估电商企业财务状况和经营绩效的核心工具，这些指标通过量化的方式全面反映企业的盈利能力、偿债能力、营运效率、成长潜力及市场表现等多个关键方面，通过数字描绘出清晰、全面的企业画像。

（二）财务指标对电商企业决策的指导作用

财务指标在电商企业决策中扮演着核心指导角色，它们不仅为电商企业提供了关于市场定位、竞争力、盈利水平及成本控制能力的全面洞察，还直接影响了企业的市场策略和销售策略的制定。电商企业财务指标是通过对电商企业的财务数据进行分析和计算，得出的能够反映企业运营状况和财务表现的一系列指标。这些指标包括总体销售业绩指标、盈利指标和转化类指标等，用于评估企业的市场地位、盈利能力、运营效率以及发展潜力。总体销售业绩指标如销售金额和订单量，直接反映了企业在市场中的规模和地位，为企业制定市场策略提供了重要依据。盈利指标如净利率和毛利率，揭示了企业的盈利水平、成本控制能力及盈利能力的可持续性，对财务规划和投资策略的制定具有重要影响。转化类指标如事件转化率和下单转化率，在优化营销策略和销售策略方面发挥关键作用，帮助企业识别潜在问题，提高销售效率和客户满意度。这些财务指标的综合运用，使电商企业能够做出更加科学、精准的决策，推动企业持续健康发展。

二、总体销售业绩指标

总体销售业绩指标是衡量电商企业销售规模、市场占有率和销售业绩的重要标准。这些指标不仅为企业制定和调整市场策略、销售策略提供了有力支持，还构成了评估电商企业销售绩效的框架。总体销售业绩指标涵盖多个关键维度，这些维度共同构成了评估电商企业销售绩效的框架，如图 3-1 所示。

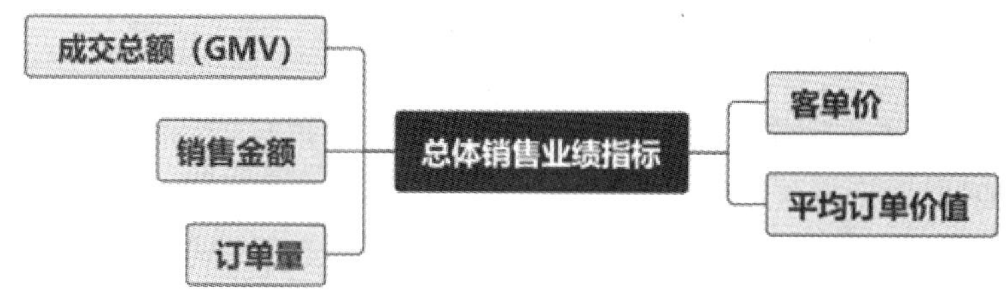

图 3-1　总体销售业绩指标

（一）成交总额

成交总额（Gross Merchandise Volume，GMV）是电商行业常用的一个关键销售业绩指标，它表示在特定时间段内，通过电商平台产生的订单总金额，包括已下单未付款或已取消的订单。尽管这些订单不一定全部转化为实际销售，但它们仍能反映平台的交易活跃度和潜在市场规模。

GMV 作为一个综合性指标，能全面反映电商平台的规模和业务活跃度。企业可以通过比较不同时间段或不同电商平台之间的 GMV 数据，选择更加适合企业现阶段的电商平台，或据此对电商市场的竞争态势和增长趋势进行更深入的分析。因此，GMV 也是电商企业进行财务规划和制定商业策略的重要依据之一。

（二）销售金额

销售金额指的是在特定时间段内，企业通过电商平台实际完成的交易金额，即顾客在确认收货后，为商品或服务支付的总金额。在实际操作中，如果顾客在确认收货后进行了部分或全部退款，销售金额会根据退款金额进行相应的调整。

销售金额直接反映了电商企业的实际销售收入，是衡量企业盈利能力和经营效益的重要指标。在计算销售金额时，会计人员应根据电商企业实际业务模式，对销售金额的定义和算法做出符合会计准则的调整。

职场任务

云帆电商公司在 11 月 11 日开展促销活动，活动成果如图 3-2 所示。当日产生销售金额 65 万元，未付款订单为 24 万元，顾客取消支付订单合计 18 万元。

请判断该促销活动中，该公司共产生多少 GMV？收入是多少？后续业务流程中，哪些环节可能会导致销售金额进一步降低？

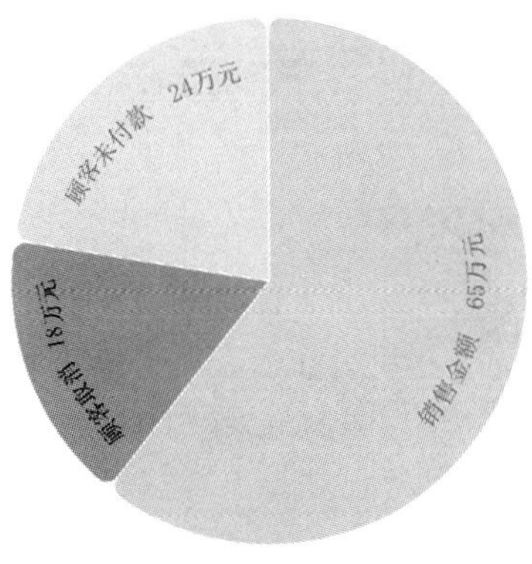

图 3-2　活动成果

（三）订单量

订单量是指在特定时间段内，企业在平台上接收到的订单总数（包括未付款或已取消的订单）。这一数据直观地反映了企业的销售活跃度和市场影响力，为企业深入了解顾客购买习惯提供了宝贵的数据支持。通过结合销售额等其他关键数据，管理者可以更加精准地评估销售活动的规模和效果，进而为企业制定更加科学的库存管理策略提供有力依据。

（四）客单价

客单价（Per Customer Transaction，PCT）指在特定时间段内，平均每位顾客在一次购物中所消费的金额，其计算公式为：

$$客单价=总销售额\div总顾客数$$

客单价直接反映了顾客在单次购物中的平均消费金额，在一定程度上体现了顾客的购买力和购买意愿。了解客单价能够帮助电商企业更好地了解目标顾客的消费能力和需求，是评估电商企业销售绩效的重要指标之一。客单价通常受到商品品质、商品定价、促销活动等因素的影响，提高客单价意味着每位顾客在购物时愿意支付更高的金额，有助于增加企业的销售额和利润。

因此，通过分析客单价的变化趋势，电商企业可以灵活调整营销策略，如提升商品质量、优化促销活动、改善顾客体验等，以吸引更多高价值顾客，并降低低价值顾客的影响。

（五）平均订单价值

平均订单价值是通过所有订单的总金额除以订单的总数得出的，代表了平均每笔订单的金额，其计算公式为：

$$平均订单价值=总销售额\div订单数$$

平均订单价值反映了顾客的购买行为，是评估电商企业业务效果、制定营销策略及优化产品定价的关键参考数据。

在每位顾客只产生一个订单的极端状况下，平均订单价值等于客单价。

三、盈利指标

盈利指标主要用来衡量企业赚取利润的能力。对电商企业来说，较为重要的盈利指标包括营业收入、毛利率、净利率、投资回报率、经营现金流、留存率、客户获取成本、客户终身价值、复购率等，如图 3-3 所示。

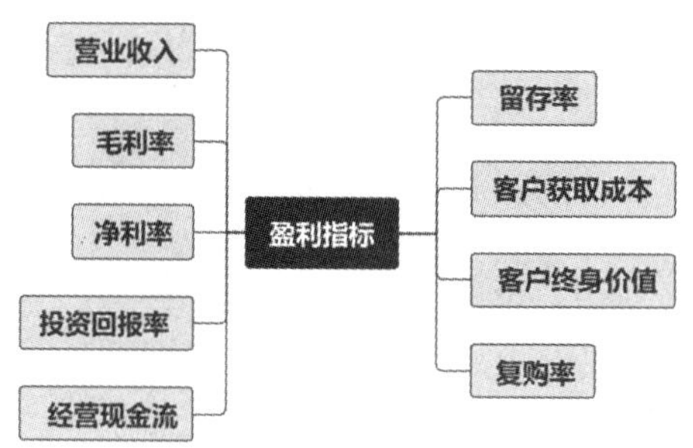

图 3-3　盈利指标

（一）营业收入

营业收入也称为营业额或销售收入，是指电商企业在一定时期内通过销售商品或提供服务所获得的全部收入，是电商企业最重要的财务指标之一。通过对营业收入进行监控和分析，企业可以了解自身经营状况和市场变化趋势，从而制定更加科学合理的经营策略，优化资源配置，提高经营效率和盈利能力。同时，营业收入也是企业决策的重要依据之一，如投资决策、融资决策等都需要考虑营业收入的影响。

营业收入的计算公式相对简单，通常用以下两种方式表示。

（1）基于订单数的计算公式为：

$$营业收入=订单数\times客单价$$

（2）基于销售额的计算公式为：

营业收入 = 销售额

销售额是指电商企业在一定时期内，通过销售商品或提供服务成功完成的订单金额总和，不包括退货、折扣等导致的金额减少。

（二）毛利率

毛利率是指企业的毛利与销售收入（或营业收入）之间的比例，它反映了企业在销售商品或提供服务后，扣除直接成本（如原材料、生产成本等）后所剩余的利润占销售收入的比例，其计算公式为：

毛利率 =（销售收入 − 销售成本）/ 销售收入 ×100%

其中，销售收入指的是企业在一定时期内销售商品或提供服务所获得的总收入，销售成本是指企业在生产和销售过程中所发生的与商品或服务直接相关的成本。毛利率越高，说明企业在销售商品或提供服务后所获得的利润占销售收入的比例越大，盈利能力越强；反之，毛利率越低，则说明企业在扣除直接成本后所剩余的利润越少，盈利能力越弱。

不同行业的毛利率水平可能存在差异，企业管理人员在分析企业的毛利率时，需要将其与行业平均水平进行比较，以评估企业在行业中的竞争地位。

（三）净利率

净利率，也被称为净利润率或销售净利率，是指企业实现的净利润与销售收入之间的比例。它反映了企业在扣除所有费用（包括销售成本、管理费用、财务费用、企业所得税等）后，每单位销售收入所能创造的净利润，计算公式为：

净利率 = 净利润 / 销售收入 ×100%

其中，净利润是指企业在一定时期内实现的税后利润，销售收入则是指企业在同一时期内通过销售商品或提供服务所获得的总收入。

净利率是衡量企业盈利能力的重要指标之一，对投资者、分析师和企业管理者来说具有重要的参考价值。通过比较不同企业或同一企业不同时期的净利率，投资者等可以评估企业的盈利能力、运营效率以及市场竞争力。净利率越高，说明企业在每单位销售收入中获得的净利润越多，盈利能力越强；反之，净利率越低，则表明企业的盈利能力越弱。

虽然净利率和毛利率都是衡量企业盈利能力的指标，但它们的计算方式和反映的内容有所不同。毛利率主要关注企业在销售商品或提供服务后，扣除直接成本（如原材料、生产成本等）后所剩余的利润，而净利率则考虑了所有费用（含企业所得税）的影响。

（四）投资回报率

投资回报率（Return On Investment，ROI）是指企业从一项投资活动中得到的经济回报与投入成本之间的比值。它可以帮助企业通过比较投资收益与投资成本，评估投资的效益、了解投资的效果，并为企业未来的投资决策提供参考。在电商企业中，ROI 的计算公式为：

ROI= 净收益 / 投资总额 ×100%

其中，净收益是指企业通过投资活动所获得的总收入减去所有与投资相关的成本和支出后的余额；投资总额则是指企业为投资活动所投入的全部资金和资源。ROI 越高，则表示企业的投资效益越好，每投入一元所获得的收益越高。当企业 ROI 偏低时，企业应关注市场趋势和消费者需求变化，及时调整产品策略和市场策略，并考虑优化资源分配和投资策略，以提高ROI。

（五）经营现金流

经营现金流指电商企业在一定会计期间内，通过日常经营活动所产生的现金流入和流出的净额，直接反映了电商企业现金的流动情况和经营状况，是衡量企业经营活动是否健康的重要指标之一。经营现金流可以通过以下公式计算得出：

$$\text{经营现金流}=\text{营业收入}-\text{营业成本（付现成本）}-\text{所得税}$$

经营现金流对电商企业的持续运营和健康发展至关重要。它不仅能够为企业提供必要的资金支持，还能帮助企业评估其经营效率和盈利能力。通过对经营现金流的监控和分析，企业可以及时发现并解决资金问题，确保企业稳定运营。

（六）留存率

留存率是指在一定时间内，新客户经过一段时间后仍继续使用企业服务的比例，是衡量企业长期盈利能力的重要指标，计算公式为：

$$\text{某一时间段的留存率}=\frac{\text{第 1 天新增的客户中，在该时间段结束时仍留存的客户数}}{\text{第 1 天新增客户数}}\times 100\%$$

较高的留存率意味着客户对企业的产品或服务具有较高的满意度和忠诚度，有可能为企业带来较多的长期收益。

留存率的高低直接反映了电商企业吸引和留住客户的能力，对企业的长期发展和竞争力至关重要。

（七）客户获取成本

客户获取成本（Customer Acquisition Cost，CAC）指的是企业为吸引新客户所花费的平均成本。客户获取成本包括营销、广告、销售以及任何其他与新客户获取相关的费用，计算公式为：

$$\text{CAC}=\text{市场营销和销售的总花销}/\text{获取的新客户数量}$$

通过计算 CAC，企业可以评估不同营销渠道的效果，优化营销预算分配，从而降低整体获客成本，提高盈利能力。较低的 CAC 意味着企业能够有效地将潜在客户转化为实际购买客户，说明企业的转化效率较高。

（八）客户终身价值

客户终身价值（Customer Lifetime Value，CLV）指一个客户在与企业保持关系的整个期间为企业带来的预计总价值。客户终身价值包括客户的初始购买、重复购买、交叉销售以及推荐带来的价值等，是电商企业在与客户建立长期交易关系的过程中，从该客户处获得的所有收益总和，减去吸引、销售和服务该客户的成本，计算公式为：

$$\text{CLV}=(\text{平均订单价值}\times\text{年购买次数})\times\text{客户生命周期年数}\times(1+\text{利润率})-\text{客户获取成本}$$

CLV 是衡量企业长期盈利能力的重要指标。通过计算 CLV，企业可以评估不同客户群体的价值，制定有针对性的营销策略，以提高客户忠诚度和留存率，从而增加企业的长期收益。具有较高 CLV 的客户通常意味着他们对企业的产品或服务具有较高的满意度和忠诚度，有可能成为企业的忠实客户，为企业带来较高的价值。

（九）复购率

复购率是指在特定时间段内，重复购买某一产品或服务的客户人数占总客户人数的比例，计算公式为：

复购率 = 重复购买的客户数量 / 总客户数量 ×100%

复购率是评估企业盈利能力的重要指标之一。较高的复购率意味着客户对企业的产品或服务具有较高的满意度和忠诚度，有可能为企业带来较多的收入。电商企业应思考如何提高复购率，从而更有效地将新客户转化为忠实客户。

四、转化类指标

想理解转化类指标，就要了解转化率和网购漏斗模型。

（一）转化率

转化率是指用户访问电商网站或特定页面后，实际完成购买或其他特定目标的用户数占访问网站或平台的用户数的比例，具体计算公式为：

转化率 = 完成购买或其他特定目标的用户数 / 访问网站或平台的用户数 ×100%

转化率通常用于衡量电商网站或应用上用户行为的效率和效果，从业者可以通过转化率指标评估营销活动的效果、网站的用户体验以及产品对用户的吸引力。

（二）网购漏斗模型

网购漏斗模型通过可视化的方式展示了用户从接触产品到最终转化的各阶段用户流量及转化率。

网购漏斗模型形象地展示了用户从首次接触产品（如通过广告、搜索结果等方式接触产品）开始，到进入网站、浏览产品页面、加入购物车、提交订单，并最终完成支付的全过程中，客户数量的逐步减少及流失情况。这个过程就像一个漏斗，从上到下，用户数量逐渐减少，如图 3-4 所示，各比例表示剩下的用户比例。例如通过广告或者搜索页面进入网站浏览产品页面的用户，浏览完只有 70% 的用户会将产品放入购物车，60% 的用户会提交订单，40% 的用户支付订单，20% 的用户完成交易并且无退货。这个一层层缩小的过程表示：不断有用户因为各种原因对产品失去兴趣或放弃购买。

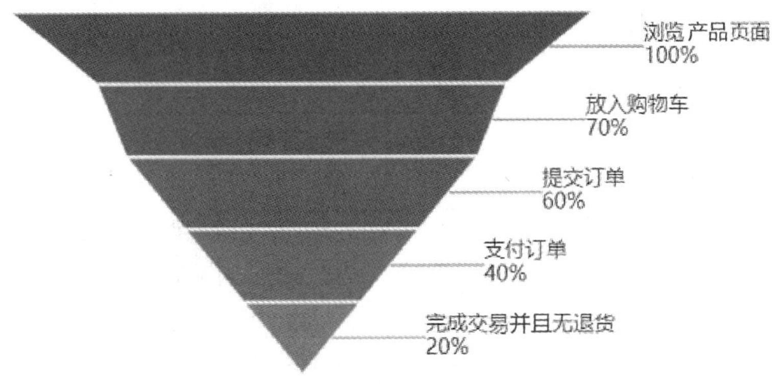

图 3-4 网购漏斗模型

（三）认识转化类指标

转化类指标主要关注用户在电商平台的行为路径，从浏览产品页面、加入购物车、下单到支付等各个环节，统计用户完成目标行为的数量和比例。通过分析这些指标，电商企业可以了解用户的购买意愿、购买习惯和购买过程中的痛点，从而优化产品推荐、搜索排名、促销策略等，提高用户满意度和转化率。主要转化类指标包括下单转化率、事件转化率、服务转化率和退货率，如图 3-5 所示。

图 3-5　主要转化类指标

1. 下单转化率

下单转化率是指在一个特定的统计周期内，完成下单行为的用户数量占访问该电商企业主页或产品页面的用户总数的比例，计算公式为：

下单转化率 = 下单用户数 / 访问用户数 ×100%

其中，下单用户数指的是在一定时间内实际下单购买的用户数量，访问用户数指的是在相同时间段内访问电商企业主页或产品页面的用户总数。

下单转化率越高，说明电商企业的销售能力越强，用户购买意愿越强。

下单转化率会受产品因素（如产品的质量、价格、描述、展示图片）、用户体验因素（如主页的页面设计、加载速度、购物流程、支付体验等）、营销策略（如促销活动、广告投放、社交媒体营销等）、客服服务等多方面的影响。

2. 事件转化率

事件转化率通常指的是平台或电商企业在特定事件（如促销活动、节日、新产品发布、社会热点等）期间，通过一系列的运营推广活动所获得的额外用户行为转化（如购买、注册、下载、分享等）的比例，计算公式为：

事件转化率 = 在特定事件期间完成特定行为的用户数 / 在特定事件期间的总访问用户数 ×100%

这些事件既可能是平台或电商企业主动策划的，也可能是由外部因素（如社会热点、突发事件等）所引发的。所选的特定行为未必指完成下单，也可以以关注店铺或其他行为作为选定标准。事件转化率通常受事件类型与吸引力、运营推广策略、用户群体与需求或其他外部因素（如社会热点、突发事件等）的影响。

3. 服务转化率

服务转化率是指电商企业在提供服务（如客服咨询、售后服务、退换货服务等）的过程中，将访问者转化为实际接受服务并产生满意度的用户的比例，计算公式为：

服务转化率 = 接受服务并满意的用户数 / 访问服务页面的用户数 ×100%

服务转化率受服务质量和效率、用户体验、产品质量和售后保障等因素的影响，是衡量电商企业服务质量、用户体验和运营效果的重要指标。此外，服务转化率也间接反映了客服人员的工作效果，从咨询到下单的转化率等指标可作为评价客服人员绩效的参考。

4. 退货率

退货率是指用户在电商平台购买产品后，选择退回产品的比例，计算公式为：

退货率 = 退货数量 / 销售总数 ×100%

退货率直接反映了电商平台产品与用户期望之间的匹配程度，以及电商企业所售产品的质量、描述准确性和售后服务质量。

对用户而言，退货的原因通常可分为两大类，一类是产品质量有问题，另一类是用户自身原因。电商企业应关注由产品本身的问题导致的退货，这通常反映了产品质量和描述准确性方面的问题，需要企业进行改进。同时，过高的退货率会增加电商企业的运营成本，降低用户体验，因此电商企业应努力降低退货率，提高用户满意度和忠诚度。

练一练

云帆电商公司一直以来都致力于履行社会责任。近期，云帆电商公司向灾区捐款的事迹在网络上迅速传播，赢得了公众的广泛赞誉。这次捐款事件不仅提升了云帆电商公司的品牌形象，还吸引了大量新用户涌入其线上购物主页。

面对这样的情况，云帆电商公司通过分析用户行为数据，确定了目标用户群体，并有针对性地推送了相关的营销信息；同时在社交媒体上发起相关讨论话题，引导用户关注和参与，进一步提高了事件的热度和转化率。此外，云帆电商公司向涌入线上购物主页的用户发放优惠券，实现“与用户的双向奔赴”。

事件发生后，云帆电商公司的线上购物主页访问量激增，日均访问量增长了 50%；新用户注册量增长了 80%，其中，通过社交媒体渠道引流的新用户占比达到 60%；销售额在事件后的一周内增长了 40%，转化率提高了 15%。

思考：请描述并分析云帆电商公司发生捐款事件后，其事件转化率的关键驱动因素是什么，并讨论这些因素对公司未来营销策略的潜在影响。

五、周转指标

周转指标主要用于描述与评估某一经济或商业活动在一定周期内的变化趋势和规律。在电商领域，周转指标主要包括库存周转率、库存周转天数、资金周转率和动销率，如图3-6所示。

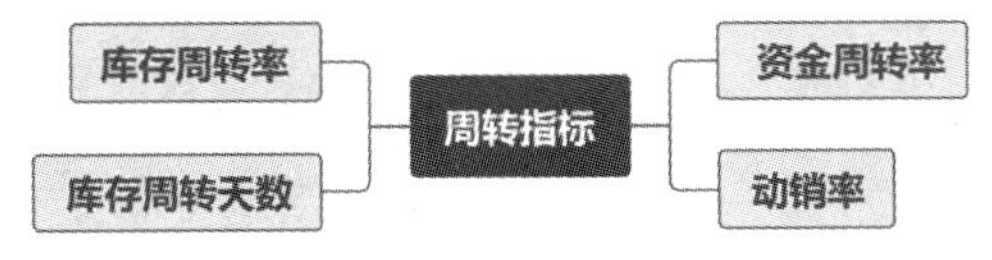

图 3-6 周转指标

（一）库存周转率

库存周转率指一定时期内企业销售成本与存货平均资金占用额的比率，计算公式为：

库存周转率 = 销售成本 / 存货平均金额

库存周转率反映了企业存货周转的速度和效率，库存周转率越高，说明企业存货周转速度越快，存货占用资金的时间越短，资金利用效率越高。

（二）库存周转天数

库存周转天数指企业从取得存货或存货入库开始，直到消耗或销售为止所经历的天数，计算公式为：

库存周转天数 =360/ 库存周转率

库存周转天数越少，说明企业存货变现的速度越快，企业的运营效率越高。

（三）资金周转率

资金周转率是反映企业资金周转速度的指标，主要用于衡量企业资金利用的效率，计算公式为：

资金周转率 = 本期主营业务收入 /[（期初占用资金 + 期末占用资金）/2]

其中，本期主营业务收入指企业在一定时期内通过销售商品或提供服务所获得的收入总额，具体需要会计人员根据企业性质及经营范围判断；期初占用资金指选定时期期初企业占用的资金总额，包括固定资金和流动资金；期末占用资金指选定时期期末企业占用的资金总额。

资金周转率高，说明企业用较少的资金占用取得了较高的销售收入，资金周转速度快，资金利用效率高。

（四）动销率

动销率是指在一定时期内，有销量的商品品种数占企业总商品品种数的比例，计算公式为：

动销率 = 动销品种数 / 仓库总品种数 ×100%

其中，动销品种数指在特定时期内（如最近 30 天）有成交记录的商品品种数，仓库总品种数指店铺内所有商品的总品种数。

动销率用于衡量企业有多少比例的商品在近期有销售记录，直接反映了电商企业商品的销售活跃度和库存周转情况。动销率越高，说明企业商品的销售活跃度越高，库存周转效率越高。理想的动销率因行业、类目和店铺具体情况而异，但通常认为动销率越高越好。通过监控动销率，企业可以及时调整库存策略，避免库存积压和滞销现象的发生。

练一练

云帆电商公司 2023 年经营数据如下：主营业务收入为 1 000 万元，期初库存商品成本为 200 万元，期末库存商品成本为 150 万元；期初流动资产总额为 500 万元，期末流动资产总额为 550 万元；平均应收账款为 80 万元；销售出的商品总成本（即销售商品所消耗的库存成本）为 900 万元；此外总商品种类数 100 种，其中 87 种商品在当年有销售记录。

根据以上数据，计算云帆电商公司 2023 年库存周转率、库存周转天数、资金周转率和动销率。云帆电商公司目前的库存周转率已经较高，但是否存在某些类别的商品积压，影响了整体运营效率？如何调整库存结构，确保畅销商品有足够库存，同时减少滞销商品的库存占用情况？

六、电商企业财务指标的应用

在理解总体销售业绩指标的基本概念后，从业者可以通过解读指标，对企业经营情况做出判断。

通过对总体销售业绩指标的分析，电商企业可以深入了解自身在市场上的地位、竞争优势和潜在风险，更好地把握市场动态，并根据这些指标制定更加精准的市场策略，如调整产品定位、优化价格策略、加强营销推广等，以提高市场份额和销售业绩。同时，企业还可以根据这些指标评估销售团队的工作绩效，为激励和奖励提供依据。

通过解读盈利指标，电商企业可以发现经营中存在的问题和机会。通过对比不同时间段的盈利指标数据，企业可以识别销售增长放缓、成本提高、投资效益下降等潜在问题，并采取相应的措施进行改进。同时，盈利指标的分析还可以帮助企业发现市场中的新机会并预测未来的盈利趋势和潜在风险，为企业的长期稳健发展提供保障。

由于转化类指标直接反映了电商企业在吸引用户、引导用户完成购买行为及提供优质服务等方面的能力，因此分析转化类指标有助于电商企业发现用户行为中的问题和潜在机会，对电商企业制定长期战略和规划未来具有重要意义。企业可以通过对比不同产品、不同营销活动的转化率数据，找出最受欢迎的产品和最有效的营销策略，进一步优化产品结构和市场推广策略。

周转指标能够反映电商企业在库存管理方面的效率和效果，电商企业通过分析周转指标可以发现库存管理与资金使用中的问题和潜在机会，评估供应链管理的效果，同时对制定长期战略和规划未来具有重要意义。

课堂互动

思考与讨论：

（1）一家电商企业在过去一年的销售额稳步增长，但毛利率和净利率却出现下降。请结合财务指标和业务策略，分析可能导致这种情况的原因，并提出相应的改进措施。

（2）一家电商企业发现其客户获取成本逐年上升，但复购率和留存率并不高。请结合财务指标和用户体验，分析可能存在的问题，并提出改善用户体验以降低成本、提高复购率和留存率的策略。

行家点拨

由于电商企业的行业特性，其财务信息与传统企业财务信息存在较大区别，具体体现在以下方面。

1. 信息传递的无纸化、电子化

在电商企业中，电子单据是交易的主要凭证，通过网络系统进行传递。这种无纸化的信息传递方式，不仅提高了效率，还降低了成本。此外，商品交易的资金支付、结算通过网络系统完成，支付手段的高度电子化使得资金活动实际上转变为信息的流动，这为企业财务管理提供了便利，也提高了财务管理的透明度和实时性。

2．财务容易集中管理

电商企业不仅可以实现数据的远程处理和及时传递，还可以实现财务的远程监督和会计的同步运行，这使得企业财务管理变得更加便捷和高效。企业的各级管理员均可以根据授权，管理自己的财务会计信息领域，诊断、改正财务会计信息中出现的问题。

3．会计信息披露的侧重点发生变化

在电商企业中，会计信息反映的侧重点由创造未来现金流量的能力转向知识资本拥有量及其增值能力，从业者应将知识资产、信息资产、人力资源作为主要资产项目加以列示。

4．会计信息需求者范围扩大

电商的参与者包括消费者、销售商、供货商、企业雇员、金融机构以及政府机构或个人，这使得电商企业会计信息需求者范围大大扩大，需要满足更多元化的信息需求。

实践任务

任务背景

流量、转化率和客单价是三个重要的营销指标，它们在商业和市场营销领域起着至关重要的作用。这三个指标是紧密相关的：流量决定了潜在客户的数量，转化率决定了实际客户的数量，而客单价决定了每个客户的购买力。在市场营销中，提高这三个指标是企业追求的目标。例如，通过优化网站或广告提高流量，通过改进客户体验和销售策略提高转化率，通过促销活动和增值服务提高客单价。

综合来看，流量、转化率和客单价是企业成功的关键要素，它们相互影响、相辅相成，需要在整体营销策略中进行综合考虑和优化，以实现最佳的业绩和利润。

对 B2C 和 C2C 店铺来说，其销售业绩可以从流量、转化率、客单价这三个要素进行考量，计算公式为：销售额 = 流量 × 转化率 × 客单价。

AB 专卖店是一家以销售零食为主的天猫店铺，该店铺在采用搜索引擎优化、直通车推广、淘宝客推广后，流量已经相当可观；但是转换率不是太高，加上由于零食价格不高，客单价较低，该店铺的整体销售规模较小。请利用运营推广的相关知识，帮助该店铺提高销售额。

任务要求

（1）分析店铺现有的转换率和客单价。

表 3-2 是店铺 2024 年 4 月的经营情况数据，请计算当月的客单价和全店转化率。

表 3-2　店铺经营情况

2024年4月　店铺经营情况					
访客数	2 223 651人	成交用户数	28 802人	成交金额	720 050元
2024年4月　客单价和全店转化率					
客单价			全店转化率		

（2）分析影响店铺转化率和客单价的因素。

在流量不变的情况下，店铺的转化率和客单价直接决定了店铺的销售额，转化率和客单价的影响因素较多，请列出 5 项影响转化率、5 项影响客单价的因素，填入表 3-3 中。

表 3-3　影响因素

转化率的影响因素	
客单价的影响因素	

（3）分析如何提高店铺转化率。

请根据转化率的影响因素，谈谈提高转化率的根本思路，填入表 3-4 中。

表 3-4　提高转化率的根本思路

提高转化率的根本思路

课外拓展

动销率

动销率计算公式为：动销率 = 动销品种数 / 仓库总品种数 ×100%。

1. 动销率大于100%

（1）说明的情况：动销率大于 100%，说明在某个时段商品销售品种数高于现有商品的品种数，说明商品品种数在减少。

（2）产生的原因：商品缺货、商品停进停销、虚拟库存。

（3）解决办法如下。

加强商品缺货的管控。商品缺货管控的重点是定期与不定期分析数据以及按照相关流程进行现场检查，不能出现凭经验进行商品的进销存控制的情况。

平时的经营管理中要重视各方面的数据分析，不要根据经验进行经营管理，不同商品的适销程度与地域、季节、价格、陈列位置有很大的关系。甲门店销售不佳的商品不等于乙门店或者丙门店销售不佳，甲门店销售不佳的商品并不代表永远销售不佳。首先应该找到销售不佳的原因（销售不佳的原因有很多，如促销不力、陈列不佳、价格偏高、品牌吸引力弱、同质商品太多等），再进行商品的淘汰或者退货。

2. 动销率小于100%

（1）说明的情况：从表面上看，商品存在滞销，至少在相应的会计期间存在一定比例的滞销。

（2）产生的原因如下。

① 商品品种过多，特别是同质同类品种过多。

② 进货品种的结构有问题。

③ 商品的淘汰力度不够或者淘汰与购进不成比例。

④ 商品的陈列、促销等策略需要调整。

⑤ 虚拟库存过多。

（3）解决办法如下。

① 加强对消费者的消费习惯、消费心理进行调查，谨慎引进该类商品的新品种。做到充分进行市场调查，充分分析，根据消费者的需求适度、谨慎购进新的商品品种，努力做到品种对路。

② 调整滞销商品的陈列，更换滞销商品的位置，增加陈列量；加大滞销商品的促销力度；改变滞销商品的营销策略。

③ 结合市场调查调整滞销商品的销售价格，利用价格杠杆进行促销。

④ 通过综合数据分析，加大退货力度，如果确定某商品月内动销数为零，在采取了一定的促销手段后仍无起色，就应考虑退货。

⑤ 及时调整虚拟库存和增加适销库存。

⑥ 在经营前期的合同洽谈期就考虑商品库存周转情况，与供应商提前制定滞销商品处理办法，与供应商共同承担滞销风险。

任务二　成本结构分析

任务引例

NJ 电商斥资 2 亿元，携手 CZ 广告开启 7 个月品牌升级战略

NJ 电商（南极电商），作为国内知名的电商品牌，在 2023 年实现了超过 1 亿元的净利润，这一成绩在竞争激烈的电商行业中显得尤为亮眼。然而，NJ 电商并未止步于此，为了进一步提升品牌影响力，推动品牌升级，公司在 2024 年做出了一个引人注目的决策——与 CZ 广告有限公司（简称“CZ 广告”）签订了为期 7 个月总价值 2 亿元的广告合作合同。

根据合同内容，CZ 广告将在全国范围的楼宇电视屏幕上，为 NJ 电商旗下的多个知名品牌，进行为期 7 个月的广告投放服务。这一举措旨在通过高频次、广覆盖的广告曝光，增强消费者对 NJ 电商品牌的认知和记忆，进而促进产品销售和市场份额的提高。

思考：

（1）NJ 电商 2023 年的净利润仅为 1 亿多元，请思考 2 亿元的广告投入是否可能会对公司的现金流和财务状况造成过大压力？

（2）广告投入与公司的净利润之间是否存在合理的匹配关系？广告费用的增加是否会对公司的财务状况产生不利影响？

学思践悟

《中华人民共和国广告法》第二十八条第一款对虚假广告的定义做出了明确界定，指出广告以虚假或者引人误解的内容欺骗、误导消费者的，构成虚假广告；第二款第二项进一步指出，商品的性能、功能、产地、用途、质量、规格、成分、价格、生产者、有效期限、销售状况、曾获荣誉等信息，或者服务的内容、提供者、形式、质量、价格、销售状况、曾获荣誉等信息，以及与商品或者服务有关的允诺等信息与实际情况不符，对购买行为有实质性影响的，均属于虚假广告。电商企业作为广告宣传的主体，应当深刻理解并严格执行上述法律条款，确保广告宣传内容的真实性、准确性，不得含有虚假或引人误解的信息。电商企业应当建立健全内部审查机制，对广告宣传内容进行严格把关，从源头上杜绝虚假宣传的发生。同时，电商企业还应加强自律，增强法律意识，自觉维护良好的市场竞争环境，为消费者提供真实、可靠、透明的商品信息，共同推动电商行业健康、有序发展。

知识储备

一、电商企业成本概述

成本是指企业为了生产产品或提供服务而发生的支出。在电商企业中，成本指的是企业在运营过程中，为了销售产品或提供劳务，从而获取经济利益并维持其正常经营而发生的各项支出。

由于电商行业具有深度融入并高度依赖信息技术、物流网络、营销推广、客户服务及灵活的人力资源配置等特点，因此电商行业的成本构成具有特殊性。了解并掌握成本构成，有助于电商企业实现资源的优化配置和高效利用，减少浪费和冗余支出；有助于电商企业建立健康、稳定的财务结构，为长期发展奠定坚实基础。同时，通过持续的成本控制和优化，电商企业可以不断提高自身的运营效率和管理水平，以适应市场变化和消费者需求的变化。

二、成本的分类

（一）成本按经济职能分类

电商企业成本按其经济职能可分为生产成本和非生产成本。

1. 生产成本

生产成本指产品制造过程中所发生的有关花费，包括以下项目。

（1）直接材料。

直接材料指企业生产产品和提供劳务的过程中所消耗的、直接用于产品生产、构成产品实体或有助于产品形成的材料，包括原材料、辅助材料、修理用配件、外购半成品、燃料、包装物等。

（2）直接人工。

直接人工指直接从事产品制造的生产工人工资，包括基本工资和工资性质的奖金、津贴、劳保福利费用及各种补贴等。

（3）制造费用。

制造费用涵盖了为生产产品及提供服务过程中所产生的各项非直接性支出。制造费用可以细分为间接材料费、间接人工费以及其他制造费用。

① 间接材料费，具体指在产品制造流程中发生，但难以直接追溯到某一具体产品上的材料成本。这类成本包括但不限于机物料消耗等，它们虽在制造过程中被消耗，却难以明确分配给某一特定的产品。

② 间接人工费，指那些参与产品制造过程，但并不直接参与产品加工工序的人员的薪酬支出。这类人员包括生产管理人员、辅助生产的工人以及负责机器设备维护的机修工人等，他们的工资构成了制造费用中的间接人工费。

③ 其他制造费用是一个相对宽泛的类别，它涵盖了除间接材料费和间接人工费之外的所有其他与生产相关的间接支出。这些费用包括机器设备的折旧损耗、生产过程中消耗的水电

费、用于照明的电费、保持生产环境舒适的取暖费，以及为支持生产活动而发生的办公费用等。

2. 非生产成本

非生产成本指在非产品制造或提供服务过程中发生的支出，包括以下项目。

（1）营业费用。

营业费用也称推销费用，是指在销售产品和提供劳务等过程中发生的各项费用。对电商企业来说，物流成本、佣金及手续费和营销成本尤为重要。

① 物流成本。

物流成本是电商企业经营过程中的重要组成部分，涵盖了从商品采购、仓储、运输到最终配送给消费者的各个环节；部分电商企业为了吸引消费者，还会承担消费者退换货产生的运费。此外，消费者退换货还可能产生检验费、重新包装费和预计范围内的商品损失等，这部分费用同样属于物流成本。

② 佣金及手续费。

佣金是电商企业支付给具有独立地位和经营资格的中间人（如代理商、主播）的劳务报酬，以感谢他们为电商企业提供的居间介绍、促成交易等服务。佣金具有明确的劳务报酬性质，其比例通常与商品的类目、价格以及电商企业的口碑和议价能力相关。例如，部分高价值或高利润的商品可能会设定较高的佣金比例；电商企业口碑良好且议价能力强，则可能设定相对较低的佣金比例。

手续费是指交易过程中产生的费用，当电商企业在平台上完成交易，平台会在每笔交易中根据交易金额的一定比例或固定金额收取手续费。多数平台采用交易金额的一定比例作为手续费，比例大小根据产品类别、店铺等级等因素而异；少数平台采用每单固定金额作为手续费，不论交易金额大小。

③ 营销成本。

电商企业的营销成本包括广告费用、促销活动费用、推广费用、营销人员成本、市场调研费用等。广告费用指电商企业在各种媒体上投放广告所产生的费用，包括搜索引擎广告、社交媒体广告、视频广告等产生的费用，这些费用通常与广告展示次数、点击量或转化率等直接相关。促销活动费用指为了吸引消费者购买产品而举办的促销活动，如打折、满减、赠品等产生的费用，这些费用直接影响产品的售价和利润。推广费用指电商企业通过合作伙伴、“网红”等进行产品推广的费用，这些费用往往与推广效果直接相关。营销人员成本指营销团队的工资、福利、培训等费用。市场调研费用指电商企业为了了解市场需求、竞争对手情况而进行的调研活动所产生的费用。

（2）运营成本。

运营成本指企业行政管理部门为管理和组织生产经营所发生的各项费用，包括平台费用、员工薪酬、研究与开发成本、设计成本和行政管理成本。

成本按经济职能分类如图 3-7 所示。这种分类有利于企业按收益与费用配比原则划分产品成本与期间费用、直接费用与间接费用的界限，既反映了产品的成本构成，也适应了财务会计核算的要求，对企业经济核算具有重要意义。

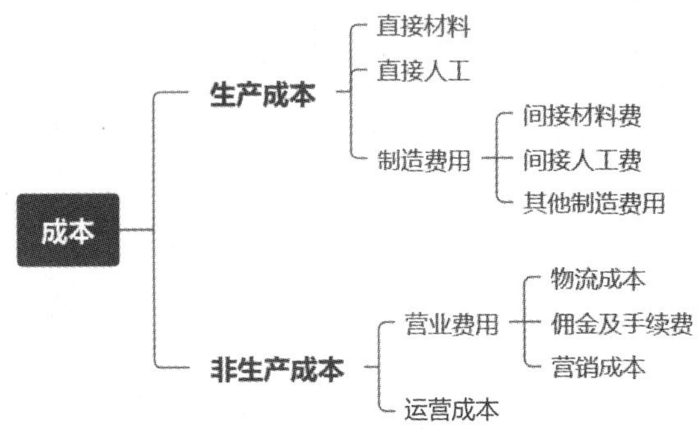

图 3-7　成本按经济职能分类

练一练

有一家名为“绿意生活”的电商企业，专注于生产、销售环保家居用品。该企业从供应商处采购各类环保原材料，生产制作环保家具，并通过自有仓库进行库存管理。为了增加市场份额，该企业还积极在各大社交媒体和搜索引擎平台上进行广告投放，并聘请了一支专业的客服团队来处理客户咨询和进行售后服务。

请根据表 3-5 所列出的事项判断成本类型（按经济职能进行分类）。

表 3-5　成本类型分析表

事项	成本类型
采购环保原材料	
为生产线上的工人提供定期的技术培训和安全培训	
在社交媒体平台上投放了广告	
发放客服团队薪酬	
聘请一名专业的仓库管理员	
客户要求退换货时，企业承担退货运费以及重新包装的费用	

（二）成本按费用要素分类

根据费用在生产运营中的具体使用目的与用途，将成本细分为以下类别。

（1）外购材料：企业从外部采购的原材料、主要材料、半成品、辅助材料、包装物、用于修理的备件、低值易耗品以及直接购入用于销售的外购商品等材料性支出。

（2）外购燃料：企业因生产运营需要从外部购入各种燃料的费用，这些燃料直接支持企业的生产活动。

（3）外购动力：企业从外部购买各种动力资源（如电力、蒸汽等）的费用，这些动力是生产运营不可或缺的一部分。

（4）工资：企业支付给职工，并计入生产经营成本的工资总额，它是劳动力成本的重要组成部分。

（5）职工福利费：企业基于工资总额的一定比例，提取的用于职工福利的费用。

（6）折旧费：企业为弥补固定资产在使用过程中逐渐损耗的价值而提取的费用。

（7）税金：企业在生产经营过程中应计入成本的各项税费，包括但不限于城镇土地使用税、房产税、印花税及车船税等。

对电商企业来说，由于某些国家或地区对电商企业销售的商品征收特定税费，涉税场景可能会十分复杂，如马来西亚针对低价进口商品，特别是通过电商平台销售的商品设置低价商品税，对价值低于 500 令吉的进口商品收取 10% 的低价商品税。

（8）财务费用：企业在筹集资金、运用资金以及进行财务管理过程中发生的各项费用，包括但不限于利息支出、汇兑损失、银行手续费、融资顾问费等。

对电商企业来说，其依托电商平台和支付服务商开展活动，在考虑财务费用时还应考虑支付处理费用和提现手续费。其中，支付处理费用指电商企业在处理消费者支付时，支付给支付服务提供商的费用，如信用卡处理费、第三方支付平台手续费等；而提现手续费则是电商企业在将电商平台账户中的余额提现至银行账户时，电商平台根据提现金额和次数收取的费用。

（9）其他支出：除上述费用外的耗费，包括但不限于邮电通信费、因业务需要产生的差旅费、租赁外部资产或服务的租赁费，以及将产品部件或流程外包给第三方所产生的外部加工费等。

成本按费用要素分类如图 3-8 所示。

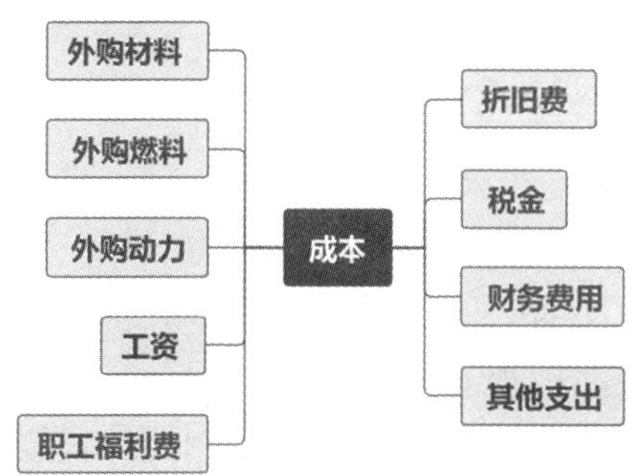

图 3-8　成本按费用要素分类

三、成本分析的方法

（一）对比分析法

对比分析法指的是通过实际成本指标与不同基准（如计划数、定额数、前期实际数、以往年度同期实际数、企业历史先进水平及国内外同行业先进水平等）进行对比，来揭示实际数与基数之间的差异，进而分析经济活动成绩与问题的方法。这种方法的主要目的是通过对比揭露矛盾、发现问题、找出差距，并分析原因，为控制和降低成本指明方向。

在实际工作中，对比分析法可以用于以下方面。

1. 实际指标与计划指标的对比

对比实际发生的成本与事先制订的计划成本，评估成本控制的执行情况和计划的有效性。

2. 本期实际指标与前期（如上期或上年同期）实际指标的对比

这种对比有助于了解成本随时间变化的趋势，分析成本升降的原因，并预测未来的成本走势。

3. 本期实际指标与国内外同类型企业先进指标的对比

将企业实际指标与行业标杆进行比较，找出企业在成本控制方面的差距和不足，为企业改进提供参考。

4. 企业内部不同部门或车间之间的对比

通过内部对比，企业可以发现各部门或车间在成本控制方面的优劣，促进内部竞争和合作，提升成本控制水平。

5. 绝对数对比、增减差额对比和相对数对比

绝对数对比直接展示成本数额的差异；增减差额对比能清晰地表现成本的增减变化；相对数对比（如成本占收入的百分比）则能揭示成本在整体经济活动中的相对位置。

对比分析法在企业成本管理中作用显著，它直观揭示了实际成本与各类基准的差异，并通过深入分析原因，为企业指明了改进方向。此方法不仅促进了内部沟通协作，激发了竞争与学习动力，还优化了资源配置。同时，它是制定科学决策的重要依据，助力企业精准评估成本效益，提高经济效益与市场竞争力，为可持续发展奠定坚实基础。

（二）比率分析法

比率分析法指利用成本项目之间或成本与其他经济指标之间的比率关系，揭示成本构成的合理性、经济效益的高低以及成本变动的趋势的方法。

比率分析法的实际应用包括以下方面。

1. 成本构成分析

计算某项成本的各个组成部分占总成本的比重，即部分与全部的比率，进行数量分析，可以反映产品成本或经营管理费用的构成是否合理。

2. 相关指标比率分析

计算两个性质不同但又相关的指标之间的比率，可以反映企业经济效益的高低。常见的相关指标比率包括成本利润率（利润与成本之间的比率，用于评估企业的成本控制能力和市场竞争力）和收入成本率（成本总额与营业收入的比率，用于评估企业的盈利能力）。

通过成本构成分析，企业能够深入洞察产品成本的细致构成及各个构成部分的占比，为优化成本结构、提高资源利用效率奠定坚实基础。同时，通过相关指标比率分析，企业不仅揭示了成本投入与产出之间的紧密关联，还直观展现了成本变动对企业的整体经济效益的影响情况，从而制定更加科学合理的经营策略与决策。

（三）趋势分析法

趋势分析法是一种根据企业连续几年或几个时期的分析资料，确定分析期各有关项目的变动情况和趋势的成本分析方法。趋势分析法是一个持续的过程，企业需要定期收集和分析成本数据，监测成本变动趋势，并根据实际情况进行调整和改进。通过持续的监测和调整，企业可

以不断优化成本控制策略，提高经济效益和市场竞争力。

使用趋势分析法需要收集企业连续几年或几个时期的成本数据，包括直接材料成本、直接人工成本、制造费用等。这些数据可以从企业的成本报表、财务报表或会计系统中获取。计算各成本项目的趋势指数：

趋势指数 =（分析期成本额 / 基期成本额）× 100%

其中，分析期可以是一个季度、半年或一年等，基期则通常选择分析期之前的一个相同时间段。

计算总成本的趋势指数：

总成本趋势指数 =（分析期总成本额 / 基期总成本额）× 100%

通过比较不同成本项目的趋势指数，可以了解各成本项目的变动情况。例如，如果直接材料成本的趋势指数显著增加，而直接人工成本的趋势指数保持稳定或略有下降，那么可能需要进一步分析直接材料成本增加的原因。

通过观察总成本的趋势指数，企业可以了解整体成本的变动趋势。如果总成本趋势指数上升，说明企业成本在增加；如果总成本趋势指数下降，则说明企业成本在降低。

在进行成本趋势分析时，还可以结合其他财务指标（如收入、利润、毛利率等）进行综合分析。这有助于更全面地了解企业的财务状况和经营成果。根据趋势分析的结果，企业可以制定相应的改进措施来降低成本、提高经济效益。例如，如果直接材料成本显著增加，可以考虑优化采购策略、降低采购成本或寻找替代材料；如果制造费用过高，可以分析各项费用的构成和比例，找出可以节约或降低费用的环节；如果总成本趋势指数上升，可以综合考虑市场变化、技术进步、管理创新等因素，制定全面的成本控制策略。

四、成本分析的作用

（一）清晰了解成本构成

企业通过分析成本结构，能够清晰地洞察成本构成的每一个细节，不仅能揭示直接材料、直接人工、制造费用等直接成本的比例，还能反映物流成本、营销成本等间接成本的分配情况。通过这种细致入微的分析，企业能够迅速识别成本的主要部分和次要部分。这种对成本构成的深刻理解，为企业制定更加精准、合理的成本控制策略奠定了坚实的基础，有助于企业在激烈的市场竞争中保持成本优势。

（二）寻找降低成本的途径

通过深入剖析成本结构，企业不仅能够发现成本控制的薄弱环节，如过度冗余的库存、低效的生产流程或不必要的行政开支，还能揭示潜在的节约空间。通过对比行业标杆和自身成本结构，企业能够精准定位降低成本的潜力点，并据此制定出一系列行之有效的成本控制措施。这些措施的实施，将显著提高企业的成本效益，为企业的长远发展注入新的活力。

（三）提高经济效益

优化成本结构，是企业提高经济效益的关键所在。通过成本结构分析，企业能够系统地降低总成本水平，同时确保产品质量和服务水平不受影响。这种“减支不减质”的策略，不仅能增强企业的市场竞争力，还能为企业创造更大的利润空间。在保证消费者满意度的前提下，企业能够更加灵活地调整价格策略，以吸引更多消费者，进一步扩大市场份额。

练一练

某电商企业在过去一年中经历了业务增长与成本变动的挑战。为了更好地理解其成本结构并制定相应的成本控制策略，企业决定进行成本分析。表 3-6 是企业部分经营数据。

表 3-6　企业部分经营数据

金额单位：元

成本	2022年	2023年
全年实际运营成本	10 500 000	12 000 000
全年计划运营成本	10 000 000	11 500 000
营销费用	2 500 000	3 000 000
仓储物流成本	3 800 000	4 500 000
客服与技术支持费用	1 800 000	2 000 000
营业收入	20 000 000	24 000 000

请分析该电商企业 2023 年实际运营成本与计划运营成本之间的差异，并计算该电商企业 2022 年的成本利润率和收入成本率。

课堂互动

思考与讨论：

（1）在电商企业初创期，你认为应该在哪些方面控制成本？为什么？

（2）如果你是一家电商企业的负责人，你会如何利用信息技术降低成本？

行家点拨

目前跨境电商整体交易环节中，物流成本占总交易成本的 20% ～ 30%，能够看出总体占比较大，因此，物流优化在电商行业中扮演着至关重要的角色。

在当前物流技术飞速发展的背景下，物流优化不仅关乎运输效率与成本控制，更是直接关系到客户体验、市场响应速度以及品牌形象的塑造。

首先，物流优化有助于电商企业降低成本。通过优化运输路线、提高装载率以及采用先进的物流技术，企业能够显著降低运输成本。同时，智能库存管理和预测系统帮助企业减少库存积压，降低库存成本，提高资金周转率。这些成本节约措施为电商企业提供了更大的利润空间，提高了其市场竞争力。

其次，物流优化可提升消费者体验。通过缩短配送时间、提高配送准确性，电商企业能够满足消费者对快速、可靠配送服务的需求。特别是在购物高峰期，高效的物流系统能够有效缓解订单压力，减少包裹延误或丢失的情况，从而提高消费者的满意度和忠诚度。此外，物流过程中的实时跟踪和透明化服务也进一步提升了消费者的购物体验，增强了他们对电商企业的信任感。

结合当前物流技术的发展，电商企业在物流优化方面拥有很多的可能性和机会。物联网、大数据、人工智能等技术的应用使物流过程更加智能化、自动化和透明化。这些技术不仅提高了物流效率和服务质量，还为企业提供了更多的数据支持和决策依据。通过利用这些先进技术，电商企业可以进一步优化物流流程、降低成本、提升消费者体验和市场竞争力。

实践任务

任务背景

随着电子商务的快速发展，电商企业面临着日益激烈的市场竞争。为了在竞争中保持优势，成本控制成了电商企业不可或缺的一部分。电商企业的成本控制是一个复杂且持续的过程，需要从多个方面入手。

任务要求

思考电商企业如何合理控制成本。

任务内容

围绕采购成本优化、物流成本控制、营销推广成本控制、运营成本降低、财务体系建立以及资源合理配置等方面，探讨电商企业如何进行成本控制，每项举措至少列出三条建议，填入表 3-7。

表 3-7　电商企业成本控制建议

举措	建议
采购成本优化	
物流成本控制	

续表

举措	建议
营销推广成本控制	
运营成本降低	
财务体系建立	
资源合理配置	

课外拓展

电商企业战略成本分析——以拼多多为例

拼多多创立于2015年4月，作为新电商的开拓者，于2018年在纳斯达克上市，2021年成为中国用户最多的电商平台之一。

1. 战略成本分析

（1）战略成本定位——优势、劣势、机会、威胁。

拼多多的优势是采用“电商+社交”的新型模式和从消费者到生产者（Customer to Manufacturer，C2M）模式，减少中间成本；劣势是平台对商家入驻资格审核不够严格，导致部分商品质量存在问题；机会在于国家发布政策鼓励电商与农业、制造业相结合，发展前景很好；威胁是行业竞争激烈，运营模式容易被模仿。

（2）价值链分析——内部价值链、行业价值链。

拼多多的内部价值链成本主要包括研发成本和营销成本；行业价值链在于拼多多采用C2M模式，通过较低的入驻费吸引卖家，免去大量中间成本，从而获取成本优势。

（3）成本动因分析。

首先，拼多多拥有庞大的用户基础，随着用户数量的增加，单个用户的营销成本、运营成本等都会相应降低，从而实现规模经济效应。其次，拼多多通过社交裂变的方式促进交易的快速增长，随着交易规模的扩大，平台能够享受更多的收入分成和广告收入。再者，拼多多引入先进的技术和工具，如大数据分析、自动化运营系统等，提高员工的工作效率和决策准确性，降低人为错误和运营成本。最后，拼多多直接连接消费者和制造商，减少了中间环节和库存成本，提高了供应链效率，同时通过对供应商的管理和筛选，确保供应商的质量和信誉，从而降低因供应商问题导致的质量成本和退货成本。

2. 优化及建议

拼多多应明确战略定位，保持自身社交型电商优势，充分利用微信等社交软件增加客户数量；优化整体价值链，加强对供应商的管理，从根源上避免供应商水平参差不齐所导致的产品质量问题；完善成本动因策略，提升企业自身实力，形成规模效应。

任务三　收入模型分析

任务引例

电商个性定制一级行业，一件即可定制

2024 年，淘宝成立“个性定制”一级行业。

从部分淘宝商家的管理后台可以看到，商品类目中已经新增了日用 / 百货定制、企业礼品定制和设计服务定制等，同时覆盖了实物定制和虚拟定制。

此前，定制类的产品存在批量大、成本高、造价高、反应慢等问题，随着 AI 技术的不断成熟和发展，以及淘宝持续放开各种 AI 设计软件，消费者可以通过在淘宝下单，直接参与产品的设计和制造。

“例如照片冲印、抱枕设计、手机壳定制等，在淘宝上能实现一件定制，按需产销。这是一个小小的进步，但是未来可能会带来各种商品生产和消费的完全变革。”淘宝“个性定制”负责人表示。

“个性定制”品类此前在淘宝上已经初具规模，近几年发展迅猛，“已经有不少商家成为‘第一批吃螃蟹的人’”，该负责人称。在淘宝从事定制照片冲印、平面设计和商标定制的店铺等，年销售额维持在千万元甚至破亿元水平。

2024 年天猫“6 · 18”活动中，“个性定制”的成交人数和成交订单数同比增长超过 20%，其中设计类商品交易额同比上涨 34%。

思考：

定制服务与普通销售服务有什么区别？这些区别会给电商企业的收入和成本带来什么影响？

学思践悟

了解电商企业收入模型对从业者至关重要，收入模型展现了企业的盈利结构与收入来源，了解收入模型有助于从业者深入理解企业的市场定位、客户需求满足策略及业务发展方向。同时，通过分析收入模型，从业者能评估企业的抗风险能力和市场竞争力，为制定有效的经营策略提供有力支持。

知识储备

一、收入的确认

（一）收入确认原则

收入只有在经济利益很可能流入企业，并导致企业资产增加或负债减少，且该经济利益的流入额能够可靠计量时才能予以确认。

（二）收入确认时间点

电商企业在淘宝网店中发布的商品、服务信息构成合同要约，如果消费者接受电商企业的要约，其订购所列商品的行为，则属于承诺。承诺生效后，双方即形成具有法律效力的电子合同，该合同以电子数据交换为载体。

当合同各方已履行合同义务，且消费者取得相关商品控制权时，电商企业应确认相关收入。对电商企业来说，收入确认时间点相关内容如下。

1. 消费者确认收货时

消费者确认收货时，是电商企业最典型的收入确认时间点。当消费者在电商平台上确认收货时，表示买家已经收到商品，此时电商企业可以确认收入。

2. 发货后特定天数

如果电商企业能够合理估计消费者收到商品的时间（如基于历史数据和快递公司的信息），并且消费者在约定时间内没有提出异议，电商企业会在发货后的某个特定天数（如 7 天、14 天等）确认收入。

3. 退货期结束后

如果电商企业允许消费者在一定期限内无理由退货，并且无法合理估计退货的可能性，那么电商企业会在退货期结束后确认收入。

4. 委托代销收到代销清单时

对于采用代销模式的电商企业，当收到代销方提供的代销清单时，可以确认代销部分的收入。

5. 商业折扣

电商企业常通过发放优惠券、满减等方式提供商业折扣，应按扣除商业折扣后的金额确认收入。

6. 安装费

如果电商企业销售的商品需要安装服务，并且安装服务是商品销售附带条件，那么安装费应在商品销售完成后确认。如果安装服务是可选的或单独的，则应按安装完工进度确认收入。

7. 销售折让

如果商品存在质量问题或其他原因需要给予消费者销售折让，电商企业应在销售折让发生当期冲减当期销售商品收入。

8. 以旧换新

对于以旧换新的销售方式，电商企业应按收入确认条件确认新商品的销售收入，回收的旧商品则作为购进商品处理。

二、电商企业收入构成

（一）销售收入

1. 定义与特点

电商企业的销售收入是指通过在线渠道销售商品或服务所获得的收入。电商企业的销售业务涵盖从商品上架、营销推广、交易完成到售后服务的整个流程，销售是电商企业实现经济收益的主要方式。

电商企业采购或生产商品，并在其官方网站、第三方电商平台或社交媒体等线上渠道进行展示和销售。消费者通过线上渠道下单购买，电商企业负责发货并提供售后服务。同理，消费者下单后，提供服务的电商企业派遣人员到达消费者指定地点提供服务。

2. 优点

电商企业的销售收入直接来源于销售商品或服务。相较于传统实体店，电商企业省去了高昂的店面租金、装修费用以及大量的人力成本，如销售人员和店面管理人员的工资支出。这些成本的节省使电商企业有更大的利润空间，电商企业在定价上更具灵活性，既能吸引消费者，又能保证自身的盈利能力。同时，互联网的无界性使得电商企业能够轻松跨越地理障碍，将商品和服务推向全球市场，覆盖更广泛的消费群体。而借助大数据和人工智能技术，电商企业能够深入分析消费者的购买行为和偏好，实现精准营销和个性化推荐。这种精准定位不仅提高了销售转化率，还增强了客户黏性，为企业的长期发展奠定了坚实基础。

3. 挑战

因为电商企业销售的本质是实物或服务销售，所以电商企业需要精准预测市场需求，以确定合理的库存水平。然而，电商企业在享受诸多便利的同时，也面临一些挑战。例如由于市场变化快速、消费者偏好多样且难以预测，库存预测往往面临巨大挑战。库存管理的挑战之一是市场变化快速导致需求预测困难，过高的库存可能导致资金占用过多，增加存储和管理成本；而过低的库存则可能无法满足消费者需求，导致销售机会流失。而对于某些季节性或时效性强的商品，如果库存管理不当，容易出现滞销或过期的情况。这不仅会造成经济损失，还可能影响企业的品牌形象和消费者信任度。

同时，商品销售市场较为饱和、竞争日益激烈，众多电商企业为了争夺市场份额和消费者资源，纷纷加大营销和推广投入。这导致市场饱和度不断提高，营销效果逐渐减弱，企业需要投入更多的资金和资源才能取得显著成效。

4. 收入确认时点

在电商企业的销售业务中，消费者的购买行为可分为订单生成与付款、发货与物流、消费者确认收货三个步骤。消费者收到商品并确认收货，表示商品的控制权已经转移给消费者，且相关的风险与报酬也随之转移，此时，电商企业可以确认收入。

此外，如果电商企业提供了七天无理由退货服务，那么企业在消费者确认收货后，还需等待退货期满，在商品控制权转移给消费者后，才能最终确认收入。

（二）订阅服务收入

1. 定义与特点

订阅服务指企业向消费者提供定期、持续性的商品或服务，而消费者则通过支付固定周期（如每月、每季度）的订阅费用来获取这些商品或服务。订阅服务收入的特点是持续性和可预测性，它与传统的一次性收入不同，其取得基于电商企业与消费者建立了一种长期的、基于信任与价值的合作关系。订阅服务涉及实体商品（如生鲜食品、日用品）和虚拟服务（如流媒体内容、在线课程）等。

2. 优点

通过定期配送商品或服务，电商企业能够加深与消费者的联系，培养消费者的依赖感和忠诚度，进而有效促进口碑传播和复购率的提高。订阅服务为电商企业提供了持续、稳定的收入来源，有助于降低经营风险并提高财务可预测性，电商企业可以通过平均订阅量、现有订阅量等数据预测销售量和库存需求，从而优化供应链管理，减少库存积压和浪费，降低运营成本与风险。

3. 影响

尽管订阅服务有利于培养消费者忠诚度，但消费者仍可能因各种原因（如价格敏感、服务质量下降等）取消订阅，这可能会对企业的收入稳定性造成一定影响。为了保持订阅服务的吸引力，企业需要不断推出新颖、有吸引力的商品或服务内容，这对企业的创新能力和资源投入提出了较高要求。

4. 收入确认时点

对于提供实体商品（如生鲜食品、日用品）的订阅服务，收入确认时点通常发生在商品控制权转移给消费者时，一般指商品被交付给消费者或消费者指定的收货地址，并且消费者已经确认收货或按照惯例无须确认即可视为收货的情况。在此之前，商品的控制权仍在企业手中，因此不能确认收入。订阅服务通常包含多个交付期或履约阶段，并且每个阶段都代表了一个可单独识别的履约义务，则企业可以按照履约进度按比例确认收入。例如，订阅服务期限为一年，每个月提供一次商品或服务，则企业可以在每个月月底根据已完成的履约义务比例确认收入。

在确认收入时，企业还需要考虑退订和退款政策的影响。如果订阅服务允许消费者在一定期限内无理由退订并获得退款，则企业只有在退订期结束后才能确认收入。

练一练

鉴于消费者对长期、稳定且高品质商品与服务的需求增加，某知名电商企业推出了“尊享生活半年订阅计划”。该计划旨在为订阅消费者提供精选商品与服务组合，包括但不限于高品质的生活日用品、健康食品、特色商品及专属优惠等，旨在为消费者打造一个全方位、个性化的生活体验。

消费者一次性支付或选择分期支付共计 599 元，即可享受为期半年的服务，现有一客户于 2023 年 9 月 1 日订阅“尊享生活半年订阅计划”。

请思考，截至 2023 年 12 月 31 日，企业是否能确认该笔订单收入？若能，确认金额为多少？

（三）增值服务收入

1. 定义与特点

增值服务收入指企业在提供基础商品或服务的同时，向消费者提供额外的、附加的服务或商品，并就此收取的额外费用。消费者可以根据自己的需求选择是否需要增值服务，以满足其个性化和差异化的需求。

增值服务为企业带来了新的收入来源，有助于提升整体盈利水平。

2. 优点

增值服务能够精准满足消费者的个性化需求，显著提升购物满意度和体验，同时伴随着较大的利润空间。通过提供增值服务，企业可以与消费者建立更紧密的联系，消费者在购买增值服务后，更有可能成为企业的忠实客户，并持续购买其商品或服务。

3. 影响

为了提供增值服务，企业需要投入额外的人力、物力和财力资源，这会增加企业的运营成本，并可能对企业的财务状况产生一定影响。此外，随着增值服务的种类和数量的增加，企业的管理复杂度也会相应提升，企业需要建立有效的管理机制来确保增值服务顺利运行，包括服务流程的设计、服务质量的监控、消费者反馈的处理等。

4. 收入确认时点

对大多数增值服务而言，如定制服务、快速配送等，其收入应在服务完成并交付给消费者时确认。这意味着增值服务已经按照消费者的要求完成，并且消费者已经接受或享受到该服务。此时，企业可以认为已经履行了增值服务的相关义务，有权确认相应收入。

在某些情况下，增值服务可能与核心商品或服务紧密相关，甚至被视为整体销售的一部分。例如，在购买电子产品时，消费者可能同时购买延长保修服务。在这种情况下，增值服务收入可以与销售收入同时确认，但企业需明确区分并准确计量增值服务收入与销售收入。

练一练

某知名电商企业为了进一步提升消费者体验、增强消费者黏性并探索新的盈利增长点，决定在其现有的商品销售基础上，推出一系列增值服务。这些增值服务旨在满足消费者对个性化、高品质及便捷性服务的需求，从而提升品牌竞争力，实现差异化发展。

该电商企业提供的增值服务如下。

（1）针对追求快速收货的消费者，提供次日达或指定时间送达服务。该服务需额外支付 5 元快递加急费。

（2）消费者在购买特定商品时，可选择加购无忧退换货服务，享受更加便捷的退换货流程，无须承担退货运费，服务费用为 7 元。

（3）针对服饰、家居等商品，提供个性化图案、尺寸等定制选项，定制费用根据具体商品和定制要求而定，通常在商品原价的基础上加收 5% ～ 15%。

请分别判断以上增值服务产生的收入应于什么时间点确认。

三、电商企业优惠策略

（一）折扣销售

折扣销售指的是销售方在销售商品或提供服务时，为了促进销售、提高消费者购买意愿或回报已购买过的消费者而给予的价格优惠。这种优惠通常是在商品原价的基础上进行一定比例或金额的减免，使得消费者在支付时能够享受到比原价低的价格。对电商企业来说，折扣销售包括直接折扣（如某商品五折、降价 20 元等）、买赠折扣（如买一送一、买多赠少）、满减折扣（如满 50 元减 5 元）和优惠券折扣（企业向消费者发放优惠券，包括满额使用优惠券和无门槛优惠券）等。

对于直接折扣、满减折扣、优惠券折扣的折扣销售形式，应该以消费者实际支付金额作为收入；而对于买赠折扣，则应在记录收入的基础上按照公允价值分摊收入与成本。例如，假设以 2 元的价格卖出一支笔，并赠送一支笔芯，而市场上笔的单价为 1.5 元，笔芯的单价为 1 元，那么在进行收入和成本的分摊时，可以合理估计笔的收入为 1.2 元，笔芯的收入为 0.8 元，但这一分摊通常不会直接影响销售收入的确认，而是作为成本计算的一部分。

（二）销售折让

销售折让指的是在企业售出商品后，由于商品在质量、规格等方面不符合消费者的要求，消费者可能会要求卖方在价格上给予一定的减让。这种减让旨在解决商品不符合要求的问题，并维护双方的商业关系。对电商企业来说，销售折让包括直接价格减让（通过红包等形式将现金直接支付给消费者，以弥补商品问题给消费者带来的损失）、优惠券或者折扣码（提供给消费者在未来购物时使用的优惠券或折扣码，消费者可以在下次购物时享受价格上的优惠）和赠品补偿（向消费者提供额外的服务或赠送赠品，作为对商品问题的补偿）。

在处理销售折让时，企业应同步调整销售收入，以反映实际发生的交易金额。具体而言，对于已经确认销售收入但随后发生销售折让的交易，企业应按照相关规定冲减当期的销售收入。此外，如果销售折让的过程涉及退货或换货，企业还应根据实际情况，将因退货或换货而产生的运费等计入相关费用或成本中，以确保财务数据的准确性和完整性。

（三）现金折扣

现金折扣指的是电商企业在销售商品或提供服务时，为了鼓励消费者在规定的时间内提前支付订单金额，而给予的一种价格优惠。这种优惠通常以折扣比例的形式出现，消费者在规定时间内支付款项即可享受相应的折扣。对电商企业来说，现金折扣包括直接折扣（在订单金额上直接减去一定的金额或比例作为折扣，如“提前支付享受 9 折优惠”）和阶梯折扣（根据支付时间的不同给予不同的折扣，如“前 100 名支付享受 7 折优惠，后续支付享受 8 折优惠”）等。现金折扣通常出现在平台活动期间，有助于电商企业及时对活动效果做出评估，并能提高销售效率、加速资金回笼。

值得注意的是，部分电商企业推出的“前 100 名支付享赠品”活动不属于现金折扣。

（四）以旧换新

以旧换新指的是电商企业为消费者提供的一种购物服务模式，即消费者在购买新商品时，可以将自己手中的旧商品交给电商企业进行回收，并根据旧商品的评估价值获得一定的抵扣金额或优惠补贴，从而降低购买新商品的成本。对电商企业来说，消费者可以通过在线系统提交旧商品的信息，如品牌、型号、购买时间等，企业会根据这些信息给出初步的评估价格。消费者同意评估价格后，可以选择邮寄或上门回收的方式将旧商品交给电商企业。

当消费者通过以旧换新方式购买新商品时，电商企业应按照新商品的销售价格进行确认，不得直接冲减旧商品的评估价值，旧商品则作为库存商品或资产入账。

四、电商企业收入模型案例分析

A 公司主要通过线上销售电子产品，如移动电源、充电器、数据线、蓝牙设备等，我们可以根据该公司 2023 年的财报数据，简单计算并分析其关键指标，以便深入地了解其盈利能力和经营效率。

（一）毛利率分析

A 公司 2023 年经营成果如表 3-8 所示。

表 3-8　A 公司 2023 年经营成果

金额单位：元

项目	营业收入	营业成本	毛利率
分行业			
消费电子业	1 750 720.31	988 525.98	
分产品			
充电类产品	860 358.23	496 781.87	
智能创新类产品	504 838.83	278 723.70	
无线音频类产品	377 817.47	206 259.90	
其他	7 705.78	6 760.51	
分地区			
境外	1 686 924.94	947 417.01	
境内	63 795.38	41 108.97	

请计算 A 公司分产品、分地区 2023 年毛利率的具体数值，将结果填入表 3-8 中。

若消费电子业毛利率通常为 10% ～ 30%，请结合以上计算结果，判断 A 公司是否需要进行产品优化、升级或淘汰；通过分地区毛利率的比较，识别市场环境更好的地区，初步制定区域市场战略。

（二）净利润分析

A 公司 2023 年营业成本构成如表 3-9 所示，费用支出情况如表 3-10 所示，税费缴纳情况如表 3-11 所示。

表 3-9　A 公司 2023 年营业成本构成

单位：元

行业分类	项目	金额	占营业成本比重
消费电子业	采购成本	790 259.01	
消费电子业	运输成本	198 266.97	

表 3-10　A 公司 2023 年费用支出情况

单元：元

项目	金额
销售费用	388 661.29
管理费用	58 318.14
研发费用	141 386.74

表 3-11　A 公司 2023 年税费缴纳情况

单位：元

项目	金额
税金及附加	972.09
所得税	11 857.34

不考虑其他收入与支出，请计算 A 公司 2023 年净利润与净利率，若消费电子业净利率通常为 5% ～ 15%，请结合以上计算结果，分析 A 公司的盈利能力。

（三）转化类指标分析

A 公司为了提高品牌知名度和市场份额，在 2024 年第一季度开展了一场线上营销活动，主要通过社交媒体广告和合作伙伴渠道进行推广，同时将库存中较为老旧的产品以低价出售。活动目标包括吸引新客户、提高产品销量、清扫老旧库存以及提高客户忠诚度。

本次营销活动的总投入为 20 万元，活动期间 A 公司的广告总曝光量为 50 万次，广告被点击 5 万次，实际访问 A 公司网站的用户数量为 3 万人，在访问网站的用户中，有 1 500 人下单购买了产品，购买产品的用户中，有 300 人提出了售后服务请求。通过此次活动，A 公司获得了 1 200 名新客户，并在活动期间实现总销售额 50 万元，净收益为 18 万元。

若 A 公司管理层需要评估活动效果，请计算 A 公司 2024 年第一季度营销活动的下单转化率、服务转化率和客户获取率［客户获取率 =（新客户数量 / 总客户数量）×100%］，评价该活动效果是否满足预期。

（四）总体销售业绩指标分析

假设 A 公司营销活动主要在两个电商平台（平台 B 和平台 C）上进行，两个平台的营销数据如表 3-12 所示。

表 3-12　平台营销数据

电商平台	GMV/万元	订单量/个	新客户数/人	总销售额/万元
平台B	41	850	715	30
平台C	24	650	485	20
总计	65	1 500	1 200	50

A 公司在平台 B 投入广告费 9 万元，在平台 C 投入广告费 4 万元。请分别计算两个平台的平均订单价值与客户获取成本，判断 A 公司在哪个平台的营销效率更高。

（五）周转情况分析

活动前后库存情况如表 3-13 所示。

表 3-13　库存情况

存货类型	活动前库存/元	活动后库存/元	销售额/元	活动毛利率/%
充电类产品	746 684	615 197	217 327.9	
智能创新类产品	384 295	290 667	165 630.1	
无线音频类产品	467 456	398 428	117 042	

请计算各类产品的库存周转率，并对比活动毛利率与 2023 年各类产品毛利率，判断哪个品类折价清扫的旧货更多。

五、电商企业收入模型优化策略

电商企业通过实施收入多元化策略、定价策略以及提升用户体验，能够显著提高销售业绩与增强用户黏性，进而强化市场竞争力，有效抵御市场波动，并显著增强抗风险能力。

（一）收入多元化策略

实施收入多元化策略的途径如下。

1. 打造多元化产品线

企业可以通过市场调研新增产品线，填补市场空白。同时，企业可以通过优化供应链管理，降低成本，提高效率。

2. 跨界合作

跨界合作是实现收入多元化的重要推手，企业可以积极寻求与互补伙伴合作，共推联名产品，实现品牌增值与市场扩张。在合作中，双方资源共享，优势互补，能增强市场竞争力，实现双赢。同时，创新合作模式，如联合营销、渠道共享，深化合作，拓展新领域，共创商业新机遇，助力收入增长。

3. 全球化布局

企业可以搭建跨境电商平台，降低境外市场进入门槛；实施本地化策略，提升品牌亲和力；优化国际物流，提升购物体验。同时，企业应严格遵守国际贸易规则，确保合法合规经营。

（二）定价策略

定价策略主要有以下几种。

1. 动态定价策略

动态定价策略要求企业实时监控市场需求、竞争价格及库存状况，灵活调整商品价格。企业利用数据分析工具，可以快速响应市场变化，灵活调整商品价格。在需求旺盛时适度提价以实现利润最大化，而在库存积压或市场竞争激烈时降价促销以加速资金回笼。这种灵活的定价方式有助于企业保持竞争力，同时扩大利润空间。

2. 差异化定价策略

差异化定价策略通过细分用户群体，提供个性化的价格优惠方案，实现企业目标。例如，为会员用户提供专属折扣、为新用户提供首次购买优惠、为老用户设置积分兑换或会员日专享优惠等。差异化定价策略有助于增强用户黏性，提高用户满意度和忠诚度。同时，通过精准营销和个性化服务，企业可以更好地满足用户需求，提升品牌形象和市场影响力。

3. 捆绑销售与促销

捆绑销售与促销活动是电商企业常用的促销手段。通过将相关商品进行捆绑销售，企业可以引导消费者购买更多商品，提高客单价和销售额。同时，满减、折扣等促销手段也能有效刺激消费者的购买欲望，提高销量。在策划促销活动时，企业应注重活动的吸引力，合理设置参与门槛，并确保活动的可持续性。此外，电商企业通过数据分析工具对促销活动的效果进行评估和优化也是非常重要的环节。

（三）提升用户体验

电商企业可通过以下方式提升用户体验。

1. 优化购物流程

优化购物流程是提升用户体验的首要任务。电商企业应致力于减少用户在浏览、下单、支付及物流跟踪等各个环节中的操作障碍，确保流程顺畅无阻。电商企业通过引入一键下单、多种支付方式选择、物流信息实时追踪等功能，用户可以便捷地完成购物，从而提高购物满意度和转化率。

2. 强化售后服务

优质的售后服务是增强用户信任感的重要环节。电商企业应建立完善的客服体系，确保用户问题能够得到快速响应与解决。同时，推出无忧退换货服务，让用户购物无忧，减少因商品问题而产生的负面体验。通过提高售后服务的效率与质量，企业可以赢得用户的信赖与好评，进而提升品牌形象和用户忠诚度。

3. 个性化推荐

利用大数据和 AI 技术实现个性化推荐，是提升用户体验与购买转化率的重要手段。电商企业可以通过分析用户的浏览历史、购买记录、搜索关键词等数据，构建用户画像，并据此为用户推荐符合其兴趣与需求的商品。精准推荐不仅能够提升用户的购物体验，还能有效促进销售转化，为企业创造更多价值。同时，随着技术的不断进步，个性化推荐系统还可以不断优化升级，为用户提供更加智能化、个性化的购物体验。

六、电商企业风险管理

（一）市场风险

市场风险对电商企业而言，尤为关键且复杂。市场风险主要包括两个方面：来自同行业竞争对手的激烈竞争和市场需求的快速变化与不确定性。

为了在某专业领域保持竞争力，电商企业需密切跟踪该领域的最新动态，深入分析竞争对手的产品创新、定价策略及市场营销手段，以差异化、高品质的产品和服务吸引目标用户群体。同时，电商企业应充分利用数据分析技术，精准预测市场对产品的需求趋势，从而灵活调整产品线，优化产品结构。在销售策略上，可采取定制化推广、捆绑销售等策略，以增强市场吸引力，提高销售业绩。此外，建立高效的用户反馈机制对电商企业至关重要。通过收集并分析用户对产品设计、使用便捷性等方面的反馈，企业可以及时调整产品开发与销售策略，确保产品紧贴市场需求，满足用户期望，从而在激烈的市场竞争中脱颖而出，有效应对市场风险。

（二）财务风险

财务风险对电商企业而言，是关乎资金链稳定与盈利能力的核心挑战，体现为资金流动性不足、成本控制不当及融资环境变动等风险。为了降低财务风险，电商企业应强化现金流管理，精准制定预算并预测现金流动态，确保运营资金充足并设立应急储备以应对突发情况。同时，优化资金运作流程，加速资金回笼，提高资金使用效率，并严格控制运营成本，通过技术创新与流程优化降低仓储、物流等关键环节的费用。电商企业可与供应商深化合作，争取更有竞争力的采购价格和优质服务，以降低成本和提高竞争力。电商企业应全面审视并管控财务风险，确保在快速变化的市场中稳健前行。

（三）合规风险

合规风险对电商企业而言，是指因违反法律法规、行业标准或内部规章制度而导致的法律后果、经济损失及声誉损害。为应对此风险，企业应高度重视合规管理，加强针对员工的法律法规培训，特别是新入职员工和关键岗位员工，确保每位员工都了解并遵守相关规定。同时，企业应通过定期进行内部审计，严格监控经营活动，确保经营活动合法合规，或积极寻求专业法律顾问的指导，为企业的合规运营提供坚实保障。

在知识产权保护方面，企业也应提高重视程度，及时注册并维护知识产权，利用先进技术手段监测侵权行为，一旦发现立即采取法律手段维权，保护企业合法权益。

（四）舆论风险

舆论风险是指企业在经营过程中因外部舆论环境的不利变化而遭受的损失或影响。在电商领域，舆论风险尤为显著，由于电商企业直接与广大消费者互动，任何负面舆论都可能迅速扩散，对企业的品牌形象和市场声誉构成严重威胁。对此，电商企业应该树立舆情监测意识，在遭遇恶意攻击或侵权纠纷时，应积极寻求法律支持，维护自身合法权益。同时，电商企业应加强品牌建设，积极塑造和传播企业正面形象，提高品牌知名度和美誉度。

课堂互动

思考与讨论：

（1）在面临市场风险时，电商企业应该采取哪些应对措施来降低风险？

（2）你认为电商企业应如何设计财务风险预警指标，以确保预警机制的准确性和有效性？

行家点拨

对一些拥有大量固定资产的电商企业来说，除经营收入外，资产出租也是一个重要的收入来源，其包括出租仓储设施、办公楼宇、物流中心、生产设备等取得的收入。这些收入并不直接来源于电商企业的核心业务活动（如在线商品销售、电商平台运营等），而是来自企业对其所拥有资产的有效利用。除非企业处于房地产或设备租售类行业，否则通过这类活动获得的收入，通常会被归类为其他业务收入。

实践任务

任务背景

有棵树科技股份有限公司，成立于 2000 年 5 月 25 日，是一家以提供互联网服务和相关服务为主的企业。该公司主营跨境电商出口业务，主要产品涵盖家居建材和家居用品、电子产品、手机通信和游戏配件、体育用品、玩具、航模配件、汽车配件、服装鞋包、保健品及生活用品等多个品类。该公司与世界主要国家近百家物流服务商及代理商保持深度合作关系，已全面覆盖“海陆空铁”四大运输模式，并在跨境电商中首批使用铁路作为运输方式，也是首批与“中欧班列”合作的跨境电商企业之一。

任务要求

通过查找资料，分析有棵树科技股份有限公司 2024 年第一季度收入情况。

AI+智慧财税

探索智能对话 AI 在财税咨询中的应用

随着 AI 技术的飞速发展，财税咨询领域正经历着一场深刻的变革。智能对话 AI，作为这一变革的重要推手，正以强大的自然语言处理能力和庞大的知识库，为财税人员提供高效、准确的咨询服务。

一、智能对话AI技术概述

自然语言处理。自然语言处理是 AI 领域的一个重要分支，旨在使计算机能够理解和生成人类自然语言。在财税咨询中，自然语言处理技术使 AI 能够准确理解财税人员提出的复杂问题，并生成易于理解的答复。

知识库与数据库。智能对话 AI 通过访问庞大的税务数据库和法规知识库，获取最新的财税政策和案例信息，这些数据为 AI 提供了坚实的支持，确保其答复的准确性和权威性。

深度学习。深度学习是 AI 领域的一种先进算法，AI 通过模拟人脑神经网络的工作方式，能够自主学习和进化。在财税咨询中，深度学习使 AI 能够根据历史案例和当前问题，生成合理且有逻辑的回复。

二、智能对话AI在财税咨询中的应用

快速响应：相比传统的人工咨询方式，智能对话 AI 能够即时响应财税人员的提问，大大缩短了等待时间。

准确答复：基于庞大的知识库和深度学习算法，智能对话 AI 能够提供基于最新法规的专业答复，确保答复的准确性。

个性化服务：智能对话 AI 能够根据财税人员的具体需求和工作场景，提供个性化的咨询服务。这种定制化服务有助于提高财税团队的工作效率和工作满意度。

持续学习：智能对话 AI 具备自我学习能力，能够不断从用户提问和反馈中汲取新知识，优化答复策略，提升服务质量。

三、智能对话AI的优势与挑战

（一）优势

（1）提高咨询效率，降低人力成本。

（2）确保答复的准确性和权威性。

（3）提供个性化服务，满足用户多样化需求。

（4）具备自我学习能力，持续优化服务质量。

（二）挑战

（1）数据隐私与安全问题。

（2）复杂问题的理解和解答能力有待提升。

（3）与人工咨询的无缝衔接问题。

（4）法规更新的及时性问题。

四、未来展望

随着技术的不断进步和应用场景的不断拓展，智能对话 AI 在财税咨询领域的应用前景将更加广阔。未来，智能对话 AI 将更加注重用户体验和服务质量，通过不断优化算法和丰富知识库，为用户提供更加高效、准确、个性化的咨询服务。同时，随着 AI 技术的普及和深入应用，财税咨询行业也将迎来更加智能化、自动化的未来。

项目通关测试

一、单选题

1. 电商财务指标中，用于衡量每笔订单平均价值的指标是（　　）。

A. 销售额　　B. 客单价

C. 订单量　　D. 毛利率

2. 不属于盈利指标的是（　　）。

A. 毛利率　　B. 净利率

C. 库存周转率　　D. 投资回报率

3. 电商收入模型优化策略中，通过提供不同价格选择以满足不同消费者需求的是（　　）。

A. 多元化产品线　　B. 差异化定价

C. 全球化布局　　D. 捆绑销售与促销

4.（　　）是通过对比不同时间点的实际指标来揭示成本变化趋势的。

A. 对比分析法　　B. 比率分析法

C. 趋势分析法　　D. 成本构成分析

5. 在电商成本分析中，对比分析法不包括（　　）。

A. 实际指标与计划指标的对比

B. 本期实际指标与前期实际指标的对比

C. 企业内部不同部门之间的对比

D. 与行业外非同类企业的对比

二、多选题

1. 电商财务指标中，用于评估销售业绩的指标包括（　　）。

A. 销售额　　B. 订单量

C. 毛利率　　D. 客单价

2. 转化类指标中，常见的转化率类型有（　　）。

A. 下单转化率　　B. 退货率

C. 事件转化率　　D. 服务转化率

3. 成本分析的作用包括（　　）。

A. 清晰了解成本构成　　B. 预测未来成本变化趋势

C. 寻找降低成本的途径　　D. 提高经济效益

4. 电商企业提升用户体验的策略包括（　　）。

A. 优化购物流程　　B. 强化售后服务

C. 动态定价　　D. 个性化推荐

5. 电商企业收入模型优化策略中，多元化策略包括（　　）。

A. 打造多元化产品线　　B. 跨界合作

C. 优化网站页面设计　　D. 全球化布局

三、判断题

1. 电商企业的财务指标仅用于内部管理，不需要对外披露。（　　）
2. 电商企业财务指标中的“GMV”和“销售金额”是同一个概念。（　　）
3. 在电商企业收入模型中，增值服务收入通常依赖于销售收入情况。（　　）
4. 订阅服务收入的优点之一是收入稳定可预测。（　　）
5. 订单量越大，电商企业的盈利能力就越强。（　　）
6. 在电商企业成本分类中，生产成本仅包括直接材料成本和直接人工成本。（　　）
7. 电商企业收入模型的优化只能通过增加产品线来实现。（　　）
8. 电商企业的营业收入确认时点通常是商品发货时。（　　）
9. 库存周转天数越短，说明企业库存积压越少。（　　）
10. 动态定价策略可以根据市场需求和竞争情况适时调整产品价格。（　　）

四、案例分析

拼多多是一家专注于以拼团购物为核心的第三方社交电商平台，用户可以通过与朋友或者家人等拼单的方式，购买比原价低的商品。在以京东与淘宝占主导地位的电商领域，拼多多以社交电商的方式，将娱乐与分享的经营理念运用到电商运营中，形成了拼多多独特的新社交电商思维。

拼多多用户大体分为 3 类：一是主动发起拼单请求的团长；二是受到拼单邀请的参团人员；三是入驻平台的商家。2018 年拼多多在美国成功上市，迅速成为人们关注的焦点。2019 年 12 月，拼多多入选 2019 中国品牌强国盛典榜样 100 品牌。拼多多在 2023 年的全年营业收入为 2 476 亿元，同比增长 90%，成为我国电商巨头之一 。

结合电商企业收入风险管理系列知识点，试分析，拼多多平台在收入方面存在哪些风险，应该如何规避这些风险？

知识复盘

请复习本项目所讲知识，填充空白处，并对各知识点进行标记，△表示了解，○表示熟悉，☆表示掌握。

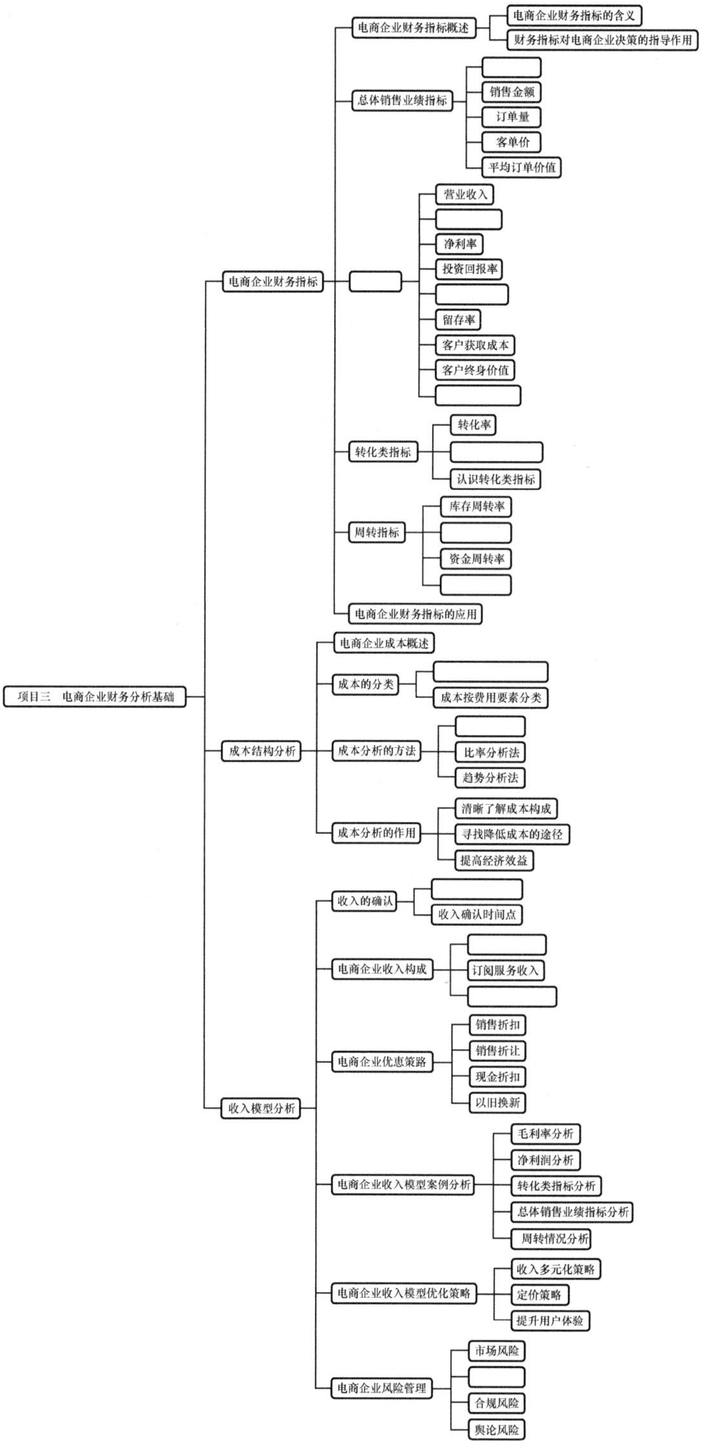

- 项目三　电商企业财务分析基础
  - 电商企业财务指标
    - 电商企业财务指标概述
      - 电商企业财务指标的含义
      - 财务指标对电商企业决策的指导作用
    - 总体销售业绩指标
      - ______
      - 销售金额
      - 订单量
      - 客单价
      - 平均订单价值
    - ______
      - 营业收入
      - ______
      - 净利率
      - 投资回报率
      - ______
      - 留存率
      - 客户获取成本
      - 客户终身价值
      - ______
    - 转化类指标
      - 转化率
      - ______
      - 认识转化类指标
    - 周转指标
      - 库存周转率
      - ______
      - 资金周转率
      - ______
    - 电商企业财务指标的应用
  - 成本结构分析
    - 电商企业成本概述
    - 成本的分类
      - ______
      - 成本按费用要素分类
    - 成本分析的方法
      - ______
      - 比率分析法
      - 趋势分析法
    - 成本分析的作用
      - 清晰了解成本构成
      - 寻找降低成本的途径
      - 提高经济效益
  - 收入模型分析
    - 收入的确认
      - ______
      - 收入确认时间点
    - 电商企业收入构成
      - ______
      - 订阅服务收入
      - ______
    - 电商企业优惠策略
      - 销售折扣
      - 销售折让
      - 现金折扣
      - 以旧换新
    - 电商企业收入模型案例分析
      - 毛利率分析
      - 净利润分析
      - 转化类指标分析
      - 总体销售业绩指标分析
      - 周转情况分析
    - 电商企业收入模型优化策略
      - 收入多元化策略
      - 定价策略
      - 提升用户体验
    - 电商企业风险管理
      - 市场风险
      - ______
      - 合规风险
      - 舆论风险

学习评价

根据考核内容，完成自我小结并进行自评和小组互评，最后按自我评价分 ×40%+ 小组互评分 ×60% 计算综合得分。

评价表

评价维度	考核内容	分值	自我评价	小组互评
知识学习评价	掌握电商企业常用的财务指标，理解这些指标如何反映企业的运营状况和财务健康度	10分		
	掌握电商企业成本的分类，理解成本分析的方法，掌握成本分析的作用	15分		
	理解电商企业收入的确认、构成，掌握电商企业优惠策略和收入模型优化策略	15分		
职业素养评价	对财务数据具有高度的敏感性，能够迅速从大量数据中提取关键信息，为决策提供有力支持	10分		
	保持对电商行业财务管理新理论、新方法、新技术的持续关注和学习，不断提升自己的专业素养	5分		
	全面且准确地掌握电商企业常用的财务指标，能够熟练运用这些指标进行财务分析和评估	10分		
	能够基于财务指标和成本收入分析，为企业的战略规划和日常运营提供数据驱动的决策建议	10分		
品行素养评价	在财务数据处理和财务分析过程中，坚守诚信原则，确保数据的真实性和准确性，不弄虚作假	5分		
	能够积极应对挑战，确保目标的达成	5分		
	不断优化学习方法，提高学习效率和质量	10分		
	具备良好的沟通能力，能够清晰、准确地传达财务信息和分析结果，促进团队之间的协作和共识	5分		
合计		100分		

综合评价表

综合评价	自我评价（40%）	小组互评（60%）	综合得分

项目四　财务报表与运营能力分析

学习目标

✧知识目标

（1）理解财务报表的基本概念和编制方法。

（2）掌握财务报表分析的基本方法和指标。

（3）了解电商企业运营管理的关键环节。

✧ 技能目标

（1）能够根据电商企业的财务报表进行基本的财务分析，评估其经营状况和盈利能力。

（2）能够运用财务指标和数据分析方法，评估电商企业的偿债能力和运营效率。

（3）能够制定有效的库存管理策略、成本控制策略和现金流管理策略，提高电商企业的运营效率。

✧ 素养目标

（1）培养严谨求实的科学态度和认真细致的工作作风。

（2）培养分析问题和解决问题的能力，以及创新意识和团队协作精神。

（3）培养良好的职业道德和社会责任感，树立正确的价值观和职业素养。

（4）增强对电商行业发展趋势的关注和了解，以及适应未来职业发展的能力。

思维导图

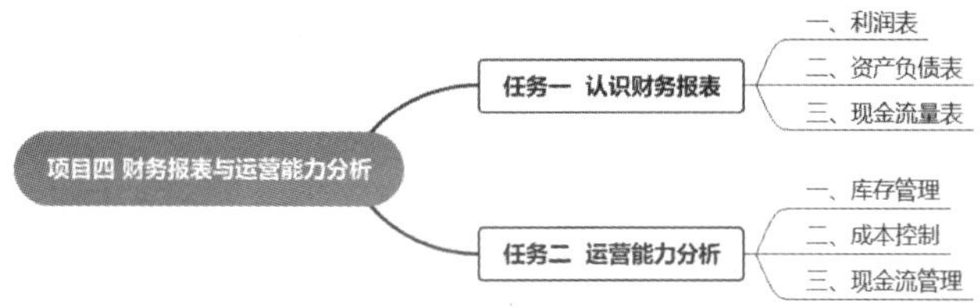

项目背景

2022年3月，财政部、证监会发布了《关于进一步提升上市公司财务报告内部控制有效性的通知》，针对当前多发的上市公司财务造假和相关内部控制缺陷，要求提升上市公司财务报告内部控制有效性。本项目旨在通过对上市公司的财务报表进行深入分析，评估其运营能力，并在此基础上提出提升财务报告内部控制有效性的策略和建议，以帮助上市公司更好地遵守相关法规要求，提高财务管理水平和决策效率。

任务一　认识财务报表

任务引例

沧海电商财务报表分析活动

沧海电商有限公司（简称沧海电商）是一家专注于时尚服饰的电商企业，其凭借丰富的产品线、个性化推荐系统及高效的物流配送服务，在年轻消费群体中享有较高知名度。随着市场竞争的加剧，公司管理层意识到深入了解自身财务状况的重要性。为了加强内部管理和提升市场竞争力，沧海电商决定组织一次财务报表分析活动。财务部门准备了公司最近一年的三大财务报表——利润表、资产负债表和现金流量表，并邀请公司高层及各部门负责人参与。

在会议中，财务经理首先介绍了各报表的基本结构和主要指标。

（1）利润表：展示了公司在一定会计期间的收入、成本和利润情况，重点关注营业收入、营业成本、净利润等关键指标。

（2）资产负债表：反映了公司在特定日期的资产、负债和所有者权益状况，通过“资产 = 负债 + 所有者权益”的计算公式展现公司的财务结构。

（3）现金流量表：描述了公司在一定会计期间现金及现金等价物的流入和流出情况，分为经营活动、投资活动和筹资活动三个部分。

随后，财务经理结合具体数据，分析了公司最近一年的经营成果、财务状况和现金流动情况，并指出以下关键点。

（1）营业收入持续增长，但毛利率略有下降，需关注成本控制。

（2）存货周转率有所提高，但仍需进一步优化库存管理。

（3）经营活动产生的现金流量净额为正，但投资活动支出较大，需合理规划资金使用。

思考：

假设你是沧海电商的财务分析师，你会如何利用财务报表中的信息评估公司的经营效率？请举例说明。

学思践悟

利润表、资产负债表和现金流量表是企业财务报告体系的三大支柱，它们分别从不同角度反映企业的盈利能力、财务状况和现金流量情况。对这些报表的解读能力，是我们未来职业生涯中不可或缺的技能。通过对财务报表进行深入分析，我们可以更加理性地看待企业的经营状况和市场前景。在面对复杂多变的市场环境时，我们要学会运用财务报表提供的信息进行科学决策，避免盲目跟风和冲动行事。理性决策的能力不仅是我们个人成长的需要，也是企业持续发展的关键。在竞争激烈的市场环境中，企业需要不断创新才能保持竞争优势。而财务报表分析能帮助我们发现问题并提供改进方向。通过不断优化成本结构、提高运营效率、拓展市场渠道等方式，企业可以实现持续发展和壮大。同时，我们也要关注行业的发展趋势和新技术的应用，积极探索新的商业模式和增长点，为企业的发展注入新的活力。

知识储备

一、利润表

（一）利润表的概念

利润表，又称损益表，是反映企业在一定会计期间的经营成果的报表。它是在会计凭证、会计账簿等会计资料的基础上进一步确认企业在一定会计期间的经营成果的结构性表述，综合反映企业利润的实现过程和利润的来源及构成情况，是对企业在一定会计期间的经营业绩的系统总结。

（二）利润表的结构

利润表主要由表首、表体两部分组成。表首部分应列明报表名称、编制单位名称、编制日期和计量单位；表体部分是利润表的主体，列示了形成经营成果的各个项目和计算过程。利润表表体部分主要根据“收入 - 费用 = 利润”平衡公式，以各具体项目的性质和功能为分类标准，依次将某一会计期间的收入、费用和利润的具体项目进行适当的排列编制而成。利润表项目的性质是指各具体项目的经济性质，如营业利润是指企业在一定会计期间通过日常营业活动所实现的利润额，利润总额则是指营业利润和非经常性损益净额（即损失和利得）的总和，净利润是指利润总额减去所得税费用的净额。利润表项目的功能是指各具体项目在创造和实现利润的经营活动过程中的功能与作用，如利润表中对费用通常按照功能进行分类，包括从事经营业务发生的成本、销售费用、管理费用、研发费用和财务费用等。

利润表的表体结构有单步式和多步式两种。单步式利润表将当期所有的收入列在一起，所有的费用列在一起，然后将两者相减得出当期净损益。多步式利润表通过对当期的收入、费用、支出项目按性质加以归类，按利润形成的主要环节列示一些中间性利润指标，如营业利润、利润总额、净利润，分步计算当期净损益，以便财务报表使用者理解企业经营成果的不同来源。我国企业的利润表采用多步式利润表，它能够更清晰地反映企业利润的构成情况，便于企业进行财务分析。

为了使财务报表使用者通过比较不同期间利润的实现情况，判断企业经营成果的未来发展趋势，企业需要提供比较利润表。为此，利润表金额栏分为“本期金额”和“上期金额”两栏。

（三）利润表的作用

利润表的主要作用是有助于财务报表使用者分析判断企业净利润的质量及其风险，评价企业经营管理效率；有助于财务报表使用者预测企业净利润的持续性，从而做出正确的决策。利润表可以反映企业在一定会计期间的收入实现情况，如实现的营业收入、取得的投资收益、发生的公允价值变动损益及营业外收入等对利润的贡献大小；可以反映企业在一定会计期间的费用耗费情况，如发生的营业成本、税金及附加、销售费用、管理费用、财务费用、营业外支出等对利润的影响程度；可以反映企业在一定会计期间的净利润实现情况，有助于财务报表使用者分析判断企业受托责任的履行情况，进而分析企业资本的保值增值情况。财务报表使用者可以将利润表资料及信息与资产负债表资料及信息相结合，进行综合计算分析，如将营业成本与存货或资产总额的平均余额进行比较，分析企业运用资源的能力和效率，便于判断企业资金周转情况及盈利能力和水平，进而判断企业未来的盈利增长和发展趋势，做出相应的经济决策。

表 4-1 是 × 公司 2023 年的利润表（简表），通过利润表项目，财务报表使用者可以对企业盈利能力进行分析。

表 4-1　× 公司 2023 年的利润表（简表）

编制单位：× 公司　　　　2023 年度　　　　单位：元

项目	本期金额	上期金额
一、营业收入	20 972 582.10	20 076 198.30
减：营业成本	14 747 518.10	14 086 839.90
税金及附加	66 050.70	80 204.50
销售费用	3 364 171.10	3 368 212.60
管理费用	1 005 264.50	1 011 326.30
研发费用	686 016.20	626 693.70
财务费用	119 621.80	89 301.80
其中：利息费用	132 709.10	174 710.80
利息收入	48 618.00	55 022.50
加：其他收益	115 064.80	128 221.30
投资收益（损失以“－”填列）	406 010.40	547 953.90
公允价值变动收益（损失以“－”填列）	6 263.00	7 671.70
信用减值损失（损失以“－”填列）	−16 638.10	−15 037.00
资产减值损失（损失以“－”填列）	−133 563.00	−86 057.90
资产处置收益（损失以“－”填列）	−1 281.30	48 572.80
二、营业利润	1 359 795.50	1 444 944.30
加：营业外收入	19 744.40	39 097.20
减：营业外支出	24 091.90	20 980.70
三、利润总额	1 355 448.00	1 463 060.80
减：所得税费用	223 186.40	229 621.60
四、净利润	1 132 261.60	1 233 439.20

（四）盈利能力分析

企业盈利能力是衡量企业获取利润和实现资金增值的能力，不论是投资人、债权人还是经理人员，都非常重视和关心企业的盈利能力。反映企业盈利能力的指标主要有营业毛利率、营业净利率、总资产净利率和净资产收益率。这里主要介绍营业毛利率和营业净利率。

1. 营业毛利率

营业毛利率是营业毛利与营业收入之比，其计算公式如下。

营业毛利率 = 营业毛利 ÷ 营业收入 ×100%

营业毛利 = 营业收入 − 营业成本

营业毛利率反映产品每 1 元营业收入所包含的毛利润是多少，即营业收入扣除营业成本后还有多少剩余用于弥补各期费用和形成利润。营业毛利率越高，表明产品的盈利能力越强。

根据表 4-1，可计算 × 公司的营业毛利率。

2022 年营业毛利率 =（20 076 198.3−14 086 839.9）÷20 076 198.3×100% ≈ 29.83%

2023 年营业毛利率 =（20 972 582.1−14 747 518.1）÷20 972 582.1×100% ≈ 29.68%

2. 营业净利率

营业净利率是净利润与营业收入之比，其计算公式为：

营业净利率 = 净利润 ÷ 营业收入 ×100%

营业净利率反映每 1 元营业收入最终赚取了多少利润，用于反映产品最终的盈利能力。在利润表中，从营业收入到净利润需要扣除营业成本、期间费用、税金及附加等项目。因此，将营业净利率按利润的扣除项目进行分解可以识别影响营业净利率的主要因素。

根据表 4-1，可计算 × 公司营业净利率如下。

2022 年营业净利率 =1 233 439.2÷20 076 198.3×100% ≈ 6.14%

2023 年营业净利率 =1 132 261.6÷20 972 582.1×100% ≈ 5.4%

从上述计算分析可见，× 公司 2023 年营业净利率指标比上年有所下降，企业应当查明原因，采取相应措施，提高盈利水平。

二、资产负债表

（一）资产负债表的概念

资产负债表是反映企业在某一特定日期的财务状况的报表，是对企业特定日期的资产、负债和所有者权益的结构性表述。它反映企业在某一特定日期所拥有或控制的经济资源、所承担的现时义务和所有者对净资产的要求权。其中，特定日期分别指会计期间中会计年度的年末及中期的月末、季末和半年末（如 6 月 30 日）等；财务状况是指企业经营活动及其结果在某一特定日期的资金结构状况及其表现，表明企业取得资金的方式与渠道和这些资金的使用状态与去向，如资产负债率是企业财务状况的重要财务指标，表明企业在特定日期的资产所使用的资金中通过负债取得的比率。

（二）资产负债表的结构

资产负债表根据“资产 = 负债 + 所有者权益”这一平衡公式，以各具体项目的性质和功能为分类标准，依次将某一特定日期的资产、负债、所有者权益的具体项目进行适当的排列编制而成。

资产负债表主要由表首、表体两部分组成。表首部分应列明报表名称、编制单位名称、资产负债表日和计量单位；表体部分是资产负债表的主体，应列示用以说明企业财务状况的各个项目。资产负债表的表体格式一般有两种：报告式资产负债表和账户式资产负债表。报告式资产负债表是上下结构，上半部分列示资产各项目，下半部分列示负债和所有者权益各项目。账户式资产负债表是左右结构，左边列示资产各项目，反映全部资产的分布及存在状态；右边列示负债和所有者权益各项目，反映全部负债和所有者权益的内容及构成情况。资产各项目的合计金额等于负债和所有者权益各项目的合计金额。

我国企业的资产负债表采用账户式资产负债表，分为左右两方，左方为资产项目，按资产的流动性强弱排列，流动性强的资产如“货币资金”“交易性金融资产”等排在前面，流动性弱的资产如“长期股权投资”“固定资产”等排在后面；右方为负债和所有者权益项目，一般按清偿期限长短的顺序排列，“短期借款”“应付票据”“应付账款”等需要在 1 年内或者长于 1 年的一个营业周期内偿还的流动负债排在前面，“长期借款”等在 1 年以上才需偿还的非流动负债排在中间，在企业清算之前不需要偿还的所有者权益项目排在后面，表明负债应优先偿还。

账户式资产负债表中的资产各项目的合计等于负债和所有者权益各项目的合计，即资产负债表左方和右方平衡。账户式资产负债表可以反映资产、负债、所有者权益之间的内在关系，即“资产 = 负债 + 所有者权益”。

（三）资产负债表的作用

资产负债表可以反映企业在某一特定日期所拥有或控制的经济资源、所承担的现时义务和所有者对净资产的要求权，帮助财务报表使用者全面了解企业的财务状况、分析企业的偿债能力，从而为其做出经济决策提供依据。

表 4-2 是 A 公司 2023 年 12 月 31 日的资产负债表（简表），财务报表使用者可以对企业偿债能力进行分析。

（四）偿债能力分析

偿债能力是指企业偿还所欠债务的能力。对偿债能力进行分析有利于债权人进行正确的借贷决策，有利于投资者进行正确的投资决策，有利于企业经营者进行正确的经营决策，有利于正确评价企业的财务状况。

偿债能力的衡量方法有两种：一种是比较可供偿债资产与债务的存量，可供偿债资产存量超过债务存量较多，则认为偿债能力较强；另一种是比较经营活动现金流量和偿债所需现金，如果经营活动产生的现金超过偿债需要的现金较多，则认为偿债能力较强。

债务一般按到期时间分为短期债务和长期债务，偿债能力分析也分为短期偿债能力分析和长期偿债能力分析。

表 4-2 资产负债表（简表）

编制单位：A 公司　　2023 年 12 月 31 日　　单位：元

资产	年末余额	年初余额	负债和所有者权益	年末余额	年初余额
流动资产：			流动负债：		
货币资金	1 338 439.82	1 113 789.44	短期借款	1 089 462.00	618 870.00
交易性金融资产	0.00	0.00	交易性金融负债	0.00	0.00
衍生金融资产	0.00	0.00	衍生金融负债	0.00	0.00
应收票据	0.00	0.00	应付票据	0.00	0.00
应收账款	955 775.97	886 807.14	应付账款	1 546 206.94	2 000 563.88
预付款项	72 089.81	0.00	预收款项	262 091.31	239 110.40
其他应收款	8 412.48	20 241.68	应付职工薪酬	36 621.33	86 561.24
存货	867 121.59	1 220 159.31	应交税费	26 470.43	12 834.12
持有待售资产	0.00	0.00	其他应付款	97 854.34	28 025.39
一年内到期的非流动资产	0.00	0.00	持有待售负债	0.00	0.00
其他流动资产	12 327.24	52 777.67	一年内到期的非流动负债	0.00	0.00
流动资产合计	3 254 166.91	3 293 775.24	其他流动负债	0.00	0.00
非流动资产：			流动负债合计	3 058 706.35	2 985 965.03
可供出售金融资产	0.00	0.00	非流动负债：		
持有至到期投资	0.00	0.00	长期借款	1 040 687.20	1 063 578.50
长期应收款	1 208 972.40	1 007 632.50	应付债券	0.00	0.00

续表

资产	年末余额	年初余额	负债和所有者权益	年末余额	年初余额
长期股权投资	0.00	0.00	长期应付款	0.00	0.00
投资性房地产	0.00	0.00	预计负债	0.00	0.00
固定资产	1 061 472.18	1 352 010.93	递延收益	0.00	0.00
在建工程	20 344.83	399 900.70	递延所得税负债	0.00	0.00
生产性生物资产	0.00	0.00	其他非流动负债	0.00	0.00
油气资产	0.00	0.00	非流动负债合计	1 040 687.20	1 063 578.50
无形资产	452 560.37	76 569.21	负债合计	4 099 393.55	4 049 543.53
开发支出	0.00	0.00	所有者权益：		
商誉	0.00	0.00	实收资本	2 010 002.53	2 010 002.53
长期待摊费用	26 509.12	95 439.59	其他权益工具	0.00	0.00
递延所得税资产	141 807.54	46 106.95	资本公积	10 816.49	11 816.49
其他非流动资产	0.00	0.00	减：库存股	0.00	0.00
非流动资产合计	2 911 666.44	2 977 659.88	其他综合收益	0.00	0.00
			盈余公积	0.00	0.00
			未分配利润	45 620.78	200 072.55
			所有者权益合计	2 066 439.80	2 221 891.57
资产总计	6 165 833.35	6 271 435.12	负债及所有者权益总计	6 165 833.35	6 271 435.10

1. 短期偿债能力分析

短期负债是指企业在短期（一年内或一个营业周期内）需要偿还的负债，主要指流动负债。因此，短期偿债能力衡量的是对流动负债的清偿能力。企业的短期偿债能力取决于短期内企业变现的能力，即企业在短期内能够将流动资产转化为现金的能力。短期偿债能力比率也称为变现能力比率或流动性比率，主要考察流动资产对流动负债的清偿能力。企业短期偿债能力的衡量指标主要有流动比率、速动比率和现金比率。

（1）流动比率。

流动比率是企业流动资产与流动负债之比，其计算公式为：

流动比率 = 流动资产 ÷ 流动负债

流动比率表明每 1 元流动负债有多少流动资产作为保障。通常情况下，流动比率越大，短期偿债能力越强。一般认为，生产企业合适的流动比率为 2。这是因为流动资产中变现能力较弱的存货金额约占流动资产总额的一半，剩下的流动性较强的流动资产至少要等于流动负债，企业的短期偿债能力才会有保证。但随着企业的经营方式和金融环境的变化，流动比率有下降的趋势，现在有许多成功企业的流动比率低于 2。

根据表 4-2，A 公司 2023 年初与 2023 年末的流动资产分别为 3 293 775.24 元、3 254 166.91 元，流动负债分别为 2 985 965.03 元、3 058 706.35 元，则该公司的流动比率如下。

2023 年初流动比率 =3 293 775.24 ÷ 2 985 965.03 ≈ 1.1

2023 年末流动比率 =3 254 166.91 ÷ 3 058 706.35 ≈ 1.06

A 公司 2023 年初、2023 年末的流动比率比公认标准低，对企业流动负债的保障程度较低，可见 A 公司短期偿债能力较弱。

流动比率的缺点是其比较容易被人为操纵，并且没有揭示流动资产的构成内容，只能大致反映流动资产整体的变现能力。因此，我们需要对企业进行进一步分析，分析短期偿债能力的影响因素。

（2）速动比率。

速动比率是企业速动资产与流动负债之比，其计算公式为：

速动比率 = 速动资产 ÷ 流动负债

速动资产 = 货币资金 + 交易性金融资产 + 应收票据 + 应收账款 + 其他应收款

构成流动资产的各项目，流动性差别很大。其中，货币资金、交易性金融资产和各种应收款项，可以在较短时间内变现，称为速动资产；另外的流动资产，包括存货、预付款项、一年内到期的非流动资产和其他流动资产等，属于非速动资产。在计算公式中，速动资产主要剔除了存货，由于剔除了存货等变现能力较弱的流动资产，速动比率较流动比率能更准确、可靠地评价企业资产的流动性及偿还短期债务的能力。

速动比率表明每 1 元流动负债有多少速动资产作为偿债保障。一般情况下，速动比率越大，短期偿债能力越强。由于通常认为存货占了流动资产的一半左右，因此剔除存货后的速动比率至少是 1。速动比率过低，企业将面临偿债风险；但速动比率过高，企业会因占用现金及应收账款过多而增加机会成本。

根据表 4-2，A 公司 2023 年初速动资产为 2 020 838.26 元，2023 年末速动资产为

2 302 628.27 元。

A 公司的速动比率如下。

2023 年初速动比率 =2 020 838.26 ÷ 2 985 965.03 ≈ 0.68

2023 年末速动比率 =2 302 628.27 ÷ 3 058 706.35 ≈ 0.75

A 公司 2023 年初、2023 年末的速动比率比公认标准低，可见 A 公司短期偿债能力较弱。进一步分析可以发现，在 A 公司的速动资产中，应收账款比重较高，而应收账款不一定能按时收回，所以还必须计算分析第三个重要比率——现金比率。

（3）现金比率

现金资产包括货币资金和交易性金融资产等。现金资产与流动负债的比值称为现金比率。现金比率计算公式为：

现金比率 = 现金资产 ÷ 流动负债

现金资产 = 货币资金 + 交易性金融资产

现金比率剔除了应收账款对短期偿债能力的影响，能反映企业直接偿付流动负债的能力，表明每 1 元流动负债有多少现金资产作为偿债保障。由于流动负债是在一年内（或一个营业周期内）陆续到期清偿的，所以并不需要企业时时保留相当于流动负债金额的现金资产。经研究表明，0.2 的现金比率比较合适。若这一比率过高，就意味着企业将资源浪费在盈利能力较低的现金资产上，从而影响了企业的盈利能力。

根据表 4-2，A 公司的现金比率如下。

2023 年初现金比率 =(1 113 789.44+0) ÷ 2 985 965.03 ≈ 0.37

2023 年末现金比率 =(1 338 439.82+0) ÷ 3 058 706.35 ≈ 0.44

虽然 A 公司的后续流动比率与速动比率都较低，但现金比率偏高，说明该公司资源配置能力待加强，以免影响公司盈利能力。

2. 长期偿债能力分析

长期偿债能力是指企业在较长的期间偿还债务的能力。企业在长期内，不仅需要偿还流动负债，还需要偿还非流动负债，长期偿债能力衡量的是企业对所有负债的清偿能力。长期偿债能力分析财务指标主要包括资产负债率、产权比率、权益乘数。

（1）资产负债率。

资产负债率又称负债比率，是企业负债总额与资产总额之比，其计算公式为：

资产负债率 = 负债总额 ÷ 资产总额 ×100%

资产负债率反映资产总额中有多大比例的资产是通过负债取得的，可以衡量企业清算时资产对债权人权益的保障程度。当资产负债率高于 50% 时，表明企业资产的主要来源是负债，财务风险较大。当资产负债率低于 50% 时，表明企业资产的主要来源是所有者权益，财务风险较小。这一比率越低，表明企业资产对负债的保障能力越强，企业的长期偿债能力越强。

事实上，利益主体不同，看待该指标的立场也不同。从债权人的立场看，资产负债率越低越好，企业偿债有保证，贷款不会有太大风险。从股东的立场看，其关心的是举债的效益，在全部资本利润率高于借款利息率时，资产负债率越高越好，这是因为资产负债率越高，股东所得到的利润越大。从经营者的角度看，其进行负债决策时，更关注如何实现风险和收益的平衡。资产负债率较低，表明财务风险较小，但同时也意味着可能没有充分发挥财务杠杆的作用，盈利能力也较弱；而较高的资产负债率则表明企业有较大的财务风险和较强的盈利能力。只有当因举债而增加的收益能够涵盖其增加的风险时，经营者才能考虑举债。而在风险和收益实现平衡的条件下，是选择较高的负债水平还是较低的负债水平，则取决于经营者的风险偏好等多种因素。

根据表 4-2，A 公司的资产负债率如下。

2023 年初资产负债率 =4 049 543.53 ÷ 6 271 435.12 ≈ 64.57%

2023 年末资产负债率 =4 099 393.55 ÷ 6 165 833.35 ≈ 66.49%

可见 A 公司财务风险较大，长期偿债能力较弱。

（2）产权比率。

产权比率又称资本负债率，是负债总额与所有者权益之比，它是企业财务结构稳健与否的重要标志，其计算公式为：

产权比率 = 负债总额 ÷ 所有者权益

产权比率不仅反映了由债权人提供的资本与由所有者提供的资本的相对关系，即企业财务结构是否稳定；而且反映了债权人资本受所有者权益保障的程度，或者企业清算时对债权人利益的保障程度。一般来说，产权比率越低，表明企业长期偿债能力越强，债权人权益保障程度越高。企业需要结合自身的具体情况加以分析，当企业的资产收益率大于负债利息率时，负债经营有利于提高资金收益率，获得额外的利润，这时的产权比率可适当高些。产权比率高，往往表明企业有高风险、高报酬的财务结构；产权比率低，往往表明企业有低风险、低收益的财务结构。

根据表 4-2，A 公司的产权比率如下。

2023 年初产权比率 =4 049 543.53 ÷ 2 221 891.57 ≈ 1.82

2023 年末产权比率 =4 099 393.55 ÷ 2 066 439.8 ≈ 1.98

可见 A 公司 2023 年末的产权比率较 2023 年初有所提高，表明年末该公司举债经营程度提高，财务风险有所加大。

产权比率与资产负债率对评价长期偿债能力的作用基本一致，只是资产负债率侧重于分析债务偿付安全性的物质保障程度，产权比率则侧重于揭示财务结构的稳健程度以及自有资金对偿债风险的承受能力。

（3）权益乘数。

权益乘数是资产总额与所有者权益的比值，其计算公式为：

权益乘数 = 资产总额 ÷ 所有者权益

权益乘数表明股东每投入 1 元可实际拥有和控制企业资产的金额。在企业存在负债的情况下，权益乘数大于 1。企业负债比例越大，权益乘数越大。产权比率和权益乘数是资产负债率的另外两种表现形式，是常用的反映财务杠杆水平的指标。

根据表 4-2，A 公司的权益乘数如下。

2023 年初权益乘数 =6 271 435.12 ÷ 2 221 891.57 ≈ 2.82

2023 年末权益乘数 =6 165 833.35 ÷ 2 066 439.8 ≈ 2.98

可见A公司2023年末的权益乘数较2023年初有所上升，说明公司的财务风险可能增加。

三、现金流量表

（一）现金流量表的概念

现金流量表是反映企业在一定会计期间现金和现金等价物流入和流出的报表。它是以资产负债表和利润表等会计核算资料为依据，按照收付实现制要求对现金流量进行结构性表述，揭示企业在一定会计期间获取现金和现金等价物的能力的报表。

现金流量是指现金和现金等价物的流入和流出。

（二）现金流量表的结构

现金流量表的基本结构根据“现金流入量－现金流出量＝现金净流量”公式设计。现金流量包括现金流入量、现金流出量、现金净流量。根据企业业务活动的性质和现金流量的功能，现金流量可以分为三类并在现金流量表中列示，即经营活动产生的现金流量、投资活动产生的现金流量和筹资活动产生的现金流量，每一类分为流入量、流出量和净流量三部分。企业产生的三类现金流量如表4-3所示。

表4-3　企业产生的三类现金流量

项目	内容
经营活动产生的现金流量	企业投资活动和筹资活动以外的所有交易与事项产生的现金流量。经营活动主要包括销售商品或提供劳务、购买商品、接受劳务、支付工资和缴纳税款等流入和流出现金及现金等价物的活动或事项
投资活动产生的现金流量	与非流动资产的取得或处置有关的活动产生的现金流量。投资活动主要包括购建固定资产、处置子公司及其他营业单位等流入和流出现金及现金等价物的活动或事项
筹资活动产生的现金流量	导致企业资本及债务规模和构成发生变动的活动产生的现金流量。筹资活动主要包括吸收投资、发行股票、分配利润、发行债券、偿还债务等流入和流出现金及现金等价物的活动或事项

（三）现金流量表的作用

现金流量表相较于资产负债表和利润表具有不同的重要作用，主要表现在以下几个方面。

（1）现金流量表提供了企业一定会计期间现金和现金等价物流入和流出的信息，可以弥补基于权责发生制编制的资产负债表和利润表的某些固有缺陷，在资产负债表与利润表之间架起一条连接的纽带和桥梁，揭示企业财务状况与经营成果之间的内在关系，便于财务报表使用者了解企业净利润的质量。

（2）现金流量表分别提供了经营活动、投资活动和筹资活动产生的现金流量，每类又分为若干具体项目，分别从不同角度反映企业业务活动的现金流入、流出及影响现金净流量的因素，弥补了资产负债表和利润表分类列报内容的某些不足，从而帮助财务报表使用者了解和评价企业获取现金及现金等价物的能力，包括企业支付能力、偿债能力和周转能力，进而预测企业未来的现金流量情况，为其决策提供有力依据。

（3）现金流量表以收付实现制为基础，对现金的确认和计量在不同企业间基本一致，提高了不同企业会计信息的可比性，有利于财务报表使用者提高决策的质量和效率。

（4）现金流量表以收付实现制为基础编制，降低了企业盈余管理程度，提高了会计信息质量，能更好发挥会计监督职能，改善企业治理状况，有利于实现会计决策有效性和维护经济资源配置秩序、提高经济效益的目标。

（四）现金流量表主要项目分析

以收付实现制编制的现金流量表，能反映企业现金流的真实情况。

（1）通过经营活动产生的现金流量净额判断企业的"造血"功能。

经营活动产生的现金流量净额是评估企业现金收入和支出情况的重要指标，它反映了企业日常经营活动（如销售商品、提供劳务、收回应收账款等）产生的现金流入和流出。如果经营活动产生的现金流量净额为正，意味着企业在经营活动中创造了现金，显示出良好的"造血"功能，即企业能够自我维持和发展。相反，如果经营活动产生的现金流量净额为负，则可能表明企业面临现金短缺，需要通过借款或出售资产等方式筹集资金。

A 电商公司经营活动产生的现金流量净额如表 4-4 所示。

表 4-4　A 电商公司经营活动产生的现金流量净额

金额单位：元

项目	2023年	2022年	2021年
经营活动产生的现金流量净额	382 890.66	210 474.48	154 903.44
经营活动产生的现金流量增长率	81.92%	35.87%	34.04%

A 电商公司经营活动产生的现金流量净额这三年整体在增长，2023 年出现 81.92% 的增长率，说明公司持续发展的内部动力强劲。

（2）通过"购建固定资产、无形资产和其他长期资产支付的现金"判断企业未来的成长能力。

"购建固定资产、无形资产和其他长期资产支付的现金"通常反映企业在进行投资活动。如果企业的投资活动投入较多，说明企业在进行资本支出，这可能表明企业对未来成长的积极预期和投资。"购建固定资产、无形资产和其他长期资产支付的现金"与"经营活动产生的现金流量净额"的比率一般为 10% ～ 60%。

然而，这也要结合企业的财务状况和行业特点进行综合评估，过度的投资可能会导致现金流紧张，影响企业的财务健康。

A 电商公司"购建固定资产、无形资产和其他长期资产支付的现金"如表 4-5 所示。

表 4-5　A 电商公司"购建固定资产、无形资产和其他长期资产支付的现金"

金额单位：元

项目	2023年	2022年	2021年
经营活动产生的现金流量净额	382 890.66	210 474.48	154 903.44
购建固定资产、无形资产和其他长期资产支付的现金	48 642.06	78 328.37	55 626.10

续表

项目	2023年	2022年	2021年
购建固定资产、无形资产和其他长期资产支付的现金与经营活动产生的现金流量净额的比率	12.70%	37.22%	35.91%

A 电商公司 2022 年、2021 年的“购建固定资产、无形资产和其他长期资产支付的现金”金额较大，表明公司正在扩张中，未来公司的营业收入和净利润有可能提高。

（3）通过三大活动现金流量净额的组合类型判断企业是否优秀。

优秀的企业一般是“正负负”和“正正负”类型。

“正负负”类型。这种类型表示企业在经营活动中产生了正的现金流量，说明企业的主营业务能够创造现金；在投资活动中产生了负的现金流量，表明企业在购买固定资产、无形资产或进行其他长期投资；在筹资活动中也产生了负的现金流量，意味着企业正在偿还债务或回购股份。这种组合通常被认为是健康的，因为它表明企业能够正常维持，同时在进行必要的资本支出和偿还债务。

“正正负”类型。这种类型表示企业在经营活动中产生了正的现金流量，在投资活动中也产生了正的现金流量，这可能是因为企业处置了资产或收到投资回报；在筹资活动中产生了负的现金流量，表明企业在偿还债务或进行股权回购。这种组合也是积极的，因为它表明企业不仅能从主营业务中获利，而且投资效率高，能够从投资活动中获得现金流入。

A 电商公司合并现金流量表三大活动现金流量净额的组合类型如表 4-6 所示。

表 4-6　A 电商公司合并现金流量表三大活动现金流量净额的组合类型

金额单位：元

项目	2023年	2022年	2021年
经营活动产生的现金流量净额	382 890.66	210 474.48	154 903.44
投资活动产生的现金流量净额	108 649.37	1 396 626.16	−85 880.64
筹资活动产生的现金流量净额	−297 844.34	−934 067.60	−161 982.28
组合类型	正正负	正正负	正负负

A 电商公司连续三年保持“正负负”或“正正负”类型，表明其属于优秀企业。A 电商公司经营活动产生的现金流量净额连续三年为正，说明公司主营业务能获取收益；2021 年其投资活动产生的现金流量净额为负，说明公司在继续投资，处于扩张之中；筹资活动产生的现金流量净额连续三年为负，说明公司在偿还债务或者分红。公司靠着主营业务获取的收益支持扩张的同时在偿还债务或分红，说明公司的经营具有持续性。

与“正负负”类型不同的是，在“正负正”类型中，筹资活动现金流量净额为正，这通常意味着公司正在通过借款、发行股票或债券等方式筹集资金。这些资金可能用于支持公司的扩张计划、偿还旧债、补充运营资金或进行其他战略投资。筹资活动现金流量净额为正，还表明公司在资本市场上具有较强的融资能力，能够吸引投资者和债权人的关注与支持。

课堂互动

思考与讨论：相对传统企业，电商企业的利润表构成有何不同？

行家点拨

财务报表的意义是能够全面反映企业的财务状况、经营成果和现金流量情况。企业可以通过财务报表分析，正确评价自身的财务状况、经营成果和现金流量情况，揭示企业未来的报酬和风险；检查企业预算完成情况，考核经营管理人员的业绩，为建立健全合理的激励机制提供帮助。

实践任务

任务背景

大多数国家和地区的证券交易所（如中国的上海证券交易所、深圳证券交易所，美国的纳斯达克证券交易所、纽约证券交易所等）都会提供上市公司的财务报告，包括年度报告、季度报告等。我们可以通过这些证券交易所的官方网站直接下载所需上市公司的财务报告，或者通过财经数据平台下载。许多上市公司会在官方网站上发布财务报告，包括年度报告、季度报告等。我们也可以直接在上市公司官方网站的“投资者关系”或“财务报告”板块下载相关文件。

任务要求

（1）根据自己的兴趣或专业需求，选择一家或多家上市公司作为研究对象。

（2）根据上述途径，下载目标公司最近一年或几年的财务报告。

任务内容

阅读目标公司的资产负债表，分析其资产结构、负债结构，计算流动比率、速动比率等，评估目标公司的偿债能力和财务稳定性。

任务二　运营能力分析

任务引例

电商运营成功案例——WL 电商

WL 电商是一家成立于 2020 年的电商企业，专注于健康食品与智能家居产品的在线销售。凭借对健康生活趋势的敏锐洞察，WL 电商迅速在市场中站稳脚跟，并展现出强劲的增长潜力。WL 电商自成立以来，始终致力于提供高品质的健康食品与智能家居产品，满足客户对美好生活的追求。其目标客户群体主要锁定在注重生活品质、追求健康与智能生活的中产客户。通过多元化的销售渠道，如官方网站、第三方电商平台旗舰店、社交媒体直播“带货”以及线下体验店，WL 电商成功触达广泛的消费群体。

在业务表现方面，WL 电商展现出强劲的增长势头。近年来，其销售额持续攀升，客户数量也迅速增长。特别是 2023 年，WL 电商的销售额实现了 50% 的同比增长，注册客户数更是增长了 60%，达到了 100 万人。这些数据的背后，是 WL 电商在供应链管理、产品创新、市场营销等方面的不断努力和优化。

WL 电商的运营能力体现在多个方面。首先，其产品线布局合理，健康食品和智能家居产品均取得了显著的销售业绩。特别是智能音箱等智能家居产品，更是成为市场热门产品，带动了整体销量的增长。其次，WL 电商在渠道拓展上也取得了显著成效。通过加强与第三方电商平台的合作，以及积极尝试社交媒体直播“带货”等新兴渠道，WL 电商成功拓宽了销售路径，提升了品牌影响力。

随着市场竞争的日益激烈和客户需求的不断变化，WL 电商也面临诸多挑战。如何保持并进一步提高复购率，如何优化供应链管理以降低成本、提高效率，如何在新兴渠道中保持竞争力等，都需要 WL 电商进行深入的思考和探索。

思考：

（1）WL 电商如何保持并进一步提高复购率？

（2）面对日益激烈的市场竞争，WL 电商如何保持竞争优势？

学思践悟

企业要实现长期发展，必须坚持不断创新，紧密关注市场趋势，灵活调整经营策略。同时，企业要注重提升产品研发能力和产品品质，以满足消费者需求，树立良好的品牌形象。此外，企业还应承担社会责任，积极回馈社会，以提升企业形象和影响力。在现代经济环境中，数据驱动的决策至关重要，企业需要充分利用数据分析，优化资源配置，提高经营效率。

知识储备

一、库存管理

在我国，有一些电商企业前期专注于营销，忽视了对仓库的管理，如仓库规划不合理等，导致仓储部门出现了工作效率低、库存管理混乱、运作成本高等诸多问题。

（一）仓库规划不合理

与传统仓库以存储为主的设计理念不同，电商仓库更强调拣选效率。在电商仓库中，拣选效率直接影响整体运营效率，因此拣货路线的优化至关重要。然而，许多小型电商企业仓库的拣货过程缺乏系统规划，拣货员往往需要在仓库中来回奔波，进行随机的拣选，这不仅浪费了大量时间和人力资源，也加重了员工的工作负担。例如，拣货员可能需要从货架 A01 跑到 B07，再从 B06 回到 A04，这样的拣货路线无疑是不合理的。

为了解决这些问题，小型电商企业需要重新审视其仓库规划和管理策略，并采取有效措施进行改进。例如，对于 1 000 平方米以上的仓库，可以在货架区中心开辟一条宽 3 米的主通道，将货架划分为 A、B 两个区域。拣货员在主通道中采取 U 形拣货路线，每批次规定拣货量为 80 单，确保从 A01 到 B40 的拣货过程不重复。此外，在通道两侧各设置一条宽 1.5 米的辅通道，专门用于补货，如图 4-1 所示。重新规划仓库后，拣货和补货的路线不会相互干扰，拣货效率得到提高。随着工作人员逐渐适应新的布局，预计效率还会进一步提高。

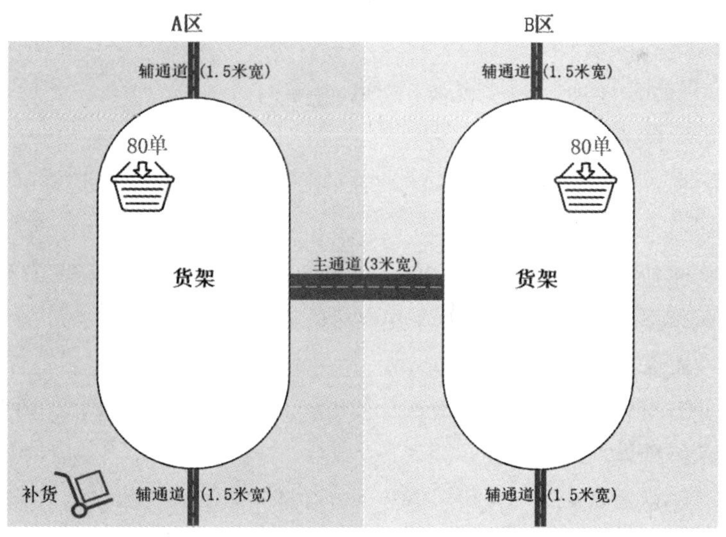

图 4-1　1 000 平方米以上的仓库规划示意图

针对 1 000 平方米以下的中小型电商仓库，建议采用 S 形拣货路线，这种设计能够显著优化拣货流程，有效节省时间。将货架按照拣货频率和商品类别进行合理排列，形成 S 形拣货路线，可以避免拣货员在仓库内反复穿梭，减少不必要的移动距离。此外，在进行补货操作时，可以选择与拣货路线相匹配的特定货位，并严格按照拣货路线进行商品补充，确保补货流程与拣货流程无缝衔接，进一步提高整体作业效率。

（二）订单打印效率低

订单打印的效率和准确性是影响拣货效率的关键因素。如果订单打印无法与拣货流程同步进行，就会导致拣货员等待，这不仅会造成时间和人力资源的浪费，还会增加财务成本。因此，确保订单打印与拣货流程的高效衔接至关重要。

为了提高订单打印的效率并确保其与拣货流程紧密对接，可以实施以下策略。

（1）优化打印组与拣货组的协调。打印组的管理人员应当与拣货组紧密合作，深入了解拣货员的拣选速度和效率。定时检查取单箱中的单据情况，确保在工作高峰期内始终有足够的订单可供拣选，从而减少拣货员的等待时间，提高整体作业效率。

（2）制定明确的订单打印波次规定。根据企业的订单量和处理能力，制定合理的波次打印订单量。这样做有助于维持拣货速度与打印速度的平衡，避免出现因订单打印过多或过少而导致流程中断等问题。

（3）按照拣货路线对订单进行分类。订单的分类应当遵循拣货路线的货架顺序，确保拣货员在执行拣选任务时能够按照最短和最合理的路线拣货。这种按拣货逻辑排序的方法可以减少拣货过程中的冗余移动，从而提高拣货效率。

（三）库存、货位库存不准确

库存和货位库存的准确性对确保良好的客户体验与仓库运作效率至关重要。库存数据的不准确可能会导致商品缺货，这不仅会直接影响客户满意度，还可能损害企业的信誉和品牌形象。同样，货位库存的不准确会严重影响拣货员的作业效率，因为他们可能需要在仓库内花费额外的时间来寻找实际存放位置与记录不符的商品，这种状况会打乱预设的拣货路线，降低整体的拣货效率和准确率。

为了解决这一问题，企业可以采取以下措施。

1．制定严格的盘点制度

实施定期和不定期的库存盘点，确保记录的库存与实际库存相符，这样可以及时发现和纠正库存差异。

利用先进的条形码扫描或射频识别（Radio Frequency Identification，RFID）技术进行盘点，减少人为错误。这些技术可以提供更快速、更准确的库存数据收集方式。

2．优化拣货流程

对拣货人员进行培训，确保他们在取货和放货时能够准确无误地操作，遵循物归其位的原则，以保持库存的准确性。

制定与遵循严格的取货和放货流程，避免货物损坏和混淆，具体措施包括优化拣货路径和建立标准化作业流程。

3．优化货位管理

定期对货位进行整理，确保商品存放有序，易于识别和取放。这有助于减少拣货时间并提高效率。

使用仓库管理系统（Warehouse Management System，WMS）优化货位分配，缩短拣货员寻找商品的时间。WMS 可以根据商品的销量和特性自动推荐最佳货位。

例如，京东开发了一套智能货位管理系统，该系统利用大数据和人工智能技术优化货位分配。此系统会根据商品的销量、季节性需求和历史数据，自动推荐最佳货位，从而提高拣货效率和减少库存错误。

4．雇佣专门的货位整理人员

雇佣专门的货位整理人员，负责对商品进行整理、集中、归位、拆零、清洁和补货，有助于维持库存的准确性和仓库的整洁。

每个货架区域配备专门的负责人，负责监控货位状态并及时调整。这样可以确保货位问题能被迅速识别并解决。

（四）库存控制不到位

库存控制是企业供应链管理的关键环节，对确保资金流动性、降低库存成本和提高库存周转率至关重要。库存分析是实现有效库存控制的基础，有助于企业了解库存的动态，从而做出更加合理的库存决策。

在一些小型电商企业和传统企业中，库存管理常常被忽视，导致呆滞品积压，库存周转率和动销率较低。实际上，库存周转率和动销率是衡量供应链健康状况的重要指标。一般来说，如果商品能够在 30 天内周转一次，且动销率保持在 85% ～ 90%，这意味着供应链的运作是相对健康的，这样的库存周转速度和动销率可以有效降低商品存放成本，减少商品对仓储空间的需求。

职场点津

存货周转率（次数）是指一定时期内企业营业成本与存货平均余额的比率，是衡量和评价企业购入存货、投入生产、销售收回等各环节管理效率的综合性指标，其计算公式为：

存货周转率（次数）= 营业成本 ÷ 存货平均余额

存货平均余额 =（期初存货 + 期末存货）÷ 2

式中，营业成本为利润表中“营业成本”的数值。

存货周转天数是指存货周转一次（即从存货取得到存货销售）所需要的时间，其计算公式为：

存货周转天数 = 计算期天数 ÷ 存货周转次数

一般计算期天数为 360 天。

二、成本控制

在激烈的市场竞争中，成本控制是电商企业提高效益、增强市场竞争力的重要手段。以下从采购、推广、发货三个环节讲解成本控制的要点。

（一）通过提高存货周转率控制采购成本

（1）精细化管理：对存货进行精细化管理，了解每个品种的存货周转情况，对周转时间较长的存货进行重点关注，分析原因并采取措施。

（2）预测需求：通过历史销售数据、市场趋势、季节性因素等对存货需求进行准确预测，避免出现采购过多或过少的情况。

（3）优化供应链：与供应商建立良好的合作关系，缩短采购周期，提高采购效率；同时，采用集中采购、批量采购等方式降低采购成本。

（4）减少浪费：加强存货管理，防止存货过期、损坏等浪费现象，提高存货利用率。

（5）动态调整：根据市场变化和销售情况，动态调整存货水平，确保存货得到及时补充和优化。

例如，京东通过优化其供应链管理和成本管理，实现了高效的库存周转。此外，京东还通过数字化实践，显著提高了库存周转率。京东搭建的覆盖全国的仓配物流体系，在 92% 的区县、83% 的乡镇实现 24 小时达，这不仅提高了客户满意度，还降低了物流成本。京东的库存周转率达到 31 天，这是一个世界级的水平，意味着其自营商品从入库到清空仅需 31 天。

（二）在推广时规划并控制投流成本

（1）精准定位：明确目标用户群体，根据用户需求和喜好进行精准推广，提高转化率。

（2）优化广告投放：通过数据分析，了解不同广告渠道、广告内容的投放效果，优化广告投放策略，降低推广成本。

（3）营销活动策划：策划有吸引力的营销活动，提高用户参与度和转化率，降低推广成本。

（4）社交媒体营销：利用社交媒体平台进行推广，借助用户口碑和分享效应，降低推广成本，提高转化率。

（5）合作伙伴营销：与其他企业或平台合作，进行联合推广，共享推广资源，降低推广成本。

（三）在发货时降低物流成本

（1）物流模式创新：与第三方物流（Third-Party Logistics，3PL）合作，或自建物流体系，优化物流成本结构；引入物流自动化和智能化技术，提高物流效率，降低物流成本。

（2）物流信息化管理：建立物流信息化管理系统，实现对货物流转的实时监控和调度；利用物联网、大数据等技术，优化物流路线和仓储布局。

（3）包装优化：优化包装设计，减少包装材料的使用，降低包装成本；实施绿色包装，提升包装的环保性能，降低环境成本。

（4）共享物流资源：与其他电商或物流企业合作，共享物流资源，降低物流运营成本；探索多式联运等物流协同模式，提高物流效率，降低物流成本。

这些措施将有助于提高电商企业的整体运营效率和盈利能力，增强市场竞争力。在实施这些策略时，电商企业还应注重合规性和社会责任，确保在降低成本的同时，为用户提供高质量的服务和产品。

三、现金流管理

直播电商的崛起改变了传统的购物模式，为企业和消费者提供了全新的互动平台。然而，与此同时，许多直播电商企业开始面临严重的现金流问题。

1．销售额不稳定

由于直播销售的特性，销售额往往受主播人气、产品质量、促销活动等多种因素的影响，呈现出极大的不稳定性。这就导致了许多直播电商企业在经营过程中出现现金流短缺的问题。

2. 账期较长

与传统电商企业相比，直播电商企业的结算周期通常较长。这意味着直播电商企业需要预先投入大量的资金采购商品，而资金的回笼则需要一定的时间，从而影响直播电商企业的现金流。

3. 营销成本增加

为了吸引消费者并提高销售额，直播电商企业经常需要投入大量资金开展营销活动，如购买广告位、举办促销活动等。这些费用的增加无疑加重了直播电商企业的财务压力。

面对现金流问题，直播电商企业可以积极寻求直播垫资业务的帮助。以下是一些具体的建议。

（1）为了确保直播内容的质量和稳定性，同时提高销售额，直播电商企业应培养自己的主播团队，打造多元化销售渠道。除了直播电商外，直播电商企业还可以通过线下门店和其他电商平台进行销售。此外，直播电商企业应进行市场调研，深入了解消费者需求并预测市场趋势，以便制定更有效的库存和销售策略。

（2）为了应对直播电商中的现金流问题，直播电商企业应该与供应商建立稳固的合作关系，争取更短的账期或更高的信用额度，从而减轻资金压力。同时，加强库存管理、优化商品的周转速度，可以减少资金的占用，提高资金的利用效率。在必要时，直播电商企业还可以考虑通过融资、贷款等途径补充现金流，确保业务能够正常运营和发展。

（3）为了提高营销效率并减少无效的广告投入，直播电商企业可以采用精准营销策略。这包括利用数据分析工具精确地定位目标消费者，从而确保营销活动能够更加有效地触达潜在消费者。同时，直播电商企业还应该优化营销活动，策划有创意的营销方案，以提高消费者的参与度和转化率。这样不仅能提高销售业绩，还能通过规模效应降低平均客单成本，从而增强企业的市场竞争力和盈利能力。

课堂互动

思考与讨论：针对直播电商的现金流问题，你认为精准营销和营销活动优化能带来哪些长远效益？如何实现这些效益？

行家点拨

电商运营的工作内容包括产品策划和管理、广告投放和推广、订单管理和配送、售后服务、数据分析等。

（1）产品策划和管理：通过市场调研和消费者需求分析，确定售卖的产品，并对产品进行供应链管理和库存管理，保证产品能够及时上架和充足供应。

（2）广告投放和推广：通过各种渠道，如搜索引擎、社交媒体、电子邮件等，将品牌或产品推向目标消费者。

（3）订单管理和配送：确保能够快速、准确地处理订单，并保证消费者收到正确的产品，增强消费者购物体验。

（4）售后服务：对消费者的退货、换货、投诉、评价等问题进行及时、有效的回应与处理，提高消费者满意度和忠诚度。

（5）数据分析：对各种数据进行分析，如用户流量、销售数据、会员行为等，以优化运营策略，提高销售收益。

实践任务

任务背景

电商企业的库存管理对运营效率和成本控制至关重要。有效的库存管理可以确保产品能及时满足消费者需求，同时避免过度库存和库存积压带来的成本问题。为了提升电商企业的库存运营能力，需要对其库存管理进行深入分析和评估。

任务要求

选择一家电商企业作为研究对象，对该企业的库存管理进行实践分析。

任务内容

（1）收集该电商企业的库存管理相关数据，包括库存周转率、库存积压率、产品销售额等。

（2）分析所收集的数据，评估该电商企业的库存管理水平，如库存是否合理、是否存在库存积压问题等。

AI+智慧财税

AI在财务报表分析中的应用

AI在财务报表分析中的应用日益广泛，AI系统通过深度学习、自然语言处理、大数据分析等先进技术，极大地提高了财务分析的效率和准确性。

一、AI在财务报表分析中的具体应用

AI系统能够自动处理财务数据，同时检测数据的异常点，并对采集的数据做出具体分析。

1．自动化数据处理与分类

AI系统能够自动从海量财务数据中提取关键信息，如收入、成本、利润等，并进行准确的分类与整理，这极大地减轻了人工录入与审核的负担，提高了数据处理的速度和准确性。

2．智能异常检测

AI系统能够学习历史财务数据模式，自动识别并标记异常值或潜在风险点，这有助于管理者及时发现并应对财务问题，防止风险扩大。

3．财务比率与趋势分析

AI 系统可以自动计算各类财务比率，如流动比率、速动比率、利润率等，并进行趋势分析，能够进行全面的财务健康状况评估，为管理者提供决策支持。

4．财务报表智能解读与摘要

AI 系统能够自动解读财务报表中的复杂信息，并生成简洁明了的摘要或报告，这样有助于非财务专业人士快速了解企业的财务状况和经营成果。

5．风险管理与合规检查

AI 系统通过大数据分析和模式识别技术，对财务风险进行实时监控和预警，并检查财务报表的合规性，有助于减少企业财务风险，提高财务报告的准确性和合规性。

二、具体的 AI 平台及其运用

市场上存在多个具体的 AI 平台，如微软 Copilot、高灯财务 AI 助手等，它们在财务报表分析中的应用各有特色。

1．微软Copilot

微软 Copilot 采用自然语言处理技术，可以与使用者实现自然对话，提供实时解答和建议；能够帮助使用者完成财务报告生成、数据分析等关键任务，提供个性化的报告模板和建议。

2．高灯财务AI助手

高灯财务 AI 助手采用生成式 AI 技术，自动生成财务报告，结合专家知识和数据驱动技术，提高报告的准确性。

三、使用 AI 的注意事项

1．数据质量与准确性

确保输入 AI 系统的财务数据准确无误，避免因数据错误导致分析结果失真。

2．算法选择与优化

根据具体需求选择合适的 AI 算法，并不断优化算法模型，提高分析结果的准确性和可靠性。

3．专业知识与技能

财务人员需掌握一定的 AI 知识和技能，以便更好地理解和运用 AI 技术进行财务分析。

4．人机协作

AI 技术虽然强大，但仍需与人类智慧相结合。在财务分析过程中，应充分发挥人机协作的优势，提高整体分析效率和质量。

5．合规性与安全性

在使用 AI 技术进行财务分析时，须严格遵守相关法律法规和行业规范，确保财务数据的合规性和安全性。

6．持续学习与更新

AI 技术发展迅速，财务人员需保持对新技术的学习和关注，及时更新和升级 AI 系统，以适应不断变化的财务分析需求。

AI 在财务报表分析中的应用具有显著的优势和广阔的前景。通过选择合适的 AI 平台和掌握正确的使用方法，财务人员可以充分发挥 AI 技术的潜力，为企业的财务管理和决策提供有力支持。需要注意的是，财务人员不能完全依赖 AI 技术，要发挥人机协作优势，保证分析质量。

项目通关测试

一、单选题

1. 利润表主要反映企业在一定会计期间的经营成果，其结构基于的公式是（　　）。

A. 资产 = 负债 + 所有者权益

B. 收入 − 费用 = 利润

C. 现金流入量 − 现金流出量 = 现金净流量

D. 资产 = 负债 + 所有者权益 + 利润

2.（　　）可以反映每 1 元营业收入最终赚取了多少利润。

A. 营业毛利率　　B. 营业净利率

C. 总资产净利率　　D. 净资产收益率

3. 资产负债表是反映企业在某一特定日期的财务状况的报表，其结构基于的公式是（　　）。

A. 资产 = 负债 + 所有者权益　　B. 收入 − 费用 = 利润

C. 现金流入量 − 现金流出量 = 现金净流量　　D. 资产 = 负债 + 所有者权益 + 利润

4.（　　）可以衡量企业短期偿债能力。

A. 资产负债率　　B. 产权比率

C. 流动比率　　D. 权益乘数

5. 现金流量表是反映企业在一定会计期间现金和现金等价物流入和流出的报表，其主要反映（　　）产生的现金流量。

A. 经营活动、投资活动、筹资活动

B. 收入活动、支出活动、费用活动

C. 采购活动、销售活动、生产活动

D. 研发活动、生产活动、销售活动

二、多选题

1. 反映企业盈利能力的指标有（　　）。

A. 营业毛利率　　B. 营业净利率

C. 总资产净利率　　D. 净资产收益率

E. 流动比率

2. 衡量企业长期偿债能力的指标有（　　）。

A. 资产负债率　　B. 产权比率

C. 权益乘数　　D. 利息保障倍数

E. 流动比率

3. 现金流量表的作用有（　　）。

A. 弥补资产负债表和利润表的不足

B. 帮助财务报表使用者了解企业获取现金及现金等价物的能力

C. 提高企业之间会计信息的可比性

D. 降低企业盈余管理程度

E. 反映企业日常经营活动的收入和支出

4. 电商企业提高运营效率可以从（　　）方面入手。

A. 库存管理　　B. 成本控制

C. 现金流管理　　D. 产品策划

E. 广告投放

5. 直播电商企业应对现金流问题可以采取的措施有（　　）。

A. 培养自己的主播团队　　B. 打造多元化销售渠道

C. 与供应商建立稳固的合作关系　　D. 加强库存管理

E. 优化营销活动

三、判断题

1. 利润表是反映企业在一定会计期间的经营成果的报表，通常采用单步式结构。（　　）

2. 营业毛利率越高，表明产品的盈利能力越强。（　　）

3. 资产负债表是反映企业在某一特定日期的财务状况的报表，其结构基于“资产 = 负债 + 所有者权益”的平衡公式。（　　）

4. 流动比率是衡量企业短期偿债能力的指标，通常认为生产企业合适的流动比率为 1。（　　）

5. 现金流量表以权责发生制为基础编制，可以准确地反映企业的现金流量情况。（　　）

6. 电商企业可以通过集中采购、批量采购等方式降低采购成本。（　　）

7. 电商运营的工作内容包括对电商平台进行市场营销策划、产品规划、供应链管理、订单配送、售后服务等全方位管理。（　　）

8. 库存管理是指企业对原材料、在产品、半成品、产成品等物资进行采购、储存、保管、使用等的管理。（　　）

9. 成本控制是指企业通过一系列措施，降低生产经营过程中各种资源的消耗，从而提高经济效益的过程。（　　）

10. 现金流管理是指企业对现金流入、流出、结余等环节进行管理，确保企业有足够的现金用于日常运营和发展。（　　）

四、案例分析

某电商公司为控制杠杆水平、降低财务风险，决定争取在 2023 年末将资产负债率控制在 65% 以内。公司 2023 年末的资产总额为 4 000 万元，其中流动资产为 1 800 万元；公司 2023 年末的负债总额为 3 000 万元，其中流动负债为 1 200 万元。

（1）计算 2023 年末的产权比率和权益乘数。

（2）计算 2023 年末资产负债率，并据此判断该公司是否实现了控制杠杆水平的目标。

知识复盘

请复习本项目所讲知识，填充空白处知识点内容，并对各知识点进行标记，用△表示了解，用○表示熟悉，用☆表示掌握。

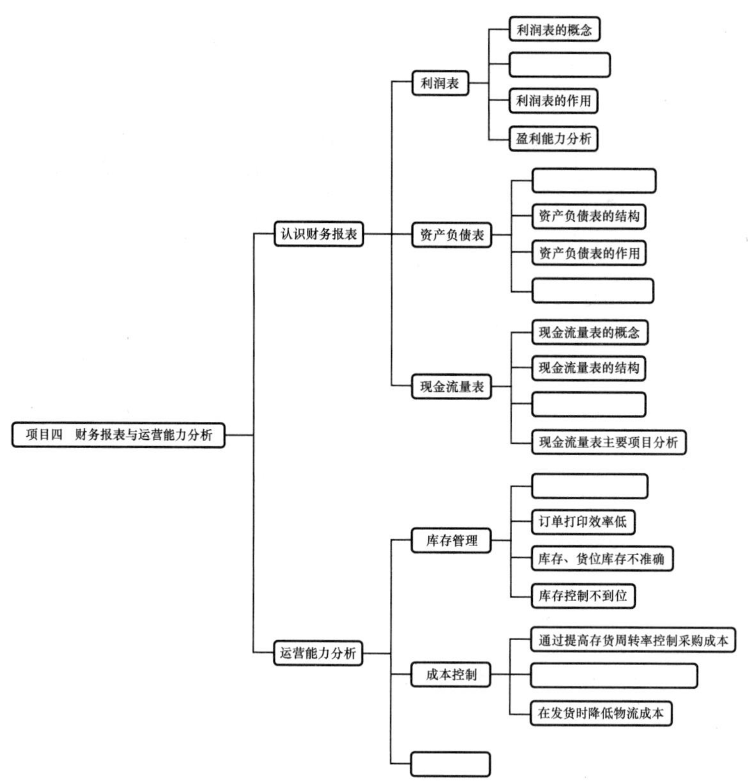

学习评价

根据考核内容，完成自我小结并进行自我评价和小组互评，最后按自我评价分 ×40%+ 小组互评分 ×60% 计算综合得分。

评价表

评价维度	考核内容	分值	自我评价	小组互评
知识学习评价	理解财务报表的基本概念和编制方法	10分		
	掌握财务报表分析的基本方法和指标	10分		
	了解电商企业运营管理的关键环节	10分		
职业素养评价	能够熟练运用各种财务报表分析方法，准确解读财务数据背后的业务含义，为决策提供有力支持	10分		
	对电商企业的运营模式有基本了解，能够识别并分析电商运营中的关键财务指标，如转化率、复购率、库存周转率等，以及它们对财务报表的影响	10分		
	能保持对最新财务准则、电商行业趋势及财务分析工具的关注与学习，不断提升自己的专业技能	10分		
品行素养评价	在处理和分析财务数据时，坚持原则，确保数据的真实性和准确性，不伪造或篡改数据	5分		
	对自己的工作结果负责，对分析中发现的问题或风险，能够及时、准确地向上汇报，并提出改进建议	5分		
	在财务报表分析过程中，注重细节，避免遗漏或错误，确保分析报告的精确性和完整性	10分		
	不断探索新的财务分析方法或工具，以提高分析效率和准确性，为电商企业的财务管理带来创新思路	10分		
	在活动过程中，积极参与活动实践，态度端正，无无故缺勤、迟到、早退现象	10分		
合计		100分		

综合评价表

综合评价	自我评价（40%）	小组互评（60%）	综合得分

项目五　电商企业运营数据分析

学习目标

✧知识目标

（1）认识电商业务模式，理解各类电商业务模式的具体表现形式。

（2）了解电商销售数据的类型，掌握电商运营的整体销售分析方法。

（3）了解电商企业运营成本分析的财务指标，掌握成本管理策略。

（4）掌握盈亏平衡点的计算公式，熟悉商品定价策略的类型。

（5）了解售后数据分析的维度，掌握售后风险管理的策略。

✧ 技能目标

（1）能够根据企业的运营特点区分电商业务模式。

（2）能够根据企业的运营情况分析店铺的销售数据、运营成本和售后情况。

（3）能够通过盈亏平衡点进行商品定价，并识别定价过程中的税务风险。

✧ 素养目标

（1）培养数据分析和决策能力，通过运营数据分析提升数据驱动决策的能力。

（2）增强多元化团队中协同工作的意识，培养团队合作和沟通能力。

（3）培养法治观念和合规意识，确保在电商运营中遵守法律法规，维护市场秩序。

思维导图

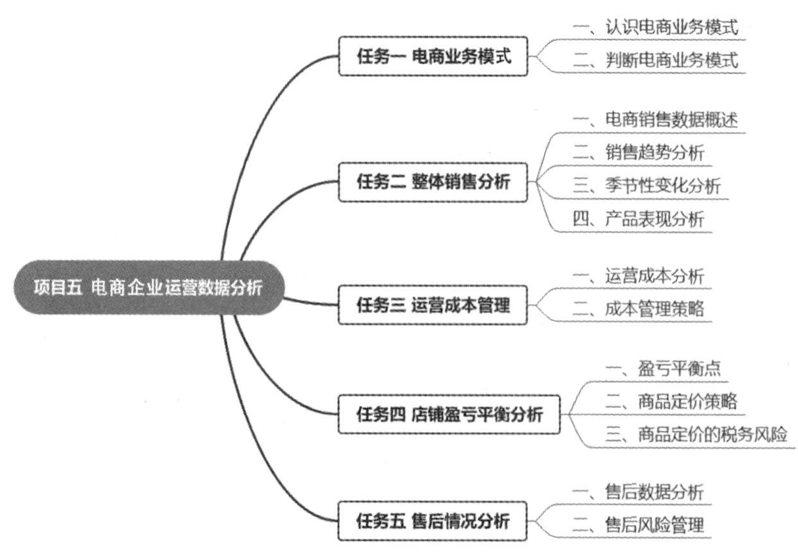

项目背景

商务部、中央网信办和国家发展改革委联合发布的《"十四五"电子商务发展规划》明确指出，电子商务是通过互联网等信息网络销售商品或者提供服务的经营活动，是数字经济和实体经济的重要组成部分，是催生数字产业化、拉动产业数字化、推进治理数字化的重要引擎，是提升人民生活品质的重要方式，是推动国民经济和社会发展的重要力量。我国电子商务已深度融入生产生活各领域，在经济社会数字化转型方面发挥了举足轻重的作用。"十四五"时期，电子商务将充分发挥联通线上线下、生产消费、城市乡村、国内国际的独特优势，全面践行新发展理念，以新动能推动新发展，成为促进强大国内市场、推动更高水平对外开放、抢占国际竞争制高点、服务构建新发展格局的关键动力。

随着互联网普及率和网上零售额占比的不断提高，电商平台已成为企业布局的重要阵地。

电商领域具有平台化、数字化、多元化等特点，面对电商的高速发展，运营数据分析成为电商企业必不可少的管理手段。那么运营数据分析需要关注哪些数据？如何运用财税指标进行运营效果分析？运营数据分析能给电商企业的长远发展提供哪些策略支持？

本项目通过对电商业务模式进行判断，聚焦电商企业运营各环节数据，结合销售、运营、盈利和售后情况进行分析，以助力电商企业跟踪市场需求，洞察企业运营实况，从而提升精细化运营水平，实现精准触达。

任务一　电商业务模式

任务引例

朴朴新零售即时电商惠民生

福州朴朴电子商务有限公司（以下简称朴朴）于2016年在福州市台江区成立，主营生鲜、食品、日用品等一站式快送到家业务，是一家即时配送的移动互联网购物平台，是“中国卓越雇主最具社会贡献价值城市十强”“福建省重点保供企业”“福建省百强企业”“福州市十大就业民营企业”“福州市诚信用工企业”。

朴朴选择“前置仓+纯线上运营”的模式和定位，兼顾成本与效率；以生鲜为主，兼顾消费者全品类购物需求；自建配送团队，注重配送效率和服务体验；运用数字化运营，实现了智能仓储与高品质服务；强化配送团队服务质量，打造朴朴品牌特色。

配送速度快，是朴朴的显著特色。这归功于以下几个因素。一是前置仓模式。（前置仓模式：通过在不同地区设立前置仓，电商企业可以将商品提前储存在这些仓库中，当消费者下单时，根据就近原则，选择最近的前置仓发货，以实现快速交付。）朴朴是福建省首家前置仓模式生鲜电商，该模式是一种重资产运营的模式，这种模式的生鲜电商将商品前置到距离消费者较近的位置，提高了物流配送的效率，商品一般在30～60分钟送达，品类丰富度也相对较高。二是自主配送团队。朴朴通过自主搭建的配送团队，建立订单自动调度平台，致力于提供30分钟快送到家的服务。三是供应链完善。朴朴与供应商深度合作，已与全国600多家供应商签约合作，包括“顶流”商品、“网红”商品和其他一些国内知名商品的生产供应商，特别在生鲜果蔬类商品采购过程中，深入供应基地调研选品，严格做好商品的加工包装、冷链运输、批次快检、前置仓收货等各环节的质量把控工作。

朴朴通过对选址要求相对较低的前置仓模式降低租金成本，并通过智能化的拣货、派单、配送系统提高人员工作效率，减少物流环节和中间渠道环节以节省中间费用，以高频、刚需的选品策略及高周转的商业模式，努力降低商品成本和价格，为普通消费者提供更加实惠的购物体验。

思考：

（1）朴朴属于哪种电商业务模式？判断的依据是什么？采用这种模式对企业的发展有什么优势？

（2）朴朴的店铺运营有哪些特色？给运营成本带来哪些影响？

学思践悟

中国电商行业已经进入高速发展和深度变革的新阶段，正提速探索新发展模式，电商市场也进入从以增量为主转向增量与存量并重的阶段。电商业务模式不仅关乎企业自身的发展，也关系到社会的进步和人民生活模式的改变。深入学习和研究电商业务模式，有助于全面了解电商行业的运作机制、盈利模式、竞争策略，把握电商行业的发展脉络和创新方向，为未来进入电商行业做好知识储备和能力准备。企业在创造商业价值的同时，要主动承担社会责任，兼顾各利益相关方的利益诉求，在满足自身发展的同时，服务国家战略和人民利益，推动商业文明和社会文明的进步。随着区块链（一种分布式数据库技术，它以块的形式记录和存储交易数据，并使用密码学算法保证数据的安全性和不可篡改性）、大数据、人工智能等新一代信息技术的加速应用，数字经济已成为中国经济发展的新引擎，电商行业也呈现出新的业态模式。

知识储备

一、认识电商业务模式

（一）按业务对象分类

1. B2B模式

B2B（Business-to-Business）模式是指企业与企业之间通过专用网络或互联网进行数据信息的交换、传递，开展交易活动的商业模式，如图 5-1 所示。在 B2B 模式下，电商平台为企业提供在线交易的场所，帮助买卖双方建立联系，完成交易。B2B 模式通常涉及大宗商品、原材料、工业品等，交易金额较大，对供应链管理和物流配送有较高要求，一般通过加盟、商务合作、会员、广告形成企业间合作。典型的 B2B 电商平台包括阿里巴巴、慧聪网等。

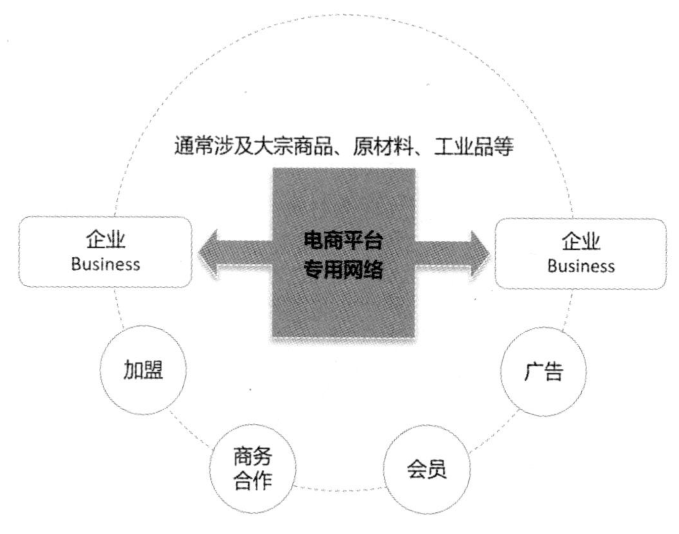

图 5-1　B2B 模式

根据艾瑞咨询发布的《2024 年中国 B2B 行业研究报告》，2023 年，中国 B2B 市场规模已达 16.7 万亿元，未来以生成式 AI 技术为代表的人工智能科技创新突破必然进一步提高我国经济的数字化与智能化程度，预计未来 2—3 年，中国 B2B 市场规模将保持 6% 以上的增速。

2. B2C模式

B2C（Business-to-Consumer）模式是指企业通过电商平台直接面向消费者销售商品或服务的商业模式，如图 5-2 所示。在 B2C 模式下，企业通过自建或第三方电商平台，向消费者展示商品信息，提供在线下单、在线支付和配送服务。B2C 模式通常涉及零售商品，如服装、电子产品、日用品等，一般通过会员费、在线广告收费、佣金等获利。典型的 B2C 电商平台包括京东、天猫、亚马逊等。

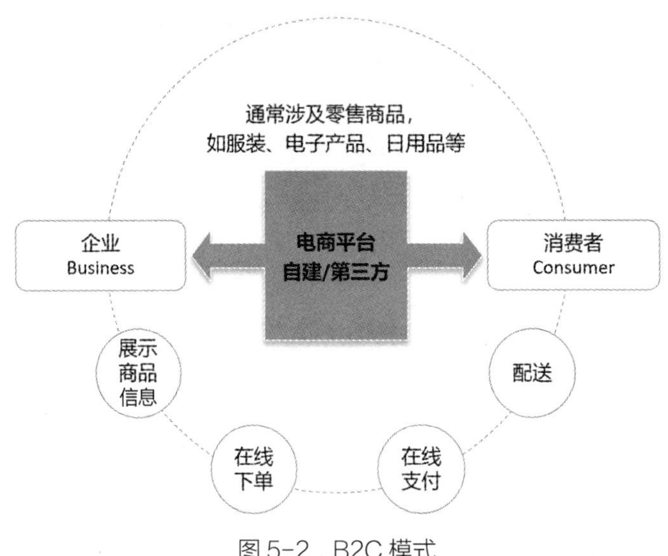

图 5-2　B2C 模式

3. C2C模式

C2C（Consumer-to-Consumer）模式是指消费者与消费者之间通过电商平台进行交易的模式，如图 5-3 所示。在 C2C 模式下，电商平台为个人卖家提供销售商品的场所，买家可以在平台上浏览商品信息，与卖家沟通，完成在线下单、在线支付等操作。C2C 模式通常涉及二手商品、手工艺品、个人服务等。典型的 C2C 电商平台包括淘宝、闲鱼等。

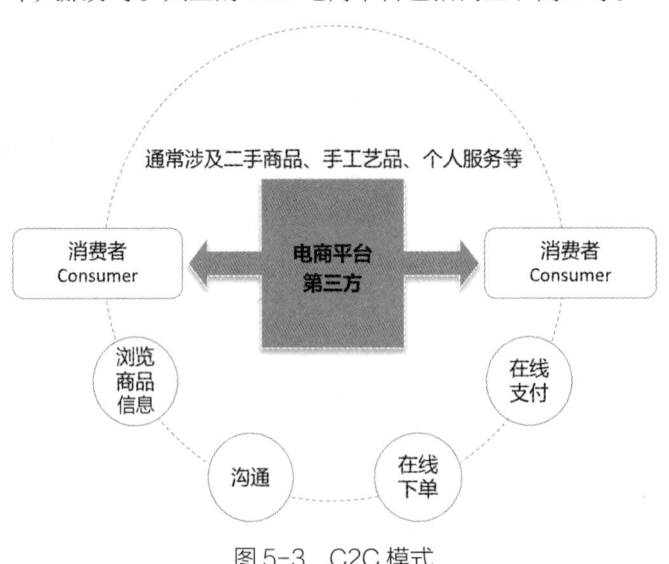

图 5-3　C2C 模式

4. B2G模式

B2G（Business-to-Government）模式是指企业与政府机构通过电商平台进行交易的模式，如图 5-4 所示。在 B2G 模式下，政府机构通过电商平台发布采购信息，企业可以在线提交投标文件，参与政府采购。B2G 模式有助于提高政府采购的透明度和效率，降低采购成本。典型的 B2G 电商平台有中国政府采购网。

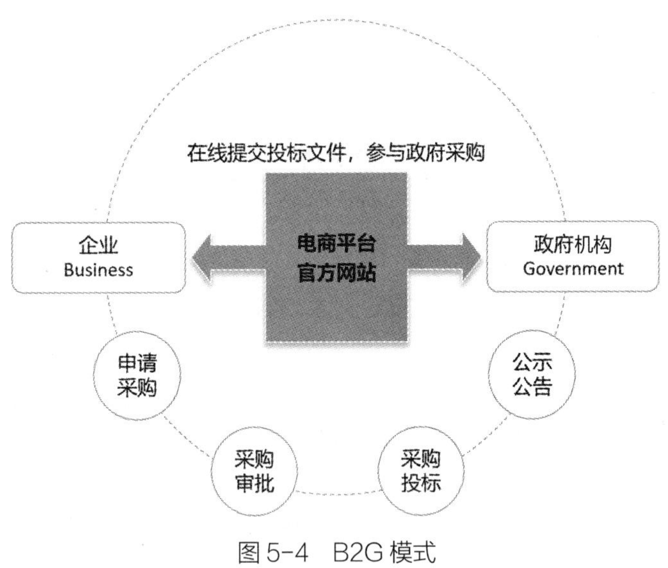

图 5-4　B2G 模式

5. O2O模式

O2O（Online-to-Offline）模式是指将线上流量引导到线下实体店，或将线下服务通过电商平台进行展示和销售的模式，如图 5-5 所示。在 O2O 模式下，消费者可以通过电商平台浏览商品或服务信息，进行在线下单和支付订单，然后到线下实体店或指定地点提货或享受服务。O2O 模式常见于餐饮、休闲娱乐、家政服务等行业。典型的 O2O 电商平台包括美团、大众点评、饿了么等。

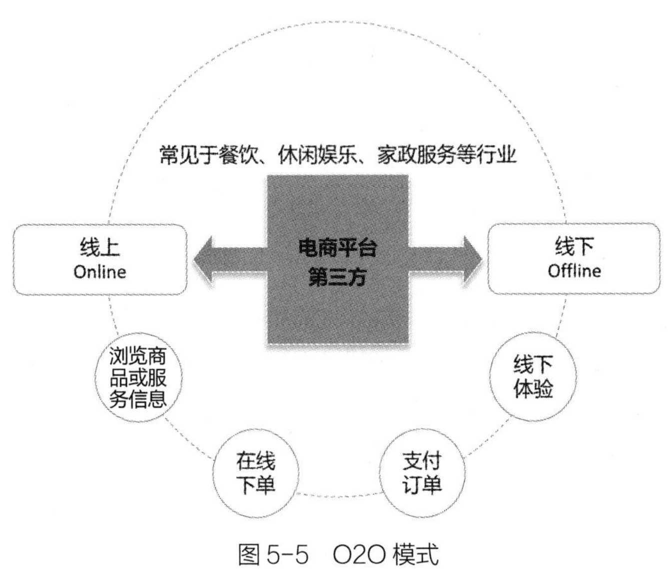

图 5-5　O2O 模式

（二）按运营方式分类

1. 自营电商模式

自营电商模式是指电商企业亲自采购商品，并通过自有平台进行销售的模式。在这种模式下，电商企业对商品质量、价格、库存等有完全的控制权，可以提供良好的购物体验和售后服务。自营电商模式对企业的资金实力、供应链管理和仓储物流能力有较高要求。自营电商企业具有品牌力强、产品质量可控、交易全流程管理体系完备等特点。典型的自营电商企业包括京东、苏宁易购等。

2. 平台电商模式

平台电商模式是指电商企业搭建交易平台，为第三方商家提供展示、交易、支付、物流等服务，并从中收取佣金或服务费的模式。在这种模式下，电商企业主要负责维护平台的运营，提供流量支持和配套服务，而商品的销售和配送则由入驻商家负责。平台电商模式对企业的技术能力、市场推广能力和客户服务能力有较高要求。典型的平台电商企业包括淘宝、天猫、亚马逊等。

练一练

假设云帆电商公司设立了一个新的电商平台，主要经营大家电和3C数码产品，该平台采取了以下运营模式。

（1）与家电和数码品牌商建立合作关系，由品牌商提供商品和售后服务，平台负责销售和推广。

（2）在全国主要城市建立自营仓库和配送中心，提供仓储、配送和安装服务。

（3）建立线上线下相结合的销售渠道，在全国各地开设体验店，提供产品展示、试用和咨询服务。

（4）重视社交媒体营销，通过微信、微博等平台，开展产品推广活动、优惠活动和用户互动。

请结合所学知识，分析该平台涉及哪些业务模式，列出理由。

二、判断电商业务模式

（一）业务模式判断

在电商行业中，企业采用的商业模式多种多样，每种模式都有其独特的特点和优势。我们可以从多个维度对电商企业进行分析和评估，并结合企业的商业逻辑和发展路径，全面分析企业的业务对象和目标市场、运营方式和盈利模式、核心资源和能力，以及发展阶段和战略目标，以此判断电商企业的业务模式。

电商业务模式为电商企业提供了多维度的竞争优势和市场定位空间。电商企业需要根据自身的条件和目标，选择合适的电商业务模式，并不断优化和创新，以应对市场变化和满足用户需求。同时，电商企业应注重与合作伙伴的协同和共赢，建立可持续的生态系统，实现长期发展。

（二）市场定位

电商企业要在激烈的市场竞争中脱颖而出，必须有清晰的市场定位。而市场定位的选择，又与企业的业务模式密切相关。不同的业务模式，决定了企业在市场中的角色、资源和能力，进而影响企业的目标客户、价值主张和竞争策略。因此，电商企业需要根据自身的业务模式特点，确定合适的市场定位，以实现差异化发展和持续竞争优势。

一般来说，电商企业的市场定位可以从以下几个方面来考虑。

1. 目标客户

根据业务模式的不同，电商企业可以选择服务于个人消费者、企业客户、政府机构或个人卖家，并进一步细分目标客户群体的特征和需求，如年龄、性别、收入、职业、地域和机构领域等。

2. 产品或服务

根据业务模式的不同，电商企业可以选择提供标准化的产品、个性化的服务或综合性的解决方案，并确定产品或服务的品类、品质、价格等级。

3. 渠道策略

根据业务模式的不同，电商企业可以选择自建渠道、借助第三方平台或发展分销商，并确定渠道的覆盖范围、控制力度和协同方式。

4. 品牌形象

根据业务模式的不同，电商企业可以选择塑造专业化、个性化或综合性的品牌形象，并通过品牌定位、品牌传播和品牌管理等方式，提高品牌认知度和美誉度。

5. 竞争策略

根据产品品类的不同，电商企业可以选择差异化、成本领先或集中化的竞争策略，并根据市场环境和竞争对手的变化，及时调整和优化竞争策略。

（三）竞争优势

企业的竞争优势来源于其独特的业务模式。业务模式决定了电商企业如何创造和传递价值，并影响企业的市场地位、盈利能力和发展潜力。因此，要深入理解电商企业业务模式的特点和优势，评估其在市场中的独特性和可持续性。

B2C 模式是电商行业中常见的业务模式，它是直接触达消费者的业务模式。B2C 模式有助于打造企业的品牌、渠道、供应链和数据优势。

1. 品牌优势

B2C 模式允许电商企业直接面向消费者，通过自有品牌或独家代理品牌，建立品牌形象和美誉度。电商企业可以通过高质量的产品、个性化的服务和创新的营销，塑造鲜明的品牌个性，提高品牌忠诚度和溢价能力。品牌优势有助于电商企业在市场竞争中脱颖而出，赢得消费者的信任和好感。

2. 渠道优势

B2C 模式使电商企业能够直接控制销售渠道，减少中间环节，提高渠道效率。电商企业可以通过自建物流、自营仓储等方式，提高配送时效和服务质量。同时，电商企业可以通过多渠道营销，如网站、移动端、社交媒体等，扩大品牌影响力和客户触达面。渠道优势有助于电商企业提高市场覆盖率，降低渠道成本，增强客户黏性。

3. 供应链优势

B2C 模式要求电商企业具备强大的供应链管理能力，包括商品采购、仓储物流、订单履行等。电商企业可以通过与供应商进行战略合作，优化供应链流程，提高供应链效率和灵活性；还可以利用规模效应，降低采购成本，提高采购议价能力。供应链优势有助于电商企业提高商品质量、缩短交货周期、降低运营成本，从而提高市场竞争力。

4. 数据优势

B2C 模式使电商企业能够直接获取消费者的行为数据，包括浏览、搜索、下单、支付等数据。电商企业可以通过数据分析，洞察消费者的偏好和需求，优化商品推荐、定价策略和营销方案。同时，电商企业可以利用数据优势，进行精准营销和个性化服务，提高客户转化率和满意度。数据优势有助于电商企业做出更智能、更高效的决策，不断优化运营和创新。

课堂互动

思考与讨论：结合所学知识，分析 B2C 模式的特点和优势，探讨以下问题。

（1）B2C 模式具有哪些特点?

（2）B2C 模式如何利用关键资源、核心业务、生态战略提升可持续的竞争优势?

行家点拨

电商企业要立足现代财税发展的新形势、新趋势、新要求，以创新的思维和方法，探索税收筹划、数字化管理、金融科技、生态协同等多种路径和模式。电商企业需要重塑传统的商业模式和盈利模式，不断优化和迭代商业模式，适应不断变化的市场环境和客户需求，实现从量变到质变、从跟随到引领的战略转型和价值升级。在现代财税发展的大背景下，电商企业要创新商业模式，可以从以下几个方面着手。

1. 税收筹划驱动的商业模式创新

电商企业可以根据最新的税收政策和优惠措施，重新设计和调整商业模式。例如，利用跨境电商的税收优惠，发展境外业务；利用高新技术企业的税收优惠，加大研发投入和技术创新；利用不同地区的税收差异，优化业务布局和供应链管理等，从而实现税负优化，提高盈利水平。

2. 数字化财税管理驱动的商业模式创新

电商企业可以利用数字化财税管理工具和平台，如数电发票、区块链、人工智能等，优化财税流程，提高财税效率，降低财税成本。同时，电商企业也可以利用财税大数据，深入分析客户行为、市场趋势、产品性能等，为商业决策提供洞见和支持，实现财税业务的协同优化，提高经营透明度和风险管控能力，为业务创新和增长提供有力保障。

3. 金融科技驱动的商业模式创新

电商企业可以利用金融科技手段，如移动支付、供应链金融、消费金融、保险科技等，为客户和合作伙伴提供更加便捷、高效、个性化的金融服务，拓展业务边界和盈利空间。通过金融科技创新，电商企业可以优化资金流转，盘活存量资产，提高资金使用效率和周转速度，实现从商品交易到金融服务的延伸和升级，增强客户黏性和生态黏合度，构建差异化竞争优势。

4. 生态协同驱动的商业模式创新

电商企业可以通过生态战略和平台战略，构建开放、共享、共赢的商业生态，与上下游合作伙伴实现资源整合和能力互补。例如，与供应商协同优化采购和库存管理，与物流商协同优化仓储和配送体系，与金融机构协同优化支付和融资服务，与科技公司协同优化技术研发和数据应用等。通过生态协同驱动的商业模式创新，电商企业可以突破自身资源和能力的局限，实现“1+1>2”的协同效应，共同创造更高的市场价值和客户价值。

实践任务

任务背景

绿源生活电商有限公司（以下简称绿源生活）是一家专注于提供有机和可持续生活产品的电商平台，其运营方式融合了在线销售、会员服务、社区互动和线下体验活动，旨在为注重健康生活和环境保护的中高端消费者提供服务。这些消费者对有机食品、天然护肤品和环保家居用品有较高的需求。

绿源生活的特点在于其产品均经过严格筛选，确保符合有机和可持续标准，同时开展会员专享折扣、积分兑换商品和定期试用新品等活动，以及通过线上论坛和线下活动促进消费者之间的交流，提高品牌忠诚度。绿源生活还注重环保包装，采用可降解或可回收的包装材料，减少了对环境的影响，塑造了绿色环保的企业形象。

任务要求

判断绿源生活的业务模式，分析其市场定位和竞争优势。

任务内容

（1）结合绿源生活的业务对象，判断该企业属于哪种业务模式。

（2）结合绿源生活的电商业务模式，分析其市场定位和竞争优势。

课外拓展

电商行业的新兴业务模式分类

近年来，随着互联网技术的不断发展和消费者行为的转变，电商行业出现了多种新兴的业务模式。以下是一些值得关注的新兴电商业务模式。

1. 社交电商

社交电商结合了社交媒体和电子商务，通过社交平台（如微信、微博、抖音等）进行商品推广和销售。消费者可以通过社交平台上的内容分享、直播“带货”等方式发现和购买商品。

2. 直播电商

直播电商通过实时视频直播的形式展示商品，主播在直播过程中进行商品介绍、演示和销售。这种模式增强了消费者的购物体验，使购物过程更加直观和更具互动性。

3. 内容电商

内容电商是指通过高质量的内容（如文章、视频、音频等）吸引消费者，并在内容中自然地融入商品推荐。这种模式依赖内容创作者的影响力和内容的质量，从而吸引和转化消费者。

4. 跨境电商

随着全球化的推进和消费者对境外商品的需求增加，跨境电商迅速发展。通过跨境电商平台，消费者可以直接购买境外商品，商家则可以触及更广阔的国际市场。

5. 二手电商

随着消费者环保意识的提升和对性价比的追求，二手电商市场逐渐兴起。二手电商平台（如闲鱼、转转等）提供了买卖二手商品的渠道，满足了消费者对二手商品的需求。

6. 订阅电商

在订阅电商模式下，消费者可以定期收到商家寄送的商品或服务，如美妆产品、食品、衣物等。这种模式为消费者提供了便利和个性化的服务，同时也可以帮助商家稳定销售。

7. 共享电商

共享电商模式通过共享经济理念，提供共享商品或服务，如共享充电宝、共享自行车等。这种模式减少了资源浪费，提高了商品的使用效率。

8. 定制电商

定制电商允许消费者根据自己的需求定制商品，如定制服装、定制礼品等。这种模式满足了消费者的个性化需求，为消费者提供了独特的购物体验。

任务二　整体销售分析

任务引例

抖音电商罗盘：以数据引领生意增长

完成了新一轮升级后的抖音电商罗盘具备更加多维的产品矩阵，可以帮助冷启期、成长期与成熟期的各阶段商家解决经营难题，完成生意的持续增长。至此，丰富的内容生态与购物场域被打通，新生态场域逐渐形成，数据成为随时随地监测、整合全场域的“经营大脑”。

N 公司有一家专注于销售女性时尚配饰的抖音电商店铺。在刚开始运营时，N 公司的店铺出现了流量不稳定、转化率低的问题。为了改善这一状况，N 公司决定使用抖音电商罗盘分析店铺的数据。

通过抖音电商罗盘提供的“热销商品”和“滞销商品”分析，N 公司识别出店铺中的明星产品和表现不佳的产品。N 分司通过分析得知，一款设计新颖、价格适中的耳环在短时间内迅速成为热销商品，而几款风格较为保守的手链的销量则平平无奇。

基于这些分析，N 公司决定加大热销商品的库存，并针对滞销商品开展促销活动，以清理库存并测试市场反应。同时，N 公司还根据抖音电商罗盘提供的“商品关联分析”，调整了店铺的商品陈列，将可能产生交叉销售的商品放在一起，以提高客单价和客户满意度。

通过基于销售趋势的策略调整，N 公司的店铺不仅在销售额上实现了持续增长，还提高了库存周转率和复购率。

思考：

（1）随着电商的发展，电商的销售数据分析有哪些重要意义？

（2）针对 N 公司使用抖音电商罗盘对商品表现进行的分析，提出商品销售的具体建议。

学思践悟

运营数据分析离不开销售分析，从销售出发，明晰市场动向，是电商企业发展的重中之重。整体销售分析需要从全局和长远的角度审视企业的销售业绩与市场表现，识别影响销售的关键因素，把握行业发展趋势。整体销售分析有助于培养电商战略思维，结合财税基础，用数据说话，培养大局意识，学会站在全局的高度思考问题，并提出优化策略来提升企业的销售效益。

知识储备

一、电商销售数据概述

（一）销售数据的重要性

电商平台的销售数据已成为企业制定战略决策、优化运营管理、提升用户体验的关键依据。销售数据如实记录了企业的经营状况和市场表现，是企业了解自身优势和不足、把握市场机会和迎接市场挑战的重要窗口。通过对销售数据进行收集、整理、分析和应用，企业可以掌握销售业绩、用户行为、产品趋势等方面的信息，为科学决策和持续改进提供有力支撑。

销售数据分析是电商企业实现数据驱动决策、优化运营管理、提升核心竞争力的重要手段和途径。通过销售数据分析，企业可以洞察内外部环境，准确把握市场脉搏，及时发现问题和机会，不断创新商业模式。

（二）销售数据的类型

电商平台的销售数据种类繁多，来源广泛，从销售分析层面来说，其可以分为以下几类。

1. 交易数据

交易数据包括销售额、销量、订单量、客单价、退货率等，反映了企业的整体销售业绩和盈利能力。这些数据主要来自电商平台的订单管理系统和支付系统。

2. 用户数据

用户数据包括注册用户数、活跃用户数、新增用户数、留存率、复购率等，反映了企业的用户规模和忠诚度。这些数据主要来自电商平台的会员管理系统和用户关系管理系统。

3. 流量数据

流量数据包括访问量、浏览量、点击量、转化率、跳出率等，反映了企业的网站流量和用户互动情况。这些数据主要来自电商平台的网站统计工具和第三方流量分析平台。

4. 营销数据

营销数据包括广告点击量、促销转化率、优惠券使用率、联盟销售额等，反映了企业的营销活动效果。这些数据主要来自电商平台的营销管理系统和第三方营销服务平台。

5. 产品数据

产品数据包括商品浏览量、收藏量、评价数、好评率等，反映了企业商品的受欢迎程度和口碑情况。这些数据主要来自电商平台的商品管理系统和用户评价系统。

除了以上常见的销售数据类型，电商企业还可以根据自身业务特点和管理需求，收集和整合其他相关数据，如库存数据、物流数据、客服数据等，以形成更全面、更立体的数据视图。

二、销售趋势分析

电商销售趋势分析是指运用统计学和数据分析方法，或者利用大数据分析工具，对店铺在电商平台一定时期内的销售数据进行分析和预测，以发现销售业绩的变化规律、发展动态和用户行为，结合本时期所实施的电商策略，为企业的销售决策和优化提供数据依据。

电商销售趋势分析可以依据财税指标进行数字化评估，监测企业随业务变动的财务健康状况，如关注毛利率、净利率和资产负债率，以此洞察电商企业的盈利能力和资本结构。通过分析这些指标，企业可以识别成本控制的管控点，优化定价策略，并确保有足够的资本支持扩张或应对市场波动。

通过综合运用 GMV、订单量等销售指标和销售毛利率、存货周转率等财税指标，电商企业可以从数量和质量、表象和本质、局部和整体等多个角度，深入剖析销售趋势的内在逻辑和影响机制，及时发现和解决经营中的突出问题。

三、季节性变化分析

（一）识别销售数据的季节性特征

季节性变化是指销售数据在一年内呈现出有规律的周期性波动。识别销售数据的季节性特征，对电商企业优化运营策略、提高资源配置效率具有重要意义。

通过对比分析不同季节的销售数据，企业可以发现销售业绩在不同季节的差异和规律。例如，羽绒服在秋冬季销售量飙升，而短袖在春夏季拥有绝对优势；空调在夏季的销售量通常高于其他季节，暖风机则在冬季有更高的销售量。通过对比不同季节的销售量差异，企业可以有针对性地调整产品策略和资源投入，最大化地利用旺季机会，使淡季影响最小化。

在识别季节性特征的基础上，进一步确定销售数据的季节性高峰期和低谷期，有助于企业优化资源配置和风险管理。通过分析历史数据和行业趋势，企业可以预测未来一定时期内的销售高峰期和低谷期，提前做好销售计划、库存准备、人员调配等工作，避免旺季“爆仓”、淡季积压的情况发生。同时，企业还可以在淡季开展市场培育、品牌推广、新品研发等工作，为旺季销售做好准备。

除了气候因素，促销活动和节假日也是影响电商企业销售发生季节性变化的重要原因。在节假日（如春节、国庆节等）和电商行业的特殊促销节点（如“6・18”“双十一”等），电商平台和企业通常会推出大规模的促销活动吸引消费者关注与购买，从而会出现销售额的短期激增。同时，节假日期间消费者的休闲时间增多，网上购物的意愿强、频次高，进一步带动了销售增长。

（二）季节性变化分析的应用

基于季节性变化分析，电商企业可以更加准确地预测未来一定时期的销售情况，合理制定库存管理方案和采购计划。通过分析历史数据，电商企业可以预测旺季和淡季的销售量，提前调整安全库存水平，利用淡季优化库存结构；然后根据季节性特征，优化采购时点和采购量，与供应商协商更有利的采购条件，降低采购成本和库存风险。

季节性变化分析还可以指导企业更加精准、有效地开展营销和促销活动。根据不同季节的销售特点和目标客户群体，企业可以设计差异化的营销主题和促销方案，提高营销投入的针对性和有效性。例如，在传统节假日推出主题营销活动，在销售淡季推出优惠促销活动等。随着大数据应用的发展，企业可利用电商平台开展大数据分析，对不同季节的客户画像、购买行为、流量来源等进行剖析，抓住高价值客户和营销机会，实现精准营销和个性化推荐，提高客户转化率和复购率。

四、产品表现分析

在电商领域，企业需要重点分析畅销产品和滞销产品，通过分析企业的数据变化，识别影响产品表现的关键因素，及时进行产品组合优化和产品设计改进等，提升电商企业的核心竞争力。

企业通过对一定时期内的销售数据进行分析，按照销售量和销售额两个维度，识别出表现优秀的畅销产品。这些产品通常是企业的“明星产品”和“金牛产品”，“明星产品”是销售增长率和市场占有率均高的产品，“金牛产品”是销售增长率低、市场占有率高的产品，这两类畅销产品对企业的销售业绩和品牌影响力贡献巨大。要注意分析畅销产品在不同渠道、地域、客群等方面的表现差异，挖掘更大的销售潜力和优化空间。企业通过分析畅销产品的价格、品质、功能、包装、口碑等方面的特点，以及其在品牌、渠道、营销等方面的优势，可以总结出一些共性规律。企业可以借鉴这些规律，优化其他产品的设计和营销策略，提高产品的市场竞争力。

对于滞销产品，企业要高度警惕，由于其占用了部分的资源和成本，企业需要根据滞销产品的不同特点和原因，采取降价促销、捆绑销售、淘汰下架等不同策略，以此盘活库存，提高资金周转效率。产品滞销的原因有很多，如产品定位不准、价格不合理、质量不过关、营销不到位、竞争加剧等。企业需要从产品、价格、渠道、促销等多个维度，系统分析滞销产品存在的问题。例如，通过市场调研和消费者反馈，了解消费者对滞销产品的看法和评价；通过竞争分析，了解同类产品的市场表现和竞争策略；通过内部分析，了解滞销产品在设计、生产、采购、物流等环节存在的问题。

产品表现分析是电商企业优化产品策略、提升市场竞争力的重要手段。通过对畅销产品和滞销产品的系统分析，企业可以识别影响产品销售的关键因素，更好地把握电商市场需求，应对竞争挑战，实现产品销售的持续增长，为企业的产品决策提供全面、可靠的依据。

职场任务

云帆电商公司在电商平台的销售数据显示，在过去一年中，女性服饰类商品的月销售额呈现出如下特点。

（1）春夏季（3月至8月）的销售额明显高于秋冬季（9月至次年2月）的销售额。

（2）每年的“双十一”“6·18”等大型促销活动期间，销售额会出现显著的峰值。

（3）在同一季节内，连衣裙、T恤等单品的销售额高于外套、毛衣等单品。

（4）与上一年同期相比，今年各月的销售额平均增长率为8%。

结合所学知识，判断以上四个特点是通过哪种分析方法（销售趋势分析、季节性变化分析、产品表现分析）得出的。

课堂互动

思考与讨论：假设你是一家护肤产品电商公司的数据分析师，通过分析该公司店铺近三年的销售数据，发现某一滋润型面霜的年销售量和年销售额在秋冬季呈现明显的增长趋势。请分析导致该产品销售量和销售额周期性变化的主要原因。

行家点拨

电商销售趋势分析一般包括以下几个步骤。

1. 确定分析目标、对象和指标

明确分析的目标、对象和指标，根据分析目标选择合适的时间跨度，一般根据目标的不同按照日、周、月、年分析销售数据。

2. 收集和整理销售数据

从电商企业的内外部渠道收集和整理与目标相关的销售数据，如平台的订单量、GMV、退货订单数据、全平台行业平均数据等，并对数据进行清洗、集成、存储和管理，确保数据的准确性、完整性和一致性。

3. 选择适当的分析方法

根据分析目标和数据特点，选择合适的分析方法，如趋势分析、比较分析、因果分析、相关分析等，并运用 Excel、SPSS、Python 等工具进行数据处理和建模，结合前期设定的指标，直观地展示销售数据的变化趋势、波动幅度、异常情况等。

4. 分析数据并解释结果

运用所选方法对数据进行分析和挖掘，可进行同比和环比分析，对销售趋势形成分析报告或进行可视化展示；识别一些重要的趋势和模式，如销售增长、下降、稳定、季节性波动等，并对分析结果进行解释和评价；按照电商渠道、产品类别等角度提炼关键发现和洞见。

5. 提出改进建议和行动方案

根据销售业绩的发展趋势，识别产品销售的影响因素和改进方向，提出优化销售策略、营销组合、渠道管理、客户服务等方面的建议，并制定可行的行动方案和实施计划。

6. 持续监控和优化

电商数据具有数据量大、可以在平台中进行数据管理等优势，企业需要建立销售数据台账，形成销售数据分析的常态化机制。企业可持续跟踪销售趋势和关键指标的变化，结合市场情况改进分析方法和数据质量，形成数据分析、策略优化、绩效改善的良性循环。

实践任务

任务背景

在绿源生活的电商平台上，销售数据显示出一系列具体的数值和季节性变化。绿源生活最近一年的销售数据如表 5-1 所示。

表 5-1　绿源生活年销售数据

月份	有机食品销售额 /元	天然护肤品销售额 /元	环保家居用品销售额 /元
1月	1 200 000	1 400 000	1 000 000
2月	1 250 000	1 450 000	1 050 000
3月	1 300 000	1 500 000	1 100 000
4月	1 400 000	1 550 000	1 150 000
5月	1 500 000	1 600 000	1 200 000
6月	1 300 000	1 700 000	1 250 000
7月	1 350 000	1 800 000	1 300 000
8月	1 400 000	1 900 000	1 350 000
9月	1 500 000	1 600 000	1 400 000
10月	1 600 000	1 650 000	1 450 000
11月	1 700 000	1 700 000	1 500 000
12月	1 800 000	1 750 000	1 600 000

绿源生活的产品品类分为有机食品、天然护肤品和环保家居用品三大类，具体产品的销售情况如表 5-2 所示。

表 5-2　绿源生活产品销售情况

产品类别	产品名称	全年销售额/元	占类别销售额比例
有机食品	有机坚果和种子系列	6 050 000	35%
有机食品	有机谷物和麦片	3 400 000	20%
有机食品	有机水果和蔬菜	7 850 000	45%
天然护肤品	有机面部精华液	7 500 000	38%
天然护肤品	天然身体乳液	4 250 000	22%
天然护肤品	有机护手霜	7 850 000	40%
环保家居用品	可降解厨房用品	4 200 000	28%
环保家居用品	环保清洁产品	4 800 000	31%
环保家居用品	可持续家居装饰	6 350 000	41%

任务要求

分析绿源生活的销售趋势、季节性变化和产品表现，提出优化销售策略的建议。

任务内容

（1）结合绿源生活的年销售数据，分析其在本年度的销售中呈现出什么样的销售趋势特征。

（2）绿源生活的哪类产品是畅销品？请为下一年度的销售提出优化策略。

课外拓展

“买一赠一”的会计处理

在电商行业中，“买一赠一”是一种常见的促销手段，当消费者购买商品时，店铺会赠送商品。“买一赠一”的会计处理需要遵循相关的会计准则和规定。

1. 销售收入的确认

当电商企业采用“买一赠一”的促销方式时，应将总的销售金额按各项商品的公允价值的比例分摊确认各项的销售收入。会计分录如下。

借：银行存款（或其他货币资金科目，如支付宝支付、微信支付等）。

贷：主营业务收入——商品 A（按公允价值比例分摊金额）。

贷：主营业务收入——商品 B（赠品，同样按公允价值比例分摊金额）。

贷：应交税费——应交增值税（销项税额）（按实际销售金额计算）。

2. 销售成本的结转

在确认销售收入的同时，电商企业还需要结转相应的销售成本。对于“买一赠一”的促销方式，应将商品 A 和赠品 B 的成本一并结转。会计分录如下。

借：主营业务成本——商品 A。

借：主营业务成本——商品 B（赠品成本）。

贷：库存商品——商品 A。

贷：库存商品——商品 B（赠品）。

3. 赠品的会计处理

在会计处理上，赠品被视为销售活动的一部分，而非无偿赠送，赠品的成本应计入销售成本，而不是作为销售费用或其他费用进行处理。

4. 发票开具与税务处理

根据相关法律规定，如果商品和赠品在同一张发票上注明，且销售额和折扣额是在同一张发票的“金额”栏分别注明的，可按折扣后的销售额征收增值税。在开具发票时，应将商品和赠品的名称、数量、单价及金额等信息清晰列明。

在增值税方面，“买一赠一”的赠品可能被视为视同销售，需计算缴纳增值税。但在企业所得税方面，赠品通常被视为销售活动的一部分，其成本已包含在销售成本中，无须单独计算所得税。

任务三　运营成本管理

任务引例

全球跨境电商“三中心”落户白云区

全球跨境电商卖家服务中心、全球跨境电商超级供应链中心、全球跨境电商生态创新中心（以下简称全球跨境电商“三中心”）正式落户广州市白云区，旨在打造全国跨境电商产业新生态会客厅，汇聚全球资源推动和拉动传统产业转型升级、品牌抱团出海，打造广州市“跨境电商之城”新名片；通过整合国际国内行业组织、智库专家、跨境电商平台等资源，为跨境电商卖家品牌出海提供“一站式”服务，推动制造业数字化转型，提升广州作为“跨境电商之城”的国际影响力和行业领导力。

近年来，白云区电子商务表现出强劲的发展态势，在综合电商、跨境电商、社交电商、新零售、农产品电商等领域脱颖而出。作为广州市跨境电商卖家和供应链最集中的区域，白云区坐拥交通“四大枢纽”和全国首个年销售额突破 100 亿元的“淘宝村”（大源村）等优势资源，打造全球跨境电商“三中心”底气和信心十足。

全球跨境电商“三中心”包括全球跨境电商卖家服务中心，该中心致力于为全球跨境电商卖家构建通达全球的市场网、基建网、人才网，汇聚全球资源做大做强并形成完整的产业生态，培育经济新增长点；全球跨境电商超级供应链中心，旨在整合全球全产业供应链资源，服务和推动制造业向数字化转型升级，助力国货出海；全球跨境电商生态创新中心，旨在抢占跨境电商行业话语权，通过“搭场景、造氛围、建模式”释放“产业集群+跨境电商”创新潜力，积极带动外贸制造业数字化增长，提升广州作为“跨境电商之城”的国际影响力和行业领导力。

思考：

（1）全球跨境电商“三中心”给电商企业带来哪些运营成本优势？

（2）如何运用好全球跨境电商超级供应链中心进行降本增效？

学思践悟

在瞬息万变的电商行业环境中，运营成本管理已经成为电商企业生存和发展的关键。深入学习运营成本管理知识，是贯彻落实社会主义核心价值观，践行“不忘初心、牢记使命”的重要体现。学习运营成本管理，有助于树立正确的世界观、人生观和价值观，用辩证的眼光看待成本与收益、局部与整体、短期与长期的关系，结合财税知识在实践中不断探索规律、总结经验、创新方法，推动理论与实际的结合。

知识储备

一、运营成本分析

（一）采购成本分析

采购成本是指企业为销售商品而支付的所有费用，包括商品的进价、运输费、保险费、关税等。采购成本直接影响商品的定价和毛利率。企业需要通过数据分析，优化采购策略，降低采购成本。

在采购成本分析中，一般用到的财税指标有以下几种。

（1）采购单价，衡量每单位商品的采购价格，反映企业的议价能力和成本控制水平。

（2）采购总额，衡量一定时期内的总采购金额，反映企业的采购规模和资金占用情况。

（3）采购频次，衡量一定时期内的采购次数，反映企业的采购效率和库存管理水平。

（4）采购成本占比，衡量采购成本占总成本或销售收入的比重，反映企业采购成本的控制情况。

（5）进项税额，衡量采购环节可以抵扣的增值税税额，反映企业的税收优化空间。

（二）物流成本分析

物流成本是指企业将商品从供应商处运输到仓库，再从仓库发货给客户的全过程中所产生的费用，包括运输费、仓储费、包装费、人工费等。物流成本是企业运营成本的重要组成部分，直接影响商品的销售价格和竞争力。在物流成本分析中，一般用到的财务指标有以下几种。

（1）仓储成本，衡量仓库租赁、管理、维护等方面的成本，反映企业的仓储效率和成本控制水平。

（2）运输成本，衡量商品运输、配送等方面的成本，反映企业的物流效率和成本控制水平。

（3）包装成本，衡量商品包装材料、人工等方面的成本，反映企业的包装优化程度和成本控制水平。

（4）物流成本占比，衡量物流成本占总成本或销售收入的比重，反映企业物流成本的控制情况。

（5）物流税费，衡量物流环节涉及的各种税费，如运输税、仓储税等，反映企业的税务合规情况和优化空间。

（三）营销成本分析

营销成本是指企业为销售商品而发生的各项费用，包括营销费用、客服费用、平台佣金、支付手续费等。营销成本直接影响企业的净利润和盈利能力。

在营销成本分析中，一般用到的财务指标有以下几种。

（1）销售单价，衡量每单位商品的销售价格，反映企业的定价策略和竞争力。

（2）销售总额，衡量一定时期内的总销售金额，反映企业的销售规模和市场表现。

（3）销售毛利率，衡量销售收入减去销售成本后的数额与销售收入的比率，反映企业的盈利能力和价格优势。

（4）销售费用率，衡量销售费用占销售收入的比率，反映企业的销售效率和费用控制水平。

（5）销项税额，衡量销售环节需要缴纳的增值税税额，反映企业的税负水平和价格竞争力。

练一练

云帆电商公司每个月都需要对进项税额和销项税额进行复盘分析，并结合业务情况评估税费的合理性，这涉及哪些方面的运营成本分析？

二、成本管理策略

从战略和战术层面入手，在进行运营成本分析后，电商企业需要优化成本结构，提高资源利用效率，实现降本增效的目标。在采购成本、物流成本和营销成本三个方面，每一个环节的成本控制都直接影响电商企业的盈利能力和竞争优势，电商企业应深入剖析成本管理的关键策略，分析成本管理与采购、物流、营销之间的关系，从而构建全面、系统、持续的成本管理体系。

（一）采购成本管理策略

采购成本管理是企业运营成本管理的重要组成部分，企业应高度重视和系统推进。通过采购成本分析，企业可以找到采购环节的关键影响因素和优化切入点，并制定有针对性的采购成本管理策略，从供应商管理、自营产品、库存管理、采购渠道、采购流程等多个方面入手，持续优化和改进，不断降低采购成本，提高采购效率，为企业的整体成本管理和经营业绩提供有力支撑。

首先是供应商管理策略。基于对供应商的综合评估和比较，企业可以优选品质优、价格低、服务好的供应商，与其建立长期、稳定的合作关系，争取获得更多的价格优惠和支持政策。同时，企业还可以通过供应商集中化、规模化采购等方式，降低采购成本。

其次是库存管理策略。通过对销售数据和市场趋势进行预测分析，企业可以合理制定采购计划和安全库存水平，避免过度采购或库存短缺，减少呆滞库存和资金占用情况，提高库存周转率和资金使用效率。

最后是采购渠道策略。企业可以拓展多元化的采购渠道，如线上平台、线下批发市场、海外直采等，根据不同商品的特点和市场行情，选择性价比最优的采购渠道；然后完善采购流程策略，通过优化采购流程和信息系统，提高采购效率和准确性，减少人工成本和降低差错率。与此同时，加强采购团队建设，提高采购人员的专业能力和谈判技巧，为采购成本管理提供人才保障。

（二）物流成本管理策略

在企业运营成本管理中，根据物流成本分析的结果，有针对性地设计物流成本管理策略，是优化物流效率、降低物流费用的关键举措。通过对物流数据进行深入分析，企业可以全面了解物流成本的构成、变化趋势和影响因素，识别出物流环节的优势和劣势，从而制定更加精准、有效的物流成本管理策略。

对电商企业来说，优化物流成本管理可以从以下几个方面制定管控策略。

1．仓储布局优化

基于对销售区域和物流需求的分析，企业可以合理规划仓储布局，在主要销售区域设立分仓，缩短运输距离和时间，提高配送效率。

2．运输方式选择

通过对不同运输方式的成本、时效、服务等数据进行比较，企业可以选择最优的运输方式，如空运、海运、铁路运输等，平衡时效和成本。对于紧急订单，企业可以选择时效性强的运输方式；对于常规订单，可以选择成本较低的运输方式，降低整体运输费用。企业可通过与多家物流公司合作，进行价格和服务的比较，选择最优的合作伙伴，实现物流成本的最低化。

3．包装优化

通过对商品的体积、重量、材质等数据进行分析，企业可以设计合理的包装方案，采用轻量化、环保化、标准化的包装材料和尺寸，在确保商品安全的同时，降低包装成本和物流费用。同时，企业还可以通过优化包装流程，提高包装效率，降低人工成本。

4．自动化应用

引入自动化立体仓库、分拣系统、自动导向车等先进设备，提高仓储和配送效率，降低人工成本和差错率，提高物流运营效率。自动化设备的应用，有助于实现物流作业的标准化和智能化，降低物流成本。

5．物流数据监控

建立物流数据监控系统，实时跟踪物流环节的各项指标，如运输时效、配送准确率、客户满意度等，及时发现和解决物流问题，提高物流服务水平。进行数据分析有助于优化物流流程和资源配置，不断降低物流成本。

（三）营销成本管理策略

优质的商品只有与营销手段配合，才能让电商企业获取流量，产生销量，形成电商业务的高速运转。与传统企业不同，电商企业需要依赖互联网平台和数字化工具进行营销，这使得营销成本管理显得尤为重要。通过科学的营销成本管理策略，电商企业可以在激烈的市场竞争中脱颖而出，实现高效的资源利用和最大化的营销效果。

1．精准营销

利用大数据分析和客户画像，深入了解目标客户的需求、偏好和行为习惯，实现精准营销和个性化推荐，提高营销的投入产出比，降低无效营销支出。通过建立和维护良好的客户关系，电商企业可以提高客户的满意度和忠诚度，提高复购率和客户终身价值。通过客户关系管理系统，电商企业可以实现客户数据的精细化管理和个性化服务，增强客户黏性和提高转化率，降低营销成本。

2．社交媒体营销

利用社交媒体平台（如微信、微博、抖音等，已经成为电商企业获取流量和提高品牌知名度的重要渠道），通过内容营销、口碑营销、社交互动等方式，电商企业可以较低的成本吸引大量客户关注和参与，提高品牌曝光度和增强客户黏性。

3．促销策略优化

根据商品的生命周期和市场需求，优化促销策略和加大促销力度，合理设计和优化促销活动，如折扣、满减等，吸引客户购买，提高转化率和投入回报率。通过搜索引擎优化（SEO）和搜索引擎营销（Search Engine Marketing，SEM），电商企业可优化店铺网站的结构、内容和关键词，提高在搜索引擎中的排名，增加自然流量和提高曝光率。

4．销售渠道优化

根据不同商品的特点和目标客群，选择合适的销售渠道，如自营平台、第三方平台、线下门店等，提高销售覆盖率和转化率，降低渠道成本和佣金支出。电商企业还可以通过与联盟营销平台和“网红”合作，借助其影响力快速扩大品牌知名度和用户覆盖面。

课堂互动

思考与讨论：在“双十一”过后，电商企业的销售量有很大的提高，但是销售毛利率却较往月有所下降，请从财务的角度出发，分析电商企业毛利率下降的原因，并提出改进建议。

行家点拨

在电商企业的运营过程中，电商平台起到了重要作用。电商企业充分利用电商平台提供的营销工具，可以实现商品的整体运营效果，以较低的成本获取较高的收益。以淘宝为例，该平台提供了多种营销工具，帮助电商企业进行精准推广和引流。

1．直通车

直通车是淘宝基于关键词搜索的竞价推广工具。电商企业可以设置相关关键词，当消费者搜索这些关键词时，电商企业的商品就会展示在搜索结果页面的显著位置。直通车采用按点击付费的模式，电商企业可以根据推广需求灵活设置价格和投放时段，实现精准引流。该工具目前已整合至一站式营销投放平台“万相台无界版”，并于 2024 年 8 月停止服务。

2．钻石展位（钻展）

钻展是淘宝店铺首页的推广工具。电商企业可以通过购买钻展位置，将自己的商品展示在店铺首页的显著位置，提高商品曝光率和点击率。钻展分为固定展位和轮播展位两种形式，电商企业可以根据需求选择合适的展示方式。

3．智钻

智钻是钻展全新升级后的一款营销工具，可以为电商企业提供全域营销解决方案。通过智钻，电商企业可以自主创建定向营销计划，利用淘宝联盟的流量资源进行推广，覆盖淘宝、天猫、飞猪等多个平台。智钻支持多样化的推广形式，如优惠券、单品推广、店铺推广等，帮助电商企业触达潜在消费者。

4. 淘宝客

淘宝客是淘宝联盟的一种推广模式，由第三方网站或个人帮助电商企业进行推广。淘宝客通过在自己的网站、博客、社交媒体等渠道发布商品链接，将流量导入电商企业店铺，并按成交金额获得一定比例的佣金。淘宝客的推广形式灵活多样，可以通过图文、视频等方式呈现，为电商企业带来高质量的导购流量。

钻展主要针对淘宝站内流量进行推广，智钻、淘宝客则可以将推广范围扩大到站外，触达更广泛的潜在客户。电商企业可以根据自身的推广预算、目标受众、推广诉求等因素，选择合适的营销工具组合，实现精准高效的推广引流。

实践任务

任务背景

绿源生活在日常运营中，采购、物流和营销的成本数据如下。

1. 采购成本

绿源生活致力于提供高质量的有机产品和环保产品，其采购成本相对较高。根据最近一年的数据，其采购成本占公司总成本的60%。具体来说，有机食品的采购成本为每月平均1 000 000元，天然护肤品的采购成本为每月平均800 000元，环保家居用品的采购成本为每月平均600 000元。

2. 物流成本

由于绿源生活自建物流和仓储系统，以确保产品的新鲜度和快速配送，其物流成本占公司总成本的20%。具体数据为：每月仓储成本约为400 000元，配送成本约为400 000元。

3. 营销成本

为了提升品牌知名度和吸引新客户，绿源生活在营销方面投入大量资源。营销成本占公司总成本的20%，具体包括：线上广告每月花费约400 000元，社交媒体营销每月花费约200 000元，线下活动和促销每月花费约200 000元。

任务要求

分析绿源生活的采购成本、物流成本和营销成本，给出运营成本策略的实施建议。

任务内容

（1）结合绿源生活的运营成本情况，请从采购、物流和营销方面给予其评价。

（2）电商企业的哪类运营数据最值得关注？在电商行业，如何有效地控制运营成本？

课外拓展

“免运费”的会计处理

“免运费”是指由卖家承担买家所购商品运费的促销方式。在电商行业中，“免运费”通常被视为一种促销手段，其会计处理方式是将运费作为销售费用的一部分进行核算。具体来说，当电商企业提供“免运费”服务时，虽然买家无须支付运费，但企业仍需承担相应的物流成本。在会计处理上，这部分运费应从企业的收入中扣除，并计入销售费用，以反映企业在促销活动中实际承担的成本，确保财务报表的准确性和透明度。

一般情况下，买家在平台购买商品时需要支付 10 元左右的运费，平台将运费与货款一同划转至卖家账户，但是该划转并不代表卖家替买家垫付运费，卖家收取买家的运费往往高于其最终支付给快递公司的运费。

免除的运费实际由商品货款弥补，其本质与商业折扣相同，卖家收取运费时应当一并确认销售收入和增值税税额，向快递公司支付运费时则确认销售费用。

任务四　店铺盈亏平衡分析

任务引例

小王陶瓷艺术品电商店铺的盈亏平衡分析与经营策略优化

小王开设了一家手工制作陶瓷艺术品的电商店铺。随着店铺运营的深入，小王开始关注店铺的盈利状况，并希望通过盈亏平衡分析优化经营策略。小王的店铺每月固定成本包括租金、水电费、员工工资等，总计为 10 000 元。每件陶瓷艺术品的平均采购成本为 50 元，包装和物流费用为 10 元，因此每件商品的总成本为 60 元。小王将每件商品的售价定为 100 元。小王需要确定每月需要销售多少件商品才能覆盖所有成本，他通过计算盈亏平衡点，得知店铺每月销售 250 件陶瓷艺术品才能达到盈亏平衡。

小王意识到如果每月销售量低于 250 件，店铺将处于亏损状态。于是，他决定采取以下措施提高销售量。

（1）优化商品展示：改进店铺的商品展示，使用高质量的图片和详细的商品描述吸引更多客户。

（2）进行营销活动：在社交媒体和电商平台进行营销活动，刺激销售。

（3）拓展销售渠道：考虑在其他电商平台开设店铺，以扩大商品的曝光度和销售范围。

思考：

（1）计算盈亏平衡点可以对店铺运营产生哪些积极作用？

（2）电商店铺如何根据盈亏平衡点制定营销策略？

学思践悟

电商企业通过分析店铺的成本结构和收入来源，合理制定商品定价策略，有助于店铺实现收支平衡、稳健经营，为电商行业的良性发展贡献力量。

知识储备

一、盈亏平衡点

盈亏平衡点是指企业的总收入与总成本相等时的产销量或销售额，在这一点上，企业既不盈利也不亏损，处于盈亏临界状态。盈亏平衡点的计算公式有以下两种形式。

（一）基于销售量的盈亏平衡点

基于销售量的盈亏平衡点公式如下。

盈亏平衡点销售量＝固定成本 ÷（单位售价－单位变动成本）

（1）固定成本是指不随产量变动的成本，如厂房租金、管理人员工资等。

（2）单位售价是指每销售一个单位产品的价格。

（3）单位变动成本是指每生产一个单位产品所增加的成本，如直接材料、直接人工等。

（二）基于销售额的盈亏平衡点

基于销售额的盈亏平衡点公式如下。

盈亏平衡点销售额＝固定成本 ÷（1－变动成本率）

变动成本率＝变动成本 ÷ 销售收入 ×100%

通过计算盈亏平衡点，企业可以分析在既定的成本和价格结构下，至少需要达到多少的销售量或销售额才能实现盈亏平衡，避免亏损。

获得盈亏平衡点后，可以知晓企业的安全边际是多少，即实际销售量超过盈亏平衡点的数量。安全边际越大，企业抵御市场风险的能力越强。在决策过程中，当改变产品价格、成本结构等因素时，企业可以通过盈亏平衡点分析这些因素的变化对企业的盈利能力产生的影响，以及企业需要达到多少的销售量才能实现目标利润，从而制定采购计划和销售定价策略。

练一练

假设云帆电商公司某款产品的售价为 200 元，变动成本为 120 元，公司每月的固定成本为 48 000 元。请计算该款产品的盈亏平衡点（基于销售额）。

二、商品定价策略

企业利用商品的盈亏平衡点可以确认盈亏平衡时的销售额和销售量，还可以设定目标利润和目标销售量进行商品定价，确定最佳定价策略以实现盈利。在定价过程中，需要考虑固定成本和变动成本，从而确定最佳盈利水平。

（一）成本加成定价策略

成本加成定价策略是在产品成本的基础上加上一定的利润来确定售价的策略。在用成本加成定价策略计算售价时，对成本的确定是在假设销售量达到某一水平的基础上进行的。单位售价的计算公式如下。

单位售价＝单位成本＋单位成本 × 利润率

确定单位售价时，利润率的设定至关重要，而利润率需要根据市场环境、行业特点等诸多因素来确定。当某个行业的同类产品在特定市场上以统一价格销售时，成本较低的企业可以获得较高的利润率，同时在价格竞争中也拥有更大的调整空间。

（二）目标利润定价策略

当企业有明确的目标利润时，可以运用盈亏平衡点分析的延伸——目标利润定价策略进行商品定价。这一策略是基于盈亏平衡点公式，加入目标利润因素，计算出实现目标利润所需的销售价格。目标利润定价策略的应用步骤如下。

1．确定目标利润

根据企业的发展规划和财务目标，设定一个明确的目标利润金额，如月度目标利润或年度目标利润。

2．估算销售数量

根据市场需求预测、过往销售数据等，估算出实现目标利润所需的销售数量。

3．计算单位售价

加入目标利润因素，计算出实现目标利润所需的单位售价。

单位售价 =（固定成本 + 目标利润）÷ 销售数量 + 单位变动成本

4．评估可行性

根据计算出的单位售价，评估其在市场上的竞争力和可接受程度。如果价格过高，则可能影响销量；如果价格过低，则可能难以达成目标利润。

5．调整优化

根据可行性评估结果，适当调整目标利润、销售数量或成本结构，以找到最优的定价方案。

练一练

假设云帆电商公司某款产品的售价为200元，变动成本为120元，公司每月的固定成本为48 000元，为获得60 000元的月利润，请计算需要销售的产品数量。

三、商品定价的税务风险

企业在制定商品价格时，需要确保符合税务规定，并避免因定价不当而产生税务风险。企业在商品定价中，应加强税务风险管理，建立健全内部控制制度，定期开展税务风险评估和内部审计，及时发现和化解潜在的税务风险。企业在商品定价中，需要确保定价策略符合税收法规要求，只有合规经营、依法纳税，企业才能实现可持续发展。

企业如果定价不当，可能会导致以下几种税务风险。

（1）转移定价风险，指制定不合理的市场价格，通过高价采购或低价销售等方式，在关联企业之间转移利润。

（2）偷税漏税风险，指刻意压低销售价格，减少销售收入和应纳税所得额，或利用虚构折扣、返利等方式虚减销售收入，逃避缴税。

（3）行业价格规定风险，指某些行业或产品存在政府指导价、限定价格等规定，若定价超出规定范围，则可能被认定为价格违法。

（4）跨境电商税收风险，指定价时未正确计算和申报相关税费，可能导致出现税收缺口。

面对商品定价的税务风险，企业在定价时，需要遵循独立交易原则，关联交易定价应符合公平、合理的市场价格；如实申报销售收入和税款，不得偷税漏税。企业同时需要了解并遵守电商行业价格规定，不得违反政府指导价或限定价格；全面了解跨境电商的税收政策，准确计算和及时申报相关税费。

课堂互动

思考与讨论：除了成本加成定价策略和目标利润定价策略，还有一种商品定价策略是心理定价策略，即利用消费者的心理特征制定价格，例如尾数定价（如 99.99 元）。请探讨这种策略通过价格的微小调整能够影响消费者的购买决策的原因。该定价策略有什么利与弊？

行家点拨

在运用目标利润定价策略时，企业需要综合平衡内外部因素，并根据市场反馈和销售数据及时调整定价策略，以实现目标利润及可持续发展。同时，企业还要注重产品质量和服务水平，通过提供优质的产品和服务支撑定价策略，建立良好的品牌口碑，提高客户忠诚度。

在运用目标利润定价策略时，需要综合考虑以下影响因素。

1．成本结构分析

成本结构分析是目标利润定价策略的基础。企业需要准确核算产品的各项成本，包括原材料、人工费、制造费用等。成本结构的变化会直接影响目标利润的结果。企业必须建立完善的成本核算体系，及时跟踪和分析成本变动情况，为定价决策提供可靠的数据支持。

2．目标利润率

目标利润率直接影响产品的定价。企业需要在盈利需求和市场竞争力之间找到平衡点。企业必须审慎地确定目标利润率，既要考虑自身的财务目标，又要兼顾市场的接受程度。

3．销售数量预测

销售数量是计算单位售价的重要参数。销售数量预测的准确性直接影响定价的合理性和可行性。企业需要综合考虑市场需求、竞争格局、营销策略等因素，对销售数量进行科学预测。

4．价格弹性分析

价格弹性反映了价格变动对需求量的影响程度。对于价格弹性较大的产品，提价可能导致销量大幅下降，定价时需要格外谨慎。企业需要通过市场调研和数据分析，了解目标客户对价格的敏感度，并在定价时充分考虑价格弹性的影响，以避免价格变动而导致销售数量和利润的大幅波动。

5．竞争对手策略

企业需要密切关注竞争对手的定价策略和市场反应，根据竞争态势及时调整自身的定价策略。在制定价格时，企业可以选择高于、低于或与竞品持平的定价策略，以在市场竞争中获得有利地位。同时，企业也要注意避免盲目跟随竞争对手的定价，而是根据自身的成本结构和目标利润率，制定符合企业实际情况的单位售价。

6．市场环境因素

在市场环境方面，宏观经济形势、行业政策、消费趋势等因素都会影响企业的定价决策。企业需要密切关注市场动态，根据环境变化及时调整定价策略。例如，在经济衰退、行业不景气的环境下，企业可能需要降低目标利润率，以维持产品的市场竞争力。如果经济繁荣、行业向好，企业可以适当提高目标利润率，以获取更高的利润。

7．企业发展阶段

处于不同发展阶段的企业，其定价策略可能有所不同。初创期企业可以采取渗透定价策略，以较低的价格快速打开市场，建立品牌知名度。成长期和成熟期企业则可以采取目标利润定价策略，在保持市场份额的同时，提升产品的盈利能力。

8．品牌定位策略

不同的品牌定位意味着不同的目标客户群体和价格期望。高端品牌可以采取溢价定价，强调产品的独特价值和品牌溢价，吸引追求品质和身份象征的客户群体。大众品牌则可以采取中等定价，强调产品的性价比优势，吸引注重实用性和经济性的客户群体。

实践任务

任务背景

假设绿源生活目前只有一款产品，成本分为固定成本和变动成本，其采用目标利润定价策略确定商品销售价格，期望每月获得 300 000 元的利润。

（1）固定成本包括租金、员工工资、设备折旧等。每月固定成本总额为 2 000 000 元。

（2）变动成本包括采购成本、物流成本和营销成本。每月变动成本总额为 2 800 000 元。

（3）销售收入根据产品定价和预计销售量计算得出。假设每月销售收入为 4 500 000 元。

任务要求

计算绿源生活的盈亏平衡点，确定达到盈亏平衡时的销售额，利用目标利润定价策略对商品进行定价。

任务内容

（1）结合所给数据，计算绿源生活需要获得多少销售收入才能达到盈亏平衡。

（2）假设每月的销售数量为 10 000 件，如果想要达到目标利润，商品应该如何定价？

任务五　售后情况分析

任务引例

“仅退款”模式：电商平台的售后机制

“仅退款”模式，是拼多多率先推出的售后机制，即当消费者向平台申请“仅退款”后，如果商家在48小时内未进行操作，系统则会默认商家同意退款申请，自动发起退款。

2023年9月21日，抖音电商在《商家售后服务管理规范》中更新了有关“仅退款”的规则：抖音商家商品好评率低于70%，平台有权对该商品交易订单的售后申请采取支持消费者仅退款、退货退款包运费的措施，商品好评率连续7天恢复到70%以上可解除。2023年12月，淘宝发布了关于变更《淘宝平台争议处理规则》的公示通知，其中新增了淘宝基于平台自身大数据能力，对买家发起符合相关情形的售后申请，做出快速退款或退货退款的规定。2023年12月，京东修订《京东开放平台交易纠纷处理总则》，新增交易纠纷支持用户仅退款。

“仅退款”的出现有其合理性，但并非所有电商交易行为都适用仅退款规则。结合法律法理，“仅退款”规则适用于以下几种情形。

（1）商家未发货，消费者付款后又申请退款的。

（2）商家已发货，但是平台无法显示物流信息，消费者申请退款的。

（3）商家已发货，并有物流信息，商品已在运输途中，消费者经与商家协商一致拒收快递后申请退款的。

（4）商家已发货，有物流信息，但是快递丢失或者快递有异常情况导致消费者没有收到快递，消费者联系商家协商一致后申请退款的。

（5）商家已发货，商品已收到，非因消费者导致商品出现质量瑕疵，消费者经与商家协商一致或者为减少物流成本，商家同意仅退款而无须退货的。

对优质商家而言，商品品质、发货能力、售前售后接待能力等方面都经过了市场的检验，几乎不受“仅退款”政策的影响；而对以次充好、服务差，甚至恶意欺诈消费者的劣质商家而言，“仅退款”是一种有效的淘汰机制。

思考：

（1）“仅退款”的售后退货机制会给电商商家带来哪些影响？

（2）电商商家如何降低“仅退款”售后成本？

学思践悟

售后分析是电商企业经营管理的核心环节，在提升用户体验、提高运营效率、把握市场动向等方面具有重要的战略价值，是电商企业实现可持续发展的必由之路。电商售后涉及消费者权益保护、合同履行、税收征管等诸多法律问题，需要加强法治观念和合规意识、服务意识和责任担当。电商从业者应通过学习售后分析，深入理解“以消费者为中心”的服务理念，增强为消费者服务的意识，提高行业责任心和社会使命感。

知识储备

一、售后数据分析

（一）财税数据维度

与传统企业相比，由于电商平台退换货的便利性，电商企业的售后业务远多于传统企业，电商企业必须引起重视。电商售后分析涉及多个财税数据维度，主要包括以下几个方面。

1. 销售收入与退换货额

电商企业应分析一定时期内商品的销售收入与退换货额，计算退换货率，评估商品的市场表现和客户满意度。同时，还要考察退换货对企业现金流和营业收入的影响。退换货率的计算公式如下。

$$退货率 = 退货额 \div 销售收入 \times 100\%$$

$$换货率 = 换货额 \div 销售收入 \times 100\%$$

2. 售后服务成本

售后服务成本主要包括退换货物流成本、维修成本、人工服务成本等。电商企业可以通过分析售后服务成本占销售收入的比重，评估售后服务的效率和成本控制情况。

3. 税务风险和成本

电商售后环节涉及增值税、消费税、关税等多种税费，需要分析退换货、维修等活动对税基和税负的影响，评估潜在的税务风险和成本。退货业务涉及开具红字发票的情况，要及时处理，确保销售业务的真实性，避免对税费申报产生影响。

4. 应收账款和坏账

对于允许客户退款或给予售后折扣的情况，要分析应收账款的账龄结构和回收情况，评估坏账风险，合理计提坏账准备，确保现金流安全。

职场任务

在“双十一”过后，云帆电商公司的部分商品面临退货、换货等售后问题，公司对售后有以下运营操作：对于存在轻微质量问题的商品，在退货后进行返修变为良品，变更渠道进行折价销售。

假设A吹风机成本为80元，首次在京东销售，售价为180元。该吹风机因按钮问题被客户退货，公司承担退货运费15元，返修成本共计30元，返修后在抖音以150元重新出售成功。不考虑其他因素，请分析商品从残次品变为良品形成二次销售的毛利率与首次销售成功的毛利率相比，有什么变化。毛利率计算如图5-6所示。

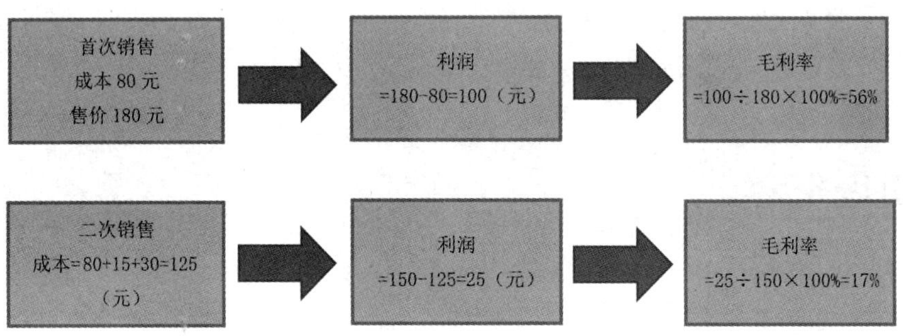

图5-6　毛利率计算

A吹风机经过返修和二次销售，其毛利率从56%降至17%。尽管利润空间显著收窄，但对电商企业而言，通过多元化渠道处理商品销售问题，是应对残次品的有效策略。在商品产生退货时，企业需要根据商品的实际情况进行分析与判断，站在整体运营结果的角度提出解决方案。

（二）运营数据维度

除了财税数据维度以外，在售后数据分析中，运营数据维度同样重要。运营数据维度分析从售后流程出发，考虑人力成本、客服成本、物流成本和索赔成本等，跟踪并分析售后对电商企业整体运营的影响。

1. 售后服务人员绩效和成本

分析售后服务人员的工作量、响应时间、解决率等关键绩效指标，评估人力成本投入产出情况，并据此优化人员配置和考核激励机制。

2. 售后渠道和物流成本

分析各售后服务渠道（如电话、在线客服、实体门店等）的使用情况和成本效益，优化渠道策略。同时，还要分析售后物流的时效性和费用情况，选择高效经济的物流方式。

3. 售后纠纷和索赔成本

分析因商品质量、服务承诺等问题引发的客户投诉和法律纠纷情况，评估潜在的赔偿金、诉讼费等索赔成本，并建立风险防范和快速响应机制。

二、售后风险管理

在电商企业运营中，要做好售后风险管理，电商企业可以从服务政策、人员管理、渠道优化、质量控制、财务管理、合规风控等多个维度入手，建立全面、专业、高效的风险管理体系。

（一）售后机制风险管理

1. 制定健全的售后服务政策和流程

电商企业应制定明确、合理的退换货、维修、赔偿等售后服务政策，规范售后服务流程，明确各环节的责任人和时限要求，从而使售后服务标准化和高效化，减少人为失误和操作风险。

2. 优化售后服务渠道和系统

电商企业应合理设置线上线下售后服务渠道，提供多样化、便捷化的服务方式。同时，加强售后服务信息系统建设，实现服务需求的自动分配、流转、催办、回访等环节的信息化管理，提高服务效率，降低人工成本和差错风险。

3. 建立售后风险预警和应急机制

电商企业应通过大数据分析，对退换货率、投诉率、维修率等关键风险指标进行实时监测和预警，及时发现异常情况并分析原因，制定应对措施。此外，电商企业还需要建立售后服务应急预案，对重大服务事故、群体性投诉等风险事件进行快速响应和处置。

4. 加强合规管理和法律风险防范

电商企业应严格遵守消费者权益保护、商品质量、广告宣传等方面的法律法规，规范售后服务合同条款，防范法律风险，并加强内部控制和审计监督，及时发现和整改违规问题，增强合规经营意识。

5. 注重数据安全和客户隐私保护

售后服务涉及大量客户信息和交易数据，电商企业必须高度重视数据安全和客户隐私保护，建立完善的数据管理制度和技术防护措施，防范数据泄露和网络攻击等风险，维护企业信誉和客户利益。

（二）售后流程风险管理

1. 加强供应商和商品质量管理

电商企业应建立严格的供应商准入和评估机制，对商品质量进行全流程把控和检验，减少因商品质量问题引发的售后纠纷和赔偿风险。同时，电商企业应与供应商建立战略合作关系，共同提升商品和服务质量。

2. 加强售后服务人员的培训和管理

电商企业应提高售后服务人员的专业技能，增强售后服务人员的服务意识，定期开展业务培训和服务质量考核，建立健全的绩效评估和激励机制，调动售后服务人员的工作积极性，提升服务水平，减少人员流动和服务风险。

3. 优化售后财务管理和成本控制

电商企业应加强售后服务相关的收入、成本、费用的核算和管理，优化预算的编制和执行工作，加强成本控制和绩效考核，提升售后服务的财务管理水平。同时，电商企业应合理运用金融工具和税收优惠政策，降低财务成本和税务风险。

课堂互动

思考与讨论：在不同的电商销售渠道下，售后处理方式有所不同，针对一手电商市场与二手电商市场，需要设计差异化的售后服务策略。请思考一手电商市场和二手电商市场的售后服务策略有何不同。

行家点拨

京东作为国内知名的电商平台，在售后服务方面有一套成熟、完善的处理机制。京东处理售后问题的主要方式有以下几种。

1. “7天无理由退货”服务

京东为大部分自营商品提供“7 天无理由退货”服务，即消费者在收到商品后的 7 天内，可以无理由申请退货。这项政策大幅提升了消费者的购物信心和体验。

2. 售后服务管家

京东为每一个订单配备专属的售后服务管家，全程跟进订单的售后状态。消费者可以通过在线客服、电话等方式与售后服务管家沟通，及时解决售后问题，如查询退换货进度、咨询问题、进行投诉等。

3. 多元化退换货渠道

除了常规的快递取件外，消费者还可以选择就近的京东自提点、京东帮服务店等线下门店完成退换货，以此提高了售后服务的便捷性和灵活性。

4. 智能化售后服务系统

京东开发了智能化售后服务系统，消费者可以通过京东 App、网站等自助完成退换货申请、进度查询、评价反馈等操作，从而大大提高了售后服务的效率和透明度。同时，此系统还会智能匹配最优的售后服务方案，如门店取件、最快退款等，提升消费者体验。

5. 售后服务质量管控

京东建立了严格的售后服务质量管控体系，对退换货速度、退款时效、客诉解决率等关键指标进行实时监测和考核，并对售后服务管家、物流快递等合作方进行定期评估和培训，确保售后服务的标准化和高质量。

6. 大数据驱动的售后决策

京东利用海量的售后数据，对商品质量、消费者偏好、服务效率等进行深入分析，并据此优化售后服务策略和流程，如调整退换货政策、优化服务人员配置、改进商品包装等，不断提升售后服务水平和消费者满意度。

7. 售后增值服务

对于 3C、家电等高价值商品，京东还提供延长保修、上门安装、清洗维护等售后增值服务，延长了商品的使用周期，提升了消费者的购物体验和忠诚度，也为京东创造了新的盈利点。

实践任务

任务背景

绿源生活针对某款环保清洁产品进行售后数据分析。假设该产品每月销售数量为 10 000 件，每月退货数量为 500 件，每件商品的平均成本为 100 元。考虑售后的人力、物流等因素，每件商品的平均退货处理成本为 20 元。经过统计，退货原因中，质量问题占 30%，尺寸 / 颜色不符占 40%，客户改变主意占 20%，其他原因占 10%。

任务要求

计算绿源生活该款环保清洁产品的退货率，分析该公司的售后情况。

任务内容

（1）结合绿源生活该款环保清洁产品的售后数据，计算退货率。

（2）根据绿源生活统计的退货原因，制定电商售后管理的优化策略。

课外拓展

电商企业实物商品售后退货流程与账务处理

1. 售后退货流程

（1）申请退货。消费者在收到商品后，如果发现商品存在质量瑕疵、错发、漏发或者不符合描述等问题，可以通过电商平台提供的退货申请通道提交退货申请。退货申请中通常需要填写退货原因、上传相关照片或视频作为证据。

（2）审核退货申请。电商企业或平台的客服人员会对退货申请进行审核，确认退货原因是否符合退货条件。如果符合退货条件，客服人员会批准退货，并提供退货地址和退货标签。

（3）商品退回。消费者按照指示将商品退回，通常需要保证商品的完整性，包括原包装、配件、赠品等。一般情况下，消费者需要承担退货运费，若商品存在质量问题，则运费由商家承担。

（4）商品验收。商家收到退回的商品后，会进行验收，检查商品是否完好无损，是否影响二次销售。如果商品符合退货条件，商家会进行下一步的退款处理。

（5）退款处理。商家确认商品无误后，会根据消费者的支付方式进行退款。退款可能需要一定的时间，具体时间取决于支付平台和银行的处理速度。

2. 账务处理

（1）退货成本核算。商家需要将退回的商品重新入库，并调整库存记录。退回商品的成本需要从销售成本中扣除，重新计入库存成本。

（2）退款处理。根据消费者的支付方式，商家通过相应的支付平台进行退款操作。退款金额需要从商家的收入中扣除，同时可能需要支付一定的手续费给支付平台。

（3）税务处理。退货可能会影响增值税的处理，商家需要根据当地税法规定调整增值税的申报。如果退货涉及跨境交易，还需要考虑关税和进出口增值税的处理。

（4）财务报表调整。退货和退款会影响商家的财务报表，商家需要及时调整相关账目，确保财务报表的准确性。

AI+智慧财税

AI 在电商企业运营中的应用

在电商企业运营中，AI 系统可以快速准确地处理和分析店铺的财务数据，包括收入、成本、利润等。通过对这些数据进行深入分析，电商企业管理者可以了解电商企业的财务状况，发现潜在的问题和机会。

首先，AI 系统可以自动识别和分析税务相关数据，提醒电商企业管理者按时申报纳税，避免税务风险，确保电商企业在税务方面的合规性。其次，AI 系统能够自动分析电商企业的各项成本，如采购成本、运营成本等，找出成本较高的环节，提供优化建议，帮助电商企业降低成本，提高盈利能力。再次，AI 系统能够利用历史销售数据和其他相关数据，进行销售预测，帮助电商企业管理者制定合理的库存策略和销售计划。最后，AI 系统还能够实时监测电商企业的财务数据和运营指标，一旦发现异常情况，及时发出风险预警，让电商企业管理者能够及时采取措施，避免损失。

例如，当 AI 系统自动分析电商企业的销售数据和成本数据，发现某个商品的成本过高，导致利润下降时，电商企业管理者能根据 AI 系统的建议，与供应商进行谈判，降低采购成本，从而提高电商企业的盈利能力。

AI 系统为电商企业运营数据分析提供了强大的支持，可以帮助电商企业管理者做出更明智的决策，提高电商企业的运营效率和竞争力。

项目通关测试

一、单选题

1. 企业通过电商平台直接面向消费者销售商品或服务的电商业务模式是（　　）模式。

A. B2B　　B. B2C

C. B2G　　D. C2C

2. 在产品成本的基础上加上一定的利润来确定售价的商品定价策略是（　　）。

A. 目标利润定价策略　　B. 心理定价策略

C. 成本加成定价策略　　D. 折扣定价策略

3. 目标利润定价策略的应用步骤是（　　）。

① 计算单位售价

② 估算销售数量

③ 确定目标利润

④ 评估可行性

⑤ 调整优化

A. ③②①④⑤　　B. ③①②④⑤

C. ④③①②⑤　　D. ②③①④⑤

4. 电商运营整体销售分析中常用的分析角度不包括（　　）。

A. 销售趋势分析　　B. 季节性变化分析

C. 产品表现分析　　D. 采购成本分析

5.（　　）不是电商运营物流成本分析中的指标。

A. 运输成本　　B. 包装成本

C. 进项税额　　D. 物流税费

二、多选题

1. 电商企业的市场定位可以从（　　）方面来考虑。

A. 产品或服务　　B. 目标客户

C. 渠道策略　　D. 品牌形象

2. 从销售分析层面来说，电商平台的销售数据种类可以分为（　　）。

A. 流量数据　　B. 交易数据

C. 产品数据　　D. 用户数据

3.（　　）属于营销成本分析的财务指标。

A. 销售毛利率　　B. 进项税额

C. 销项税额　　D. 仓储成本

4. 商品定价的税务风险有（　　）。

A. 行业价格规定风险　　B. 转移定价风险

C. 偷税漏税风险　　D. 跨境电商税收风险

5. 从运营数据维度，售后数据分析涉及的运营数据有（　　）。

A. 售后服务人员绩效和成本　　B. 税务风险和成本

C. 售后纠纷和索赔成本　　D. 售后渠道和物流成本

三、判断题

1. 搭建交易平台，为第三方商家提供展示、交易、支付、物流等服务，并从中收取佣金或服务费的模式是自营电商模式。（　　）

2. 企业与政府机构通过电商平台进行交易的模式是 B2G 模式。（　　）

3. 企业的“明星产品”和“金牛产品”一般是企业的畅销产品。（　　）

4. 盈亏平衡点是指企业的总收入与总成本相等时的产销量或销售额，在这一点上，企业既不盈利也不亏损，处于盈亏临界状态。（　　）

5. 在电商运营中，销售毛利率是指销售收入减去销售成本，再除以销售收入后的百分比。（　　）

6. 在电商运营中，库存管理不需要考虑市场需求的变化。（　　）

7. 企业在定价时，需要遵循独立交易原则，关联交易定价应符合公平、合理的市场价格。（　　）

8. 季节性变化是指销售数据在一年内呈现有规律的周期性波动。（　　）

9. 在售后管理中不需要加强供应商和商品质量管理。（　　）

10. 通过建立和维护良好的客户关系，电商店铺可以提高客户的满意度和忠诚度，提高复购率和客户终身价值。（　　）

四、案例分析

假设一家销售冬季棉服的电商店铺中某款衣服在过去一年的月度销售数据如表5-3所示，请分析该店的销售趋势，并分析销售高峰和低谷出现的原因。

表5-3　月度销售数据

月份	销售额/元	订单量/单	客单价/元
1月	150 000	1 500	100
2月	120 000	1 200	100
3月	180 000	1 800	100
4月	200 000	2 000	100
5月	220 000	2 200	100
6月	250 000	2 500	100
7月	300 000	3 000	100
8月	280 000	2 800	100
9月	260 000	2 600	100
10月	240 000	2 400	100
11月	400 000	4 000	100
12月	500 000	4 800	100

知识复盘

请复习本项目所讲知识，填充空白处，并对各知识点进行标记，△表示了解，○表示熟悉，☆表示掌握。

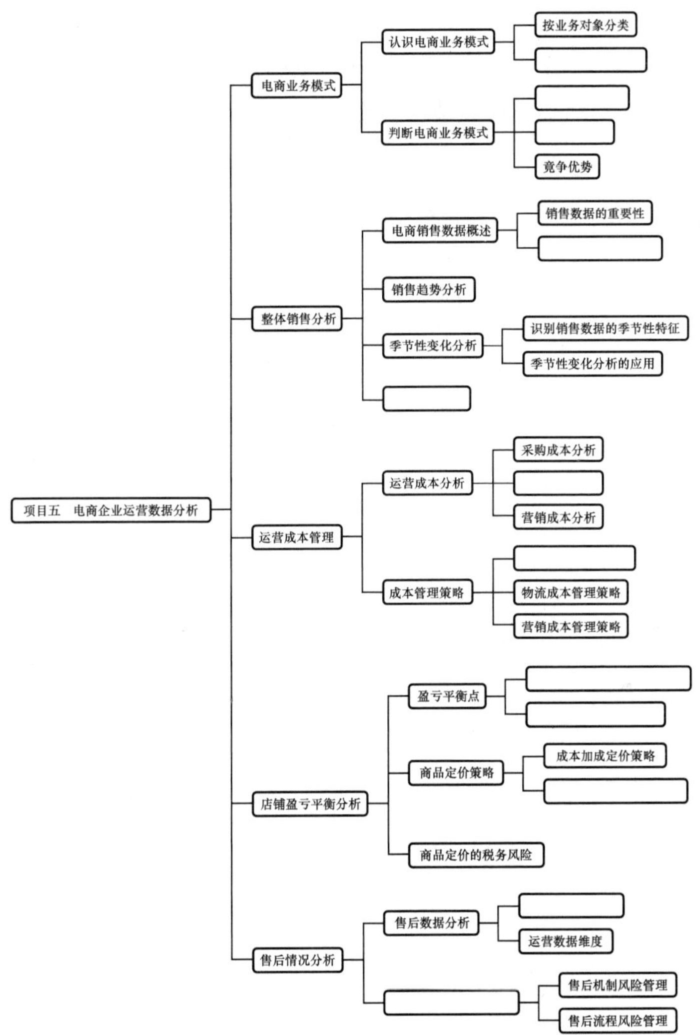

学习评价

根据考核内容，完成自我小结并进行自我评价和小组互评，最后按自我评价分 ×40%+小组互评分 ×60% 计算综合得分。

评价表

评价维度	考核内容	分值	自我评价	小组互评
知识学习评价	认识电商业务模式，理解各类电商业务模式的具体表现形式	10分		
	了解电商销售数据的类型，掌握电商运营的整体销售分析方法	10分		
	了解店铺运营成本分析的财务指标，掌握运营成本管理策略	10分		
	掌握盈亏平衡点的计算公式，熟悉商品定价策略的类型	10分		
	了解售后数据分析的维度，掌握售后风险管理的策略	5分		
职业素养评价	能准确识别并解释不同类型的电商业务模式，并理解其在市场中的具体表现形式和适用场景	5分		
	能运用有效的分析工具和方法，对电商运营的整体销售情况进行深入分析，提出改进建议	5分		
	具有良好的信息收集能力和学习能力	5分		
	能够运用正确的方法学习、掌握新知识	10分		
品行素养评价	在认识和分析电商业务模式、销售数据、运营成本、盈亏平衡点以及售后分析时，坚持数据的真实性和准确性，确保分析结果的可靠性	5分		
	在掌握运营成本管理策略和售后风险管理策略时，能够结合企业的实际情况，提出创新性的优化建议，降低运营成本，提升售后服务质量	5分		
	在面对复杂或烦琐的工作时能够保持耐心，不轻易放弃或抱怨	10分		
	能够清晰、准确地表达自己的分析结果和建议，与团队成员进行有效沟通，确保信息的准确传递	10分		
合计		100分		

综合评价表

综合评价	自我评价（40%）	小组互评（60%）	综合得分

项目六　直播电商中的财税管理

学习目标

✧知识目标

（1）了解直播销售数据分析方法和直播销售策略优化建议。

（2）了解主播与直播电商公司的合作模式和主播报酬激励机制。

（3）熟悉直播电商的潜在风险和风险管理策略。

（4）掌握直播电商的成本结构和盈利模式。

✧ 技能目标

（1）能够从用户、产品、竞品等角度对直播销售数据进行分析。

（2）能够根据直播销售数据分析结果，制定有效的直播销售策略，选择合适的主播合作模式。

（3）能够进行直播电商成本性态分析，区分固定成本与变动成本，并提出成本优化策略。

（4）能够识别和评估直播电商活动中的潜在风险。

✧ 素养目标

（1）通过对直播销售数据的分析，培养数据分析能力和逻辑思维能力。

（2）通过与团队成员的合作，培养团队合作精神和沟通能力。

（3）通过学习直播电商的潜在风险和应对策略，培养风险意识和风险管理能力。

思维导图

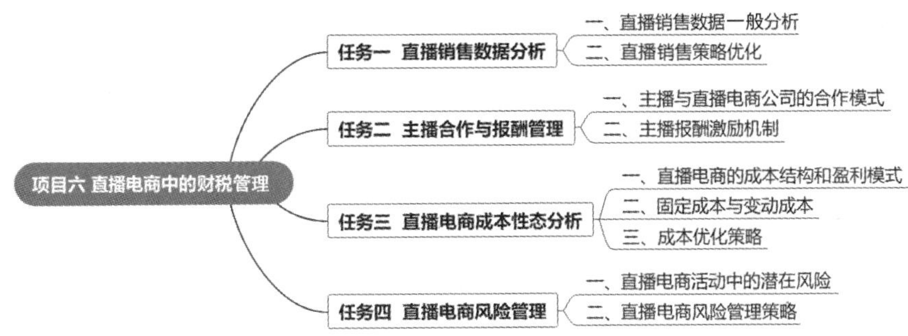

项目背景

2023 年，淘宝、京东等传统电商巨头调整策略，推动架构变革；抖音电商奋起直追，积极进军本地市场直面美团；百度电商凭借技术优势开启数字人直播助力商家；拼多多于年尾在海外市场崛起，跻身世界 500 强；小红书、哔哩哔哩等也定下更为明晰的策略进攻“电商蛋糕”。

2024 年，淘宝宣布成立不以营利为目的旨在培养主播的直播电商公司，为培养自家主播迈出关键一步；京东宣布升级服务；拼多多开始招兵买马；腾讯将微信视频号 2024 年重点方向定为直播电商；百度重启电商；哔哩哔哩宣布重点盈利目标之一就是电商。

电商成为互联网平台变现绕不开的词，而直播则成为常见的工具。

然而，直播电商的快速发展也带来了财税管理方面的挑战，包括税收合规、成本控制和风险管理等。本项目旨在分析和解决直播电商在财税管理方面遇到的问题。

任务一　直播销售数据分析

任务引例

2024年“6·18”全网销售数据解读

2024 年的“6·18”电商节延续了“低价之争”，比价、跟价更为激烈，各平台以低价策略争夺消费者的心；同时，“聚焦用户体验”“用户为先”的理念也被各大平台高声呼喊。这标志着在激烈的低价竞争环境下，各平台正将战略重心回归到用户服务，更加注重用户体验的提升。曾作为电商大促标配的预售制，如今已被众多电商平台摒弃，这一转变简化了购物规则，真正做到了以消费者体验为先。在这样的背景下，各大平台在此轮激烈的竞争中纷纷亮出了自己的撒手锏，这无疑是一场价格与技术双重驱动的购物盛宴。那么，2024 年的“6·18”大促，各平台究竟表现如何呢？接下来，我们将通过详细的数据呈现这场电商盛宴的战况。

星图监测数据显示，2024 年“6·18”期间（天猫 5 月 20 日 20:00—6 月 18 日 23:59，京东 5 月 31 日 20: 00—6 月 18 日 23:59，其他平台从公布“6·18”起始时间截至 6 月 18 日 23:59），综合电商平台、直播电商平台累计销售额突破 7 000 亿元。分渠道来看，综合电商平台销售总额达 5 717 亿元，同比下降 6.9%。天猫占据综合电商平台榜首位置，京东紧随其后，拼多多位居第三。直播电商平台表现不俗，累计销售额达 2 068 亿元，抖音排在直播电商平台榜首。即时零售渠道销售额为 249 亿元，美团闪购排名第一。

思考：

（1）直播销售数据背后的消费者行为有哪些特点？这些特点如何影响直播销售策略的制定和优化？

（2）考虑到 2024 年“6·18”大促中各平台强调用户体验的提升，并简化了购物规则，这些变化如何反映在直播销售数据中？

学思践悟

直播平台不仅是一种商业工具，更是一种传递信息和价值观的渠道。在直播电商中，传播正能量和社会主义核心价值观是每一个主播与商家的责任。这不仅是提升个人和品牌形象的需要，更是推动社会进步和文明建设的需要。

电商直播的本质是营销，但营销不仅是推销产品，更是传递生活态度和价值观。在直播中，要注重产品质量、服务态度和诚信经营，这些都是赢得消费者信任和口碑的关键。只有在诚信的基础上，才能建立起长期的合作关系，实现共赢。

知识储备

一、直播销售数据一般分析

（一）用户数据分析

1. 用户画像分析

全面收集用户的基本信息，包括但不限于年龄、性别、地域、职业、教育背景、收入水平等，构建精准的用户画像，以深入洞察目标受众的社会属性、消费习惯和偏好。细致分析用户画像，为直播内容的定制和营销策略的调整提供数据支持。

例如某知名品牌推出了新款降噪蓝牙耳机，并在电商平台进行直播销售。为了优化营销策略和提升销售效果，品牌团队对直播销售数据进行了深入分析，以构建目标用户画像。

通过数据分析，该品牌降噪蓝牙耳机的目标用户画像如下。

（1）年龄与性别：主要集中在 18 ～ 35 岁，男性用户略多于女性用户。

（2）地域分布：一线城市及部分发达二线城市用户占比较大，这些地区的用户对高品质生活的追求更为强烈。

（3）职业特征：以学生、上班族、自由职业者为主，他们注重生活品质，愿意为提升生活体验的产品付费。

（4）需求特征如下。

降噪需求：在嘈杂环境中工作或学习，需要高效降噪功能来隔绝外界噪声。

音质追求：对音质有较高要求，注重音乐的细节和清晰度。

舒适度：长时间佩戴耳机，注重耳机的舒适度和耐用性。

品牌意识：对品牌有一定认知，愿意为知名品牌的产品支付溢价。

（5）行为特征如下。

线上活跃：经常在电商平台、社交媒体上浏览和购买电子产品。

口碑传播：愿意在社交媒体上分享和推荐自己满意的产品。

冲动消费：易受促销活动等因素影响，做出购买决策。

职场任务

“双十一”当天，有一款 App 因为有优惠活动吸引了 3 个新用户，分别为 A、B、C。如果在“双十一”过后的第一天，A 登录了 App，第二天 B 登录了，第三天 C 登录了，第四天又来了一个新用户 D，那么该 App 每一天的留存数是多少呢？请完成表 6-1。

表 6-1　用户留存

"双十一"当天	+1日	+2日	+3日	+4日
A				
B				
C				

2. 用户行为分析

（1）观看行为：详细记录用户进入直播间的时间、观看时长、观看频率等，分析用户对直播内容的兴趣程度和时间分配。

（2）互动行为：统计用户在直播间的点赞、评论、分享、打赏等互动数据，评估用户的活跃度和社交传播潜力。

（3）购买行为：跟踪用户的点击购买、加入购物车、支付完成等购物流程中的行为，分析用户的购买决策路径和转化率，从而优化商品展示和促销策略。

3. 用户留存与转化分析

（1）留存分析：监测直播结束后用户的留存情况，包括次日留存、7 日留存和 30 日留存等关键指标，分析直播内容对用户的长期吸引力。

（2）回访频率：记录用户回访直播间的次数和时间间隔，了解用户的忠诚度和对直播间的黏性。

（3）转化跟踪：评估用户从观看直播到最终完成购买的转化率，分析转化过程中的流失节点，有针对性地提高用户转化率。

（4）用户流失预警：通过对用户行为的持续监测，及时发现潜在流失用户，采取相应的挽留措施，降低用户流失率。

职场点津

留存指标怎么算

在上一个【职场任务】中某 App"双十一"过后第一天的留存数是 1，留存用户是 A，第二天和第三天的留存数也是 1，留存用户分别是 B 和 C，但是第四天的留存数是 0。这是因为"双十一"当天来的三个用户在第四天并没有来，而 D 是新增用户。

在算留存数的时候，有一点要注意，就是留存数只算当天活跃的用户，并不是算这一天和之前活跃的用户数之和。"双十一"用户留存如表 6-2 所示。

表 6-2　"双十一"用户留存

"双十一"当天	+1日	+2日	+3日	+4日
A	A			
B		B		
C			C	
				D

（二）产品数据分析

1. 销售量分析

（1）总销售量：统计直播期间产品的总销售数量，对比不同产品的销售表现，识别热销产品和滞销产品。

（2）销售趋势：观察产品销售量的时间分布，分析销售高峰和低谷时段，为直播时间的安排提供依据。

（3）产品组合：分析不同产品组合的销售情况，优化产品结构，提高整体销售业绩。

2. 销售额分析

（1）总销售额：计算直播期间的总销售额，并与销售目标进行对比，评估直播活动的整体业绩。

（2）平均客单价：通过销售额除以销售量得出平均客单价，分析用户的购买力和产品定价策略。

（3）利润分析：结合产品成本和销售费用，计算直播期间的毛利润和净利润，评估产品的盈利水平。

3. 转化率分析

（1）直播转化率：计算用户从观看直播到完成购买的转化率，评估直播效果。

（2）产品转化率：分析不同产品的转化率，识别哪些产品更受市场欢迎，哪些产品需要改进。

（3）流量转化：监测直播带来的流量转化情况，如点击率、加购率等，优化直播内容和营销策略。

（4）用户路径转化：追踪用户在直播过程中的行为路径，找出转化过程中的关键环节和流失点，有针对性地提升用户体验和转化效率。

（三）竞品数据分析

1. 竞品销售情况分析

（1）销售数据对比：收集并对比竞争对手在类似直播活动中的销售数据，如销售量、销售额、增长率等，以掌握市场竞争态势和自身的市场地位。

（2）市场份额：评估竞品在市场中的份额，分析自身产品的市场占有率，为市场扩张策略提供参考。

（3）销售渠道：研究竞品的销售渠道和分销网络，寻找市场覆盖的差距和潜在的合作机会。

2. 竞品策略分析

（1）营销手段：分析竞品使用的营销手段和推广策略，如广告投放、社交媒体活动等，借鉴有效的营销方法。

（2）产品差异化：研究竞品的产品特点、功能、包装、价格等，找出差异化的竞争优势和潜在的改进空间。

（3）用户服务：考察竞品的用户服务体系，包括售后服务、用户关怀等，提升自身的服务质量和用户满意度。

3. 竞品用户反馈分析

（1）用户评价：收集和分析用户在各大电商平台、社交媒体等渠道对竞品的评价和反馈，了解竞品的优势和不足。

（2）用户需求：分析竞品的用户反馈，挖掘潜在的用户需求和市场趋势，为产品创新和改进提供方向。

（3）品牌形象：评估竞品在市场上的品牌形象和用户认知，制定相应的品牌建设和提升策略。

二、直播销售策略优化

针对直播销售数据分析，提出以下直播销售策略优化建议。

（一）产品选择与定位

综合分析直播间用户的购买历史、浏览行为和搜索偏好，深入挖掘其消费心理和需求特征，实现产品的精准选择和定位。通过这种方式，企业可以确保推出的产品与目标用户群体的兴趣和需求高度匹配，从而增强市场竞争力，提高用户满意度和品牌忠诚度。

（二）提升营销效果

依据实时的销售数据，灵活调整直播营销策略，包括但不限于优化产品展示的视觉效果、实施动态定价策略以及增强与用户的互动体验，这些措施有助于提升用户参与度，进而提高转化率和整体销售额。

（三）服务与售后优化

细致分析用户反馈和退货数据，及时发现产品及服务中的不足，采取有效措施进行改进。同时，提供快速响应、专业高效的售后服务，以增强用户体验，提高用户满意度和忠诚度，为品牌赢得良好口碑。

（四）大数据与 AI 技术的深度应用

运用大数据技术深入剖析用户需求和市场趋势，为直播锁定精确的目标用户群体。同时，利用 AI 技术对直播过程进行智能化监控和优化，实时调整策略，提升直播质量和转化率。此外，基于用户画像和消费行为数据，打造智能推荐系统，为用户提供个性化的购物体验，有效提高购买转化率。

课堂互动

思考与讨论：列举并解释三个你认为最重要的直播销售数据指标，并讨论这些指标如何揭示销售表现的深层次问题；同时，探讨如何利用这些指标发现直播销售的弱点和机会。

行家点拨

在直播领域，数据分析是评估直播效果的关键步骤，它帮助我们挖掘数据背后的信息，从而有针对性地进行提升和改进。以下是几个常见问题的分析及解决策略。

1. 流量不足

流量不足通常由几个因素造成，包括私域流量不足、公域流量缺乏权重，或终端传达信息不够精准。为了解决这一问题，我们应该将重点放在引流上。引流策略主要包括两种：付费流量和免费私域流量。此外，还可以利用主播的个人流量和站外流量。一旦流量提升，我们还需确保主播话术、直播场景和货品能够有效承接，这是实现流量转化的关键。

2. 成交额低

成交额低通常意味着用户对主播缺乏足够的信任，不会仅凭一次直播就决定购买，因此主播需要持续直播以建立信任。商品单价越高，用户对主播的信任需求也越高，单价较低的商品更容易成交。针对这一问题，主播应致力于建立长期信任关系。

3. 互动率低

互动率低时，主播可以通过引导增强互动。例如，发放福袋等互动活动不仅能增加用户与主播的互动次数，还能增加直播间的平均停留时长。

4. 转化率低

商品转化率低一般是因为所选商品与直播间用户画像不符，或客单价、性价比出现问题。解决这一问题需要更新产品活动，关注选品、比价、非刚需、流量精准度和卖点描述等方面。

5. 完播率低

完播率低与多种因素有关，如直播内容无趣、主播缺乏激情、节奏过慢，或竞品由大主播直播。解决这一问题的策略包括错峰直播、提升主播直播激情、加快节奏，以及通过优化直播间场景布置增强吸引力。

实践任务

任务背景

随着直播电商的迅猛发展，各大平台纷纷入局，为品牌提供了广阔的选择空间。

淘宝作为强电商属性的直播平台，拥有丰富的商品类别和强大的流量基础，用户以一二线城市人群为主，同时覆盖下沉市场，为品牌提供了理想的线上销售场景。然而，淘宝平台的竞争激烈，流量相对集中，小众品牌商家可能面临较大的挑战。内容制作和主播选择成为提升流量的关键因素。

抖音和快手则凭借娱乐社交属性和庞大的用户，拥有高流量和高活跃度，为品牌提供了大量曝光机会。这两个平台的用户相对年轻，内容创作和主播选择需要更加注重娱乐性与互动性。

因此，品牌在选择直播平台时，需要根据自身的产品定位、目标用户和营销目标，综合考虑平台属性、用户特征、流量获取、内容制作和主播选择等因素，选择最适合自己的平台，制定有效的直播营销策略，从而在竞争激烈的直播电商市场中脱颖而出。

任务要求

选择一个熟悉的直播电商平台，如淘宝直播、抖音直播、拼多多直播等，再选择一个具体的直播间或主播，完成以下任务。

（1）收集直播销售数据：包括销售额、订单量、转化率、客户留存率、客户流失率等。

（2）分析直播销售数据：使用图表、表格等工具，对直播销售数据进行分析，并找出数据中的规律和趋势。

（3）提出优化建议：根据数据分析结果，提出有针对性的优化建议，如产品组合优化、主播选择、直播内容改进、营销策略调整等。

任务二　主播合作与报酬管理

任务引例

云梦公司与“田园诗语”

“田园诗语”是一位在社交媒体平台上拥有数百万粉丝的知名网络主播，其以独特的直播内容与亲和的直播风格深受观众喜爱。云梦科技有限公司（以下简称“云梦公司”）是一家在网络直播行业具有广泛影响力的经纪公司，专注于主播的培养、包装和推广。

为了进一步提升自己的影响力和商业价值，“田园诗语”与云梦公司达成了合作协议。根据协议，云梦公司将为“田园诗语”提供专业培训、内容策划、市场推广等全方位的支持，而“田园诗语”则承诺在特定平台独家直播，并分享一定比例的收入给云梦公司。

学思践悟

为了确保双方的合法权益，主播合作与报酬管理应考虑以下方面。

（1）合同的明确性。合作协议应详细规定双方的权利、义务、收益分配和违约责任。

（2）利益分配的公平性。根据主播的贡献和市场价值，制定合理的收益分配方案。

（3）风险预防和纠纷解决。合作协议应包含风险预防措施和纠纷解决机制，以减少合作过程中的不确定性。

知识储备

一、主播与直播电商公司的合作模式

（一）客栈模式

在客栈模式中，主播与直播电商公司之间的关系就像是旅客与客栈的关系，双方为一次性合作，约定高额的违约金。在这种模式下，双方为了各自利益而合作，直播电商公司在合作期间会尽可能地利用主播的价值，而主播则希望在合作期间获得尽可能多的收入，主播的收入通常由固定的底薪和根据销售额计算的提成组成。早期的 MCN 机构多采用这种模式，其管理模式相对松散，缺乏长期稳定的合作机制，很难维持长期的合作关系。一旦主播积累了一定的知名度和粉丝基础，往往会选择独立运营或者转投其他更具吸引力的 MCN 机构，这是因为客栈

模式无法为主播提供长期的职业发展规划和足够的支持。

客栈模式在某种程度上类似于传统的代理或分销模式。在这种模式下，主播扮演的角色类似于销售代理，负责推广和销售直播电商公司的商品。主播拥有自己的直播间，这个直播间就像是一个客栈，主播通过直播吸引用户（观众）购买商品。直播电商公司则负责提供商品、物流和售后服务，主播的主要任务是吸引流量和促进销售。

（二）主播养成模式

主播养成模式是直播电商公司通过投入资源培养和打造新主播的一种模式。在这种模式下，直播电商公司会一次性签约数十甚至上百名主播，并将他们推广到直播平台上。初期，这些主播中可能会有人迅速获得关注和成功，成为平台的焦点。这时，直播电商公司会加大对这些热门主播的资源投入。同时，这些热门主播也需要在其他主播的直播间客串，共同拍摄短视频，以此方式帮助平台上的其他主播吸引流量。随着时间的推移，直播电商公司所拥有的不再是一名主播的粉丝流量，而是由众多主播共同构成的一个流量池。在这个流量池中，主播的流动性较大，每时每刻都有新主播成名，也有主播离开或逐渐失去关注。不论主播最初的身份如何，直播电商公司都会根据市场需求对他们进行有针对性的包装和定位，以吸引有特定喜好的用户群体，使主播成为具有一定知名度和影响力的销售者。

在这种模式下，主播最初可能并不具备大量的粉丝或销售能力，但直播电商公司通过提供培训、营销支持、内容制作等资源，帮助主播提升技能和知名度。这类直播电商公司通常会专注于某一特定的领域或类型，吸引的粉丝类型也相对一致，形成一个相对垂直的人群流量池。这种模式适用于长期合作，直播电商公司通过培养独家主播提升品牌形象和用户忠诚度。然而，一旦直播电商公司中出现了粉丝数量达到千万级别的大型主播，即“超头部主播”，直播电商公司就有可能采用合伙人模式。

（三）合伙人模式

当一个主播的粉丝数量达到千万级别时，直播电商公司通常会主动邀请该主播成为合伙人。合伙人模式能够更好地激励主播与直播电商公司之间的合作，形成更为紧密的伙伴关系。在某些直播电商公司，主播会根据其角色和职责被分为不同的档位，如签约艺人、内容合伙人和分公司负责人等。内容合伙人需承担一定的责任，例如孵化新人，帮助他们成长并提升自身的直播技能。而分公司负责人则更多地参与公司的行政管理，负责制定和执行公司的各项政策。合伙人模式是一种更为深入和全面的合作形式，主播在这种模式下不仅是销售产品的中介，而且是直播电商公司的合作伙伴。主播会参与公司的决策过程，如产品开发、市场推广等重要环节，这不仅能够增加主播对公司的归属感，也有助于公司更好地满足市场需求。

此外，作为公司的合作伙伴，主播有机会分享公司的利润，甚至获得公司的股份，这能够激发主播拥有更高的工作热情和创造力。这种模式要求主播具有较高的影响力和商业价值，能够为公司带来显著的销售增长。为了吸引和留住优秀的主播，直播电商公司需要设计一个公平且具有竞争力的薪酬管理机制，以充分调动主播的积极性和创造性。总体来说，合伙人模式是主播与直播电商公司之间深度合作的一种表现，通过共享资源和利润，实现双方的共同成长和发展。

职场任务

青羊文化传媒有限公司发现一位具有潜力的主播，其粉丝数量增长迅速，但直播间人气和销售额仍有待提升。

主播名叫小美，她擅长讲述故事，把产品融入故事中，让粉丝在聆听故事的同时产生购买欲望。然而，由于缺乏专业的直播技巧和营销策略，小美的直播间人气和销售额增长缓慢。青羊文化传媒有限公司发现了小美的潜力，决定与她展开合作。

请根据上述内容，为该公司和主播选择合适的合作模式。

近几年，主播已经成为直播电商公司的核心角色，他们的一举一动对销售产生了巨大影响。特别是流量大的主播，他们的每一次行动都直接关系到销售成果，甚至影响直播电商公司的命运。流量大的主播在为公司带来巨大收益的同时，也可能导致公司的风险集中化。当公司过分依赖某一位主播时，其所有业务线和营销策略都围绕这位主播展开，一旦主播因故无法直播（如健康问题、个人纠纷、合约问题等），整个公司的销售链条将受到严重冲击，甚至可能导致短期内业绩大幅下滑。为了有效管理这些风险并促进公司稳健发展，直播电商公司应当采取措施，改进主播合作策略。直播电商公司可参考以下五点建议。

1. 构建多元化主播团队

构建一个多元化、具有互补性的主播矩阵是降低对单一主播依赖的关键。直播电商公司可挖掘和培养不同风格、不同领域的主播，形成一个多层次、多类型的主播团队，这样不仅可以分散风险，还能满足不同用户的多样化需求，提升整体竞争力。

2. 为主播提供培训与提升机会

为主播提供持续的培训与提升机会，如商品知识、销售技巧、内容创作等专业技能培训，帮助他们提高专业素养和影响力，从而提高销售转化率。

3. 建立合理的报酬激励机制

建立一个科学、合理的主播报酬激励机制，确保主播在为公司带来收益的同时，也能获得相应的回报。直播电商公司可以考虑采用固定工资＋提成的方式，让主播有一定的安全感，同时也能激发他们的积极性。

4. 优化直播内容与商品策略

提升内容创作与运营能力，减少对主播个人魅力的过度依赖。直播电商公司可通过优化内容制作流程、提升内容质量、创新内容形式等手段，吸引和留住用户，提升品牌的自主吸引力和竞争力。

5. 注重主播的个人成长

为主播提供职业发展的机会，量身定制职业发展路径，确保每位主播在公司内部都有明确的晋升空间和广阔的发展前景，从而提高他们的归属感和忠诚度。

二、主播报酬激励机制

在当今直播电商迅猛发展的背景下，主播报酬激励机制显得尤为重要。一个合理有效的报酬激励机制不仅能够激发主播的销售积极性，提升其销售能力，还能够为主播提供更公平、透明的收入保障，进而促进整个直播行业健康发展。目前，主播报酬激励机制主要包括提成制、供货制和混合制。

（一）提成制

提成制，即在底薪的基础上，根据主播实际销售的商品交易额计算提成比例，这种机制能够充分体现主播的能力，特别适用于以销售成果为核心的直播活动。提成制直接将主播的收入与销售业绩挂钩，极大地激发了主播的销售热情。为了进一步完善提成制，直播电商公司可参考以下几点建议。

1. 优化提成结构

直播电商公司可以设置阶梯式提成比例，即销售额逐渐增加时，提成比例相应提高，以激励主播追求更高销售额。

2. 增设团队奖金

对于表现优异的主播团队，直播电商公司可以设置团队奖金，鼓励团队合作，共同提高销量。

3. 培训与支持

提供专业培训，帮助主播掌握销售技巧。

4. 透明化考核

确保提成计算过程公开透明，让主播对自己的收入有明确的预期。

（二）供货制

供货制，即直播电商公司供货给主播，以供货价的方式进行结算，主播拥有定价权，赚取差价。在这种模式下，主播对商品的把控度高，在流量较高的自营账号及达人账号中更为流行。为了提高供货制的效率，直播电商公司可参考以下几点建议。

1. 共享库存信息

与主播共享库存数据，帮助主播更好地把控商品，提高销售效率。

2. 优化坑位费政策

对于大主播，直播电商公司可以采取与业绩挂钩的坑位费政策，降低初期合作成本。

3. 建立品牌合作关系

与主播建立长期品牌合作关系，共同开发产品，提高主播对产品的认同感和把控力。

4. 流量扶持

为流量较低的主播提供一定的扶持，帮助其提升影响力。

（三）混合制

混合制，即多种制度的组合，如按照小时给主播计算薪资，同时给予一定的提成奖励。混合制结合了多种激励方式，能够满足不同主播的需求，提高其整体满意度，从而促进销售。为了优化混合制，直播电商公司可参考以下几点建议。

1. 简化薪酬结构

在保证激励效果的前提下，尽量简化薪酬结构，缩短磨合期。

2. 定制薪酬方案

根据主播的特点和需求，为其定制合适的薪酬方案，提高其满意度。

3. 短期与长期激励相结合

设置短期提成奖励和长期股权激励，鼓励主播长期稳定地为公司创造价值。

4. 跟踪反馈与调整

定期收集主播对薪酬制度的反馈，及时调整优化，确保激励效果。

职场点津

在职场中，发现并挖掘潜力人才至关重要。针对小美的情况，青羊文化传媒有限公司可采取主播养成模式，通过专业培训和市场定位，使小美掌握直播技巧和营销策略。同时，利用主播间的互动合作，形成一个流量共享的生态圈，从而提高直播间人气和销售额，实现公司与主播共同成长。

课堂互动

思考与讨论：在现有的主播与直播电商公司合作模式（客栈模式、主播养成模式、合伙人模式）的基础上，请你设计一种新的合作模式，并命名为“创新模式”。请阐述“创新模式”的核心特点、运作机制及预期效益；同时，讨论该模式如何解决或优化现有合作模式中的常见问题，如主播流动性大、资源分配不均、利益分配不公等；并思考这种新模式会给主播个人成长和直播电商公司品牌建设带来哪些影响。

行家点拨

MCN 机构与网络主播作为直播经济时代的产物，其主要有以下两种法律关系。

1. 劳动关系

网络主播接受 MCN 机构的监督、管理，为 MCN 机构提供劳动服务并收取劳动报酬。根据《中华人民共和国劳动法》《中华人民共和国劳动合同法》等法律法规，MCN 机构作为用人单位需要承担法律规定的义务，网络主播从属于 MCN 机构，依法享受工资、社保、休假等劳动者权利和福利待遇。

2. 经纪合作关系

网络主播与 MCN 机构通过签署经纪合同、合作协议，约定网络主播负责内容的持续创作，MCN 机构则为网络主播在商业资源、账号创作、粉丝管理等方面赋能。经纪合作关系受《中华人民共和国民法典》规制，通常包含委托、行纪、中介、服务、著作权等多重法律关系。

实践任务

任务背景

随着直播电商的兴起，主播成为连接品牌与消费者的关键角色。主播的个人魅力、专业能力直接影响直播销售的效果。如何选择合适的主播，并与主播建立良好的合作关系，成为品牌进行直播电商运营的重要环节。

任务要求

（1）选择一个具体的品牌，并分析该品牌的定位、目标用户群体和营销目标。

（2）根据品牌定位和目标用户群体，选择与品牌形象相符、具有专业能力的主播。

（3）根据主播的知名度和影响力，以及品牌的营销目标，制定与主播的合作方案，包括合作模式、报酬机制、合作期限等。

任务三　直播电商成本性态分析

任务引例

小美的网店创业之路

小美，一名充满激情的创业者，决定开一家网店销售时尚服饰。为了提高店铺的知名度和销售额，她计划搭建一个直播间进行产品展示和互动营销。她首先进行了市场调研，确定了直播平台，接着规划了直播间的布局并采购了必要的设备，如高清摄像头、降噪话筒和灯光设备。随后，小美在家中的一角搭建起直播间，经过多次测试和调整，确保了直播效果。在策划了一系列直播内容和活动后，她通过社交媒体等渠道进行了宣传推广，并最终开启了首次直播，与观众互动并推销产品。这一系列流程紧密相连，共同构成了小美直播间从无到有的完整搭建过程。

思考：

在直播间的搭建与运营过程中，小美应该如何区分和计算固定成本与变动成本，以便更有效地控制整体开支？

学思践悟

随着电子商务的迅猛发展，电商平台成为大学生创业的重要舞台。选择合适的电商平台对大学生创业至关重要。这不仅能够帮助大学生创业者精准地触达目标用户，还能有效地推广产品，实现销售增长。不同电商平台具有不同的特征和优势，适合不同类型的产品和创业需求。大学生创业者在电商创业的过程中，需要了解平台特征和平台规则，有针对性地布局重点平台，进行电商变现转化。

（1）明确产品定位和目标用户。在选择电商平台时，首先要明确自己的产品定位和目标用户群体。根据产品特性和目标用户的需求，选择最匹配的电商平台。

（2）分析平台特征与优势。深入了解各电商平台的特征、优势和不足，结合自身产品和需求，选择最适合自己的平台。同时，关注平台的未来发展趋势和潜力，确保选择的平台具有长期投资价值。

（3）考虑平台提供的资源与支持。在选择电商平台时，要考虑平台提供的资源与支持，如流量扶持、营销工具、数据分析等。这些资源能够帮助大学生创业者更好地运营店铺，提高销售业绩。

知识储备

一、直播电商的成本结构和盈利模式

（一）直播电商的成本结构

1. 采购成本

采购成本是指企业在直播电商活动中，为获取产品或服务而支付的款项，以及与之相关的交易费用总和，包括产品采购价、订单处理费、质量检验费等。采购成本是产品定价的重要因素之一，企业需要根据市场需求和利润目标合理控制采购成本。

2. 运营成本

运营成本是指在直播电商运营过程中产生的各项费用，具体分为以下几类。

（1）场地租赁与装修费用。如果直播电商公司选择线下直播，则需要考虑场地租赁及装修费用。场地选择、装修标准等会影响成本支出。

（2）直播间搭建费用。直播间搭建费用涵盖直播间设计、装修、设备购置（如摄像头、照明设备、声卡等）及日常维护费用。直播设备是保证直播质量的基础，这些设备的购置和维护也是运营成本的一部分。

（3）营销费用。营销费用包括直播推广、社交媒体广告、合作伙伴营销、活动策划与执行等费用。

3. 物流成本

物流成本是指产品在整个供应链过程中，从生产地或商家出发，经过运输、仓储、包装、配送等环节，直至到达消费者手中所产生的费用总和。物流成本受多种因素影响，主要包括订单量与订单密度、退货数量、运输距离与方式、仓储租赁与管理成本、包装材料与工艺、配送路线优化程度等。

物流成本是制定产品售价时必须考虑的因素之一。过高的物流成本可能导致产品售价提高，从而降低消费者的购买意愿，影响销售业绩。

4. 人力资源成本

人力资源成本是指在直播电商运营过程中产生的主播费用、运营团队费用等。

主播费用根据主播的知名度、经验水平及市场行情来确定，通常按直播时长或场次计费。

运营团队包括内容策划、客服、技术维护等多个岗位的人员，他们的薪资和福利也是重要的成本。

人力资源成本在直播电商的总成本中占据较大比重。为了提高成本效益，企业需对人力资源进行合理规划和有效控制，包括优化人员配置、提高工作效率，以及通过技术手段降低拍摄和制作成本。

5. 其他费用

其他费用主要是税费与合规成本。直播电商公司需要遵守相关法律法规，缴纳相应的税费，并承担合规成本，如知识产权保护费用等。

（二）直播电商的盈利模式

在当前的商业环境中，直播购物已成为一种日益普及的消费模式。随着直播“带货”热潮的兴起，大量从业者纷纷投身这一领域，创新的“带货”策略不断涌现。尽管直播“带货”的风口尚未过去，但若对直播“带货”的盈利机制不甚了解就贸然踏足，可能会面临一些风险。

了解直播“带货”的盈利模式至关重要，其主要有以下几种。

1. 商家合作模式

定义：商家合作模式是一种广告推广模式，主播与商家合作，在直播间推广商品，从而获得推广费。

特点：商家通常会选择具有较高粉丝量和流量的主播进行合作，以确保广告效果；主播的收入主要来自商家的推广费用，有时也会根据销售额抽取一定比例的佣金。

2. 纯佣金模式

定义：纯佣金模式指主播通过直播销售他人商品，根据实际成交额获得佣金的模式。

特点：这种模式适合没有自有商品的主播，主播通过平台提供的商品分享功能，添加商品至直播间进行销售；佣金比例由商家设定，主播按成交额抽取佣金。

3. 自有店铺“带货”模式

定义：自有店铺“带货”模式指主播利用直播销售自己店铺的商品的模式。

特点：这种模式的主播既是销售者也是商品所有者，可以同时获得商品销售利润和“带货”佣金。

4. 无货源“带货”模式

定义：无货源“带货”模式指主播不提前囤货，而是在消费者下单后，再向供应商下单，由供应商直接发货给消费者的模式。

特点：这种模式门槛低，无须担心库存和资金占用问题；主播通过商品信息差赚取差价；适用于新手商家，尤其是在流量和政策支持力度较大的平台上，如抖音小店。

在这种模式下，选品、运营和推广是关键。主播需要选择易于展示和销售的商品，利用平台的流量优势进行推广。

直播电商的盈利模式各有特点，主播和商家应根据自身情况选择合适的模式。无论选择哪种模式，双方都需要对市场有深入的了解，具备良好的运营能力和服务意识。同时，随着直播电商市场的成熟，直播“带货”竞争日益激烈，不断创新和优化“带货”策略是保持竞争力的关键。

二、固定成本与变动成本

成本性态指成本总额随着业务量的变动而发生变化的相互关系。按照成本性态分析的方法，可以将企业的成本分为固定成本和变动成本两大类。

（一）固定成本

固定成本是指在一定时期内，不随业务量变化而变化的成本，在成本曲线上，固定成本表现为一条水平线，如图 6-1 所示。

在电商企业中，固定成本通常包括以下方面。

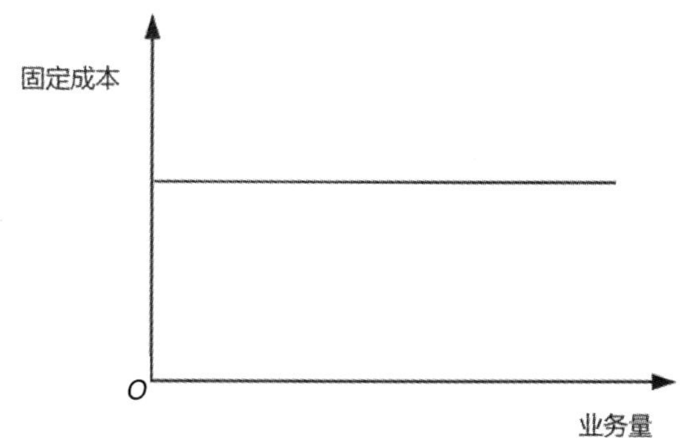

图 6-1　固定成本与业务量的关系

1. 租金与设施

租金与设施包括电商企业的办公场地租金、水电费、物业费等。

2. 员工固定工资

员工固定工资指不随业绩波动的员工基本薪资、社保及福利费用等。

3. 折旧与摊销

折旧与摊销主要指长期资产的折旧费用，如计算机、服务器折旧费用等。

4. 软件与系统订阅费

软件与系统订阅费指用于支持企业运营的各类软件和服务年费。

5. 店铺装修与维护费

店铺装修与维护费主要是网站或 App 的设计和维护费用，以及店铺的视觉设计、功能开发和维护费用。

6. 广告制作一次性投入

广告制作一次性投入包括品牌宣传片、广告素材等的制作费用。

因为固定成本在特定的业务量范围内不受业务量变动影响，所以当业务量在一定范围内增加，分摊到每个业务单位的固定成本，即单位固定成本便随之减少，如图 6-2 所示。这就意味着企业可以开展相应的成本管理，尤其是对那些固定成本比重较大的企业而言，可以通过提高业务量降低单位固定成本，从而获得更高的收益。

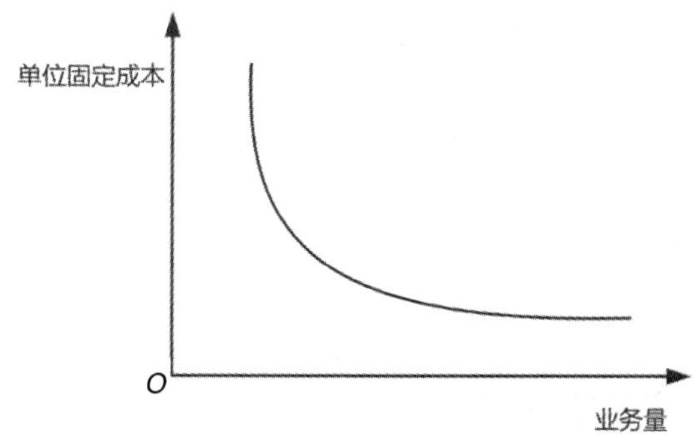

图 6-2　单位固定成本与业务量的关系

（二）变动成本

变动成本是指在一定时期内，随着业务量的增减变化而呈正比例增减变化的成本，其关系如图 6-3 所示。

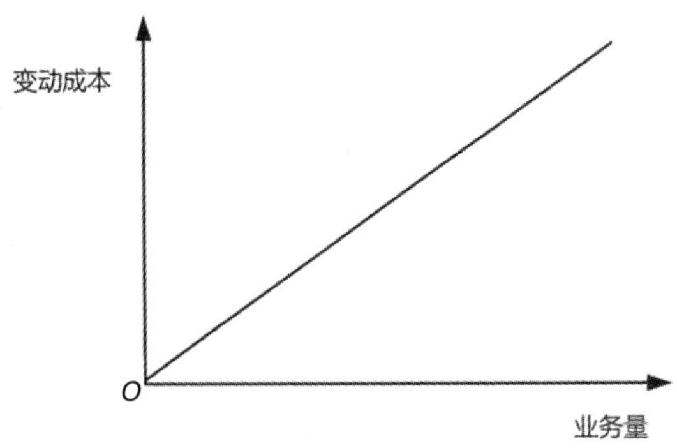

图 6-3　变动成本与业务量的关系

在电商企业中，变动成本主要包括以下方面。

1. 采购成本

采购成本指商品进货成本，包括可以直接售卖的成品、需要进行加工的半成品以及配件等的进货成本。

2. 物流费用

物流费用包括运输费、包装费、仓储费等，随销售量、订单量等的增减而变化。

3. 广告推广费用

广告推广费用指为提高品牌知名度和促进销售而投入的广告费用，通常与销售目标紧密相关。预期曝光度越高、广告投放的频次越高、范围越大、渠道越多，则广告推广费用越高。

4. 员工提成与绩效

员工提成与绩效指与销售业绩直接挂钩的员工薪酬部分，如销售提成、绩效奖金等。

变动成本与业务量呈正比例变动，单位变动成本则不随业务量变化而变化，保持一个固定的值，如图 6-4 所示。

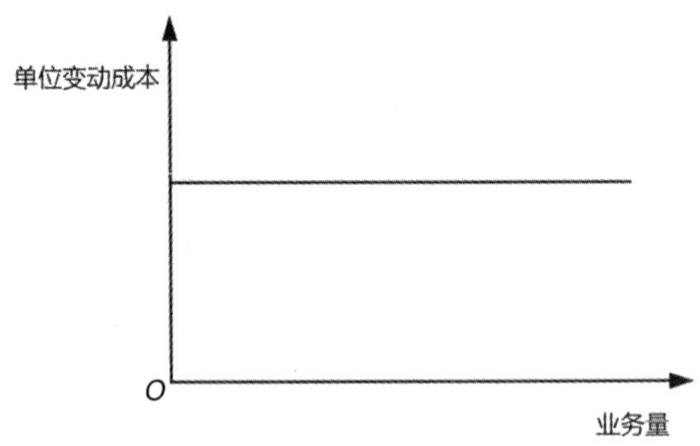

图 6-4　单位变动成本与业务量的关系

练一练

有一家名为“绿野鲜品”的电商公司，专注于销售新鲜农产品和有机食品。该公司采用线上直销模式，直接连接农户与消费者，减少中间环节，以提供新鲜、健康、价格合理的食品为目标。为了保持高效运营和持续增长，“绿野鲜品”在多个方面进行了成本投入。

（1）为了保持农产品的新鲜度，该公司在多个城市设立了冷链仓库，并支付了仓库租金与冷链物流费用。

（2）该公司雇佣了一支专业的采购、仓储、客服和营销团队，并支付了他们的薪资及定期培训费用。

（3）该公司在社交媒体、搜索引擎和线下门店等多个渠道进行市场推广与广告投放，以吸引新用户和提高品牌知名度。

（4）该公司采用环保且适合农产品运输的包装材料，以确保产品的新鲜度和安全性。

请判断以上列出的成本所对应的成本类型，完成表 6-3。

表 6-3　成本类型

成本	成本类型
仓库租金与冷链物流费用	
采购、仓储、客服和营销团队的薪资及定期培训费用	
广告投放费	
包装材料费	

三、成本优化策略

成本优化是一个综合性的过程，涉及供应链管理、物流优化、营销推广、团队建设等多个方面。根据成本性态分析，电商企业可以从以下方面进行成本优化，以更好地控制成本、提高效率和盈利能力。

（一）固定成本优化

1. 办公场地租赁费优化

电商企业主要依赖网络运营，对办公场地所处位置要求较低，可以在租金不高，但交通便利且基础设施完善的区域租赁办公场地和仓库。在选定场地后，应进行深入的空间需求分析，并采用灵活的布局设计来提高空间利用率，减少不必要的空间浪费。同时，引入先进的仓储管理系统和节能设备，以进一步优化空间使用率和降低运营成本。

2. 设备购置费优化

在购买办公设备和仓储设备时，选择性价比高、耐用且易于维护的设备。对于贵重的大型设备，选择融资租赁的方式获取。同时，对于非核心设备，可以考虑通过共享或租赁的方式获取，以降低设备购置成本。

3. 广告费用优化

在电商领域，广告是推广商品和品牌的重要手段，但传统的广告方式，如聘请艺人代言，往往伴随着高昂的广告费用。电商企业可以通过激发员工的创造力和想象力，以低成本但高创意的方式吸引消费者，从而替代或减少对高成本广告形式的依赖。

（二）变动成本优化

1. 采购成本优化

企业通过建立稳定的供应商关系，凭借长期合作获得优惠的价格，可以降低采购成本。此外，集中采购和批量订购可以降低单位商品的采购成本。同时，对采购商品进行成本分析，寻找替代品或更经济的原材料，这样可以在不影响商品质量的前提下降低成本。利用市场信息和供应商之间的竞争，进行有效的价格谈判，也是降低采购成本的重要手段。另外，优化库存水平，减少库存积压，可以避免资金占用和商品损耗，从而进一步降低采购成本。

2. 物流费用优化

为了降低物流费用，企业可以采取以下措施。首先，优化配送路线和包装方式，以减少不必要的运输和包装成本。其次，与物流服务商建立合作关系，通过协商争取更优惠的运费。再次，建立或利用集散中心，实现货物的集中配送，以此降低单位运输成本。接着，利用物流管理软件和信息技术提高物流效率，减少错误和延误导致的额外成本。最后，采用环保包装和节能运输方式，减少物流过程中的浪费，进一步减少物流费用。

3. 员工提成与绩效成本优化

为了优化员工提成与绩效成本，企业可以采取以下措施。首先，设定合理的绩效指标，确保提成和绩效奖金与企业的整体目标与利润增长保持一致。其次，建立多元化的激励机制，不仅包括金钱激励，还包括职业发展、培训机会等非金钱激励，以全面激发员工的工作动力。再次，通过培训和技术的提升提高员工的工作效率，从而降低整体的提成和绩效支出。最后，调整薪酬结构，将部分固定薪酬转变为与业绩挂钩的变动薪酬，这样可以在保证员工积极性的同时，更好地控制企业的成本。

通过上述措施，企业可以在保持业务增长的同时，有效控制和降低变动成本，提高盈利能力。

课堂互动

思考与讨论：结合当前直播电商发展趋势，探讨如何进行成本创新，构建竞争优势。

行家点拨

对企业来说，固定成本是无法避免的，无论有没有生产出产品，固定成本是必须支付的。但是，企业可以通过控制固定成本的大小提高生产效率，降低固定成本占比，从而实现经济效益的提高。相较于固定成本，变动成本是可以灵活控制的。对企业来说，降低变动成本是一个不断追求的目标。企业可以通过市场趋势和生产计划调整原材料的采购计划，降低人力成本等。随着技术的革新和科技的发展，许多企业在不断优化生产流程，降低生产成本。

固定成本和变动成本的控制在企业生产中都有很重要的作用。企业要掌握和平衡二者之间的关系，尤其要把握好固定成本的变动。随着生产规模的增大，企业的单位固定成本会降低，生产力的提高和销售市场的拓展对企业的固定成本有着重要的影响。

除了对生产经营的影响外，固定成本和变动成本也会影响企业的利润。在销售价格确定的情况下，优化成本是企业获取更高利润的重要手段。企业可以通过调整成本比例和控制成本的变动实现利润最大化。

实践任务

任务背景

张涛是一位有着多年电商经验的创业者，决定抓住直播“带货”的机遇，搭建自己的直播间。张涛的直播间专注于销售时尚服饰，他相信通过直播可以更直观地展示服装的质感和搭配效果，吸引更多消费者。为了实现这一目标，张涛在淘宝平台上搭建了自己的直播间。

张涛花费 5 000 元购置了高清摄像头，确保画面清晰；投入 3 000 元购买专业声卡和话筒，以保障音质纯净；此外，他还花费 2 000 元购买环形补光灯，让服饰的色彩更加真实；为了支撑整个直播的流畅运行，他又花费 12 000 元配置了一台计算机。在网络方面，他安装了 1 000 元的高速宽带和无线路由器，以保障在直播过程中不出现卡顿现象。

在直播间的设计上，张涛选择了现代简约风格，花费 3 000 元定制了白色基调的背景墙，搭配品牌标志和时尚元素图案，商品展示架整齐摆放着最新款式的服饰。直播间内还点缀了价值 500 元的绿植，为主播和观众营造了一个轻松愉悦的购物环境。张涛还监督设备的安装和调试，确保每一个细节都完美无缺。

张涛雇佣了李梦，一位拥有丰富直播经验和时尚感的主播。李梦的薪资结构是固定薪资加提成，她的底薪为 8 000 元；此外，根据直播间的销售额，她还能获得 5% 的提成。李梦不仅懂得如何展示服饰，还能与观众建立起良好的互动关系。在淘宝平台的扶持和团队的共同努力下，张涛的直播间终于迎来了正式运营的一天。他期待通过这个全新的销售渠道，提升品牌知名度，实现销售额的快速增长，从而收回前期的投资。

任务要求

结合任务背景中出现的搭建直播间的花费，请区分固定成本和变动成本，完成表 6-4。

表 6-4 成本结构分析

固定成本	变动成本

任务四　直播电商风险管理

任务引例

直播电商中的风险

某公司是一家专注于直播带货的电商平台，拥有众多知名主播和丰富的商品资源。近年来，随着直播电商行业的快速发展，该公司也取得了显著的业绩增长。然而，随着市场规模的扩大，平台也面临诸多风险，如商品质量风险、主播行为风险、消费者投诉风险等，这些风险一旦爆发，将对平台的品牌形象造成严重影响。

思考：针对直播电商中的风险，平台应如何制定有效的风险管理策略，以确保平台的品牌形象？

学思践悟

电商主播作为新兴职业群体，必须了解税务合规的重要性。依法纳税是每个公民和企业应尽的义务，也是社会公平与正义的体现。《网络直播营销管理办法（试行）》第十六条："直播营销平台应当提示直播间运营者依法办理市场主体登记或税务登记，如实申报收入，依法履行纳税义务，并依法享受税收优惠。"电商主播在享受直播带来的经济收益时，应主动履行纳税义务，树立诚信纳税的观念。

知识储备

一、直播电商活动中的潜在风险

（一）法律合规风险

随着直播电商行业的迅猛发展，新的直播平台和引流模式层出不穷，吸引了直播平台、MCN 机构、主播和供应商等多方参与者。在这一行业中，供应商作为产业链的上游提供产品，MCN 机构对接供应商承接营销，主播与 MCN 机构签订艺人合作协议，并由主播直接向用户进行直播销售。这种复杂的业务模式带来了众多法律合规风险，其中涉及的法律法规较多，包括《中华人民共和国民法典》《中华人民共和国产品质量法》《中华人民共和国消费者权益保护法》《中华人民共和国反不正当竞争法》《中华人民共和国食品安全法》《中华人民共和国电子商务法》等。

尽管直播平台通常由规模较大的企业运营，合规性相对有保障，但中小型供应商、MCN

机构和主播等主体可能对法律风险的认识不足。为了提高行业参与者的法律意识，以下梳理了一些常见的法律风险。

1. 产品质量风险

如果直播销售的产品或提供的服务不符合国家标准，存在质量问题，就会损害消费者的合法权益。根据《中华人民共和国产品质量法》等相关法律法规，供应商作为产品的提供方，应当对其质量承担主要赔偿责任。在某些情况下，MCN 机构和主播也会因为未能有效审查或控制推广的产品质量，而需承担先行赔付责任或与供应商共同承担连带赔偿责任。

主播的直播间涉及的产品质量问题主要包括虚假宣传、价格误导、发货问题、退换货问题和不文明“带货”等。

2. 数据造假风险

数据造假主要表现为“刷单”、虚假宣传等造假行为，这些行为违反《中华人民共和国反不正当竞争法》等相关法律法规。在直播营销过程中，如果发生数据造假，不仅会对其他市场主体造成损害，还会导致 MCN 机构和主播依法承担民事赔偿责任。此外，相关行政管理部门有权对违规行为进行行政处罚，而构成犯罪的，则依法追究刑事责任。

根据《中华人民共和国反不正当竞争法》，经营者不得对其商品的性能、功能、质量、销售状况、用户评价、曾获荣誉等作虚假或者引人误解的商业宣传，欺骗、误导消费者。

3. 侵犯知识产权风险

未经授权使用他人的版权、商标、专利等知识产权，会违反《中华人民共和国民法典》《中华人民共和国著作权法》《中华人民共和国商标法》《中华人民共和国专利法》等法律法规。如果销售假冒注册商标、专利、著作权的商品，供应商、MCN 机构和主播要依法承担民事赔偿责任。此外，相关行政管理部门有权对其进行行政处罚，而如果这些行为构成犯罪，则需要依法追究刑事责任。

例如，2023 年 5 月，上海市杨浦区人民法院审理的一起案件中，主播团队通过直播销售假冒注册商标的商品，最终相关责任人被判刑并处罚金。

4. 定价风险

商品定价中存在价格欺诈、虚报价格等违法行为，则违反《中华人民共和国价格法》等相关法律法规。如果商家对商品价格做出“最低价”等承诺，而实际上未能履行，商家应承担相应的赔偿责任。在这种情况下，MCN 机构和主播会因为未能妥善审查商品定价信息或未能阻止价格欺诈行为，而需承担先行赔付责任或与商家共同承担连带赔偿责任。

5. 账号权属风险

直播账号、版权等权属纠纷需要遵守《中华人民共和国民法典》《中华人民共和国著作权法》等法律法规。如果在合作初期未对直播账号的所有权进行明确约定，供应商、MCN 机构和主播之间就会发生所有权争议。

例如，2021 年广州互联网法院审理的全国首例“借名”直播侵权纠纷案引发社会广泛关注。王嘉以其身份证号在酷狗直播注册了直播账号，但账号一直由表妹张宜使用。当张宜尝试变更账号实名认证信息时，王嘉提起诉讼，认为其对账号拥有所有权。然而，广州互联网法院最终判决驳回了王嘉的全部诉讼请求。广州互联网法院认为，直播账号作为一种虚拟财产，其财产权益包括账号本身和经过用户个性化使用、经营所产生的财产性内容，如粉丝、流量等。在这个案例中，账号是由张宜长期运营的，产生了新的财产性内容，如粉丝关注数量，因此广州互联网法院认为这些财产内容主要源于张宜的劳动与经营，应当归创造者所有。

6. 税务合规风险

未依法申报和缴纳税款，会违反《中华人民共和国税收征收管理法》等税务法律法规。这不仅导致相关责任人补缴税款和缴纳滞纳金，并处罚款，还对公司的信誉造成损害，部分相关责任人员甚至构成刑事犯罪。近来，网络主播涉税案件频发，出现了许多对社会影响巨大的案件。因此，在直播电商活动中，防范税务合规风险是重中之重。

（二）内容风险

1. 内容同质化与运营风险

随着直播电商的快速发展，大量同质化的直播内容出现，这导致观众对单一内容的兴趣降低，从而增加了直播平台的内容运营风险。例如，多个直播间同时推广类似的商品或使用相似的销售策略，这会使观众感到厌烦，降低直播的吸引力和销售效果。

2. “三俗”内容违规风险

在直播电商中，一些主播为了吸引观众，使用低俗、媚俗、庸俗的内容，这些行为违反《互联网直播服务管理规定》等法律法规。例如，一些直播中被指控存在言行低俗的问题，如语言粗俗、不适当的行为等，这些内容构成传播淫秽物品罪或传播淫秽物品牟利罪等刑事犯罪。

（三）商业模式风险

直播电商的商业模式风险涉及多个方面，主要如下。

1. 头部主播高额佣金费率与产品价格体系混乱

头部主播通常要求较高的佣金费率，这间接提高了直播电商的交易成本。为了提高销量和维护粉丝关系，头部主播还可能要求品牌商提供最低价，这导致产品价格体系混乱。

2. 头部主播的孵化、培养和管理风险

品牌方和MCN机构需要考虑头部主播的孵化、培养和管理。新人主播由于缺乏经验和团队支持，难以带来较高的流量。而一旦主播成为头部主播，他们可能会与平台、机构博弈。如何在模式层面与法律层面维系与主播的关系，是直播电商公司长远发展需要考虑的问题。

3. 直播电商的市场影响与监管风险

直播电商的快速发展对市场产生了深远影响，同时也引发了监管部门的关注。例如，政府监管部门重点关注虚假助农、“卖惨带货”等直播乱象，平台也在加强治理和打击这些行为。

（四）供应链风险

在直播电商的运营模式中，供应链的构建与维护是核心环节之一，涵盖的关键步骤有：品牌定位—定款—定数量—定价—直播—发货—售后。这一系列流程环环相扣，任何一个环节的失误都可能导致供应链风险的发生。具体而言，直播供应链的流程包括但不限于以下几个阶段：首先，品牌定位需准确捕捉目标消费者的需求和偏好；其次，定款环节要求紧跟市场潮流，确保产品吸引力；接着，在定数量时，需平衡市场需求与库存成本；定价策略则需兼顾利润率和市场竞争力；直播环节是销售的关键，直接影响消费者的购买决策；发货阶段要求高效快捷，以保障消费者的购物体验；最后，售后服务的质量直接关系到品牌形象和客户忠诚度。

然而，若品牌方在供应链管理中未能迅速响应市场需求，未能为消费者提供及时的品牌供应，将不可避免地导致消费者满意度的显著下降。快速响应市场需求对供应链的整体体量、生产能力、发货效率及物流配送速度都提出了严峻的挑战。为此，主播团队在直播活动启动前，通常会基于历史数据和市场趋势进行直播销量的预测。但若预测结果过于乐观，导致直播销量预测过高，将会引发一系列连锁反应，其中最直接的问题便是大量库存积压，这不仅占用大量资金，增加财务压力，还可能因产品滞销而造成更大的经济损失。因此，对供应链风险的深入理解和有效管理是直播电商成功运营的关键所在。

二、直播电商风险管理策略

直播电商行业的快速发展带来了巨大的机遇，但也伴随着潜在的风险。为了确保行业的健康发展，监管部门、企业和主播要共同发力。

（一）监管部门

1. 完善法律法规

加强对直播电商行业的立法，明确各方责任，规范直播内容和销售行为，打击虚假宣传、数据造假、侵犯知识产权等违法行为。

2. 加强监管执法

建立健全监管机制，加大对违规行为的查处力度，提高违法成本，维护市场秩序和消费者权益。

3. 推动行业自律

引导行业协会制定行业规范，加强行业自律，促进行业健康发展。

4. 加强宣传教育

增强消费者风险意识，引导消费者理性消费，避免上当受骗。

（二）企业

1. 建立合规体系

制定全面的合规政策，涵盖直播活动的各个方面，确保所有直播内容和活动严格遵守《中华人民共和国广告法》《中华人民共和国消费者权益保护法》《中华人民共和国网络安全法》等相关法律法规。设立合规部门，负责监控和评估直播内容的合规性，对可能出现的法律风险进行识别和预防。对于商品宣传和促销活动，制定严格的宣传规范，禁止使用任何可能误导消费者的语言和图像，确保宣传的真实性和透明性。

2. 建立审查机制

设立内容审查团队，对直播内容进行事前审查，确保直播内容不含有违法违规信息。开发智能审查系统，利用技术手段辅助人工审查，提高审查效率和准确性。对直播过程中出现的违规内容，建立快速响应机制，确保问题内容能够在最短时间内得到处理。

3. 培训员工

定期组织法律知识和合规培训，提高员工的法律意识和职业道德。通过模拟演练和案例分析，让员工深刻理解违规的后果，掌握避免违规的方法。建立考核制度，确保培训效果得到落实，员工能够正确执行相关法律法规和企业规定。

4. 控制商品质量

建立严格的供应商准入和评估机制，确保所有销售商品来源可靠，质量有保障。定期对在售商品进行质量抽检，及时发现并处理质量问题。若发现假冒伪劣商品，对相关责任人采取严厉的处罚措施，并向消费者公开处理结果。

5. 真实宣传

制定详细的广告宣传准则，明确广告内容必须真实、合法，不得含有虚假或误导性信息。对广告宣传进行备案管理，确保所有宣传材料都有据可查，能够追溯到责任人。

6. 保护知识产权

建立知识产权保护制度，对使用第三方知识产权的情况进行严格审查。与知识产权权利人建立合作关系，获取合法授权，避免侵权行为的发生。

7. 维护消费者权益

制定完善的售后服务政策，包括但不限于七天无理由退换货、保修服务等，确保消费者权益得到充分保障。建立消费者权益保护基金，用于处理消费者投诉和赔偿损失。

8. 建立风险预警机制

建立风险监测系统，对直播活动中的潜在风险进行持续监控。制定风险预警标准，一旦达到预警条件，立即启动应急预案。

9. 聘请法律顾问

聘请经验丰富的法律顾问，为企业的直播活动提供专业的法律咨询和支持。建立法务团队，负责处理日常法律事务，参与企业决策，防范法律风险。

10. 建立应急处理机制

制定详细的应急预案，包括但不限于法律纠纷处理、危机公关、消费者赔偿等。建立应急处理小组，定期进行应急演练，确保在紧急情况下能够迅速有效地采取措施。

11. 加强技术监管

引入先进的人工智能技术，对直播内容进行实时监测和过滤，提高监管效率。与技术供应商合作，不断优化监管算法，提升对违规内容的识别能力。同时，建立完善的记录保存制度，确保直播视频、聊天记录、交易记录等关键证据的完整性和可追溯性。采用安全的存储介质和加密技术，保护记录不被篡改或泄露。

12. 建立投诉处理机制

设立专门的投诉处理部门，建立投诉处理流程，确保消费者投诉得到及时、公正的处理。对投诉处理结果进行跟踪，确保问题得到有效解决，提高消费者满意度。

13. 加强数据保护

制定严格的数据保护政策，明确数据收集、使用、存储与销毁的标准和流程。采用最新的加密技术和安全措施，保护用户数据不受未经授权的访问和泄露。

（三）主播

1. 增强法律意识

加强学习相关法律法规，了解自身权利和义务，避免出现违法行为。

2. 提升职业素养

加强自身道德修养，规范直播言行，传播正能量。

3. 加强自我保护

注意个人安全，避免参与高风险直播活动。

4. 与平台、企业建立良好合作关系

积极配合平台和企业的风险管理措施，共同维护行业健康发展。

只有各方积极参与，才能有效防范风险，促进直播电商行业健康发展，为消费者创造更加安全、放心的购物环境。

课堂互动

思考与讨论：如何利用数字化技术提高直播电商的供应链效率，降低企业的库存积压风险？

行家点拨

电商直播是一种结合了电子商务和直播技术的销售模式，它允许卖家通过视频直播的方式向观众展示商品并进行互动式销售。电商直播的主要参与者如下。

1. 主播

主播是直播的主要表演者，负责展示商品、介绍商品特点、回答观众问题并推动销售。主播可能是“网红”、店铺主、品牌代言人或者专业的销售人员。

2. 观众

观众是直播的观看者，可以实时观看商品介绍，与主播互动，并在直播过程中购买商品。观众的参与与反馈对直播的氛围和销售成效至关重要。

3. 电商平台

电商平台包括淘宝直播、京东直播、拼多多、快手、抖音等，其为直播提供技术支持和交易平台，使得主播能够在这些平台上进行直播销售。

4. 品牌商

主播展示和销售的商品是品牌商提供的。品牌商可以与知名主播合作，利用主播的影响力推广自己的商品。

5. 运营团队

运营团队包括策划、摄影、化妆、技术支持等人员，他们负责直播的策划、布景、画面拍摄、直播技术保障等工作，确保直播顺利进行。

6. 物流服务商

物流服务商负责将在直播中售出的商品从卖家处运送到买家手中。快速高效的物流服务对提高消费者满意度和复购率非常重要。

7. 广告商和赞助商

广告商和赞助商可以通过赞助直播推广自己的品牌或商品，或者与主播合作进行品牌植入等。

8. 监管机构

政府相关部门对电商直播进行监管，确保市场秩序，打击假冒伪劣商品和虚假宣传等违法行为。

这些参与者共同构成了电商直播生态系统，共同推动了电商直播的发展和繁荣。

实践任务

任务背景

2023 年第四季度，我国消费市场持续复苏，有关部门多措并举营造放心消费环境，平台及商家推出多种举措不断提升消费体验，尤其是微短剧等一些文化消费内容迎合了消费者的喜好而获得广泛关注，直播电商领域的多种引流、促销手段也吸引舆论聚焦。在此期间，部分侵害消费者权益的现象引发舆论热议。

中国消费者协会《中国消费者》杂志社等共同梳理发现，消费者不满直播电商“低俗”“虚假比价”等问题，“摇一摇”跳转广告泛滥令消费者不堪其扰，短视频平台微短剧诱导付费等有关案例涉及的消费维权问题较为突出。

任务要求

（1）在网上搜集资料了解近年来电商行业出现的直播风险事件，了解事件发生的详细过程。

（2）针对搜集到的风险事件，提出相应的风险管理策略。

任务内容

请列出搜集的电商行业直播风险事件，并思考其风险管理策略，完成表 6-5。

表 6-5　直播风险事件风险管理策略

时间	直播风险事件	详细过程	风险管理策略

AI+智慧财税

AI 技术在直播电商财税管理中的应用

随着 AI 技术的飞速发展，其在各行各业的应用日益广泛，直播电商领域也不例外。AI 技术不仅优化了直播电商的商业模式和运营流程，而且在财税管理方面展现出巨大的潜力。

一、AI 技术在直播电商财税管理中的具体应用

1. 智能库存与供应链管理

库存预测与优化。AI 系统通过分析历史销售数据、季节性趋势以及促销活动等因素，预测未来库存需求，帮助企业优化库存水平，减少库存积压和缺货风险；同时，结合直播销售数据，实时调整库存策略，确保热销商品供应充足。

供应链协同。企业利用 AI 技术，实现供应链上下游企业的无缝对接，自动协调生产计划、物流运输和仓储管理，提高供应链整体效率和响应速度。

2. 智能税务筹划与申报

跨境税务管理。对于涉及跨境业务的直播电商企业，AI 系统能够自动分析不同国家和地区的税收政策，为企业提供最优的税务筹划方案，降低跨境税务风险。

税收优惠申请。AI 系统能够自动匹配企业符合的税收优惠政策，如小微企业税收优惠、研发费用加计扣除等，并辅助企业准备申请材料，提高申请成功率。

3. 智能财务分析与报告

多维度财务分析。AI 系统能够从多个维度对直播电商的财务数据进行分析，如产品类别、销售渠道、主播表现等，帮助企业深入了解业务运营情况，发现潜在的增长点和改进空间。

定制化财务报告。根据企业管理层的需求，AI 系统能够生成定制化的财务报告，如财务摘要、关键绩效指标报告、趋势分析报告等，为决策提供有力支持。

二、AI 技术在智慧财税中的价值体现

提高工作效率：自动化处理大量数据，减少人工操作，显著提高财税管理的效率。

增强决策能力：基于 AI 系统的分析结果，管理层能够更加精准地制定财务策略和风险控制措施。

优化资源配置：通过成本分析，企业能够了解各项成本的结构和变化趋势，识别出成本节约的方法，优化资源配置，AI 技术可以加速这一过程，提高分析的准确性和效率。

强化合规性：确保企业税务和财务活动的合规性，降低法律风险和财务风险。

AI 技术正在深刻改变着直播电商行业的财税管理模式。通过引入智能会计软件、成本分析与优化工具、风险管理工具以及智能合同管理平台等，企业能够实现财务管理的智能化升级，提升竞争力。

项目通关测试

一、单选题

1. 直播电商成本中的固定成本包括（　　）。

A. 主播提成　　B. 店铺租金

C. 采购成本　　D. 广告费用

2. 统计用户在直播间的点赞、评论、分享、打赏等互动数据，属于直播销售数据分析中的（　　）。

A. 用户数据分析　　B. 用户行为分析

C. 用户留存与转化　　D. 用户画像分析

3. 主播不提前囤货，而是在消费者下单后，再向供应商下单，由供应商直接发货给消费者，属于直播电商盈利模式中的（　　）。

A. 商家合作模式　　B. 纯佣金模式

C. 自有店铺“带货”模式　　D. 无货源“带货”模式

4. 直播电商风险中的内容风险包括（　　）。

A. 商品定价风险　　B. 供应链风险

C. 内容同质化　　D. 头部主播高额佣金费率

二、多选题

1. 直播电商销售数据分析的常见指标包括（　　）。

A. 销售额　　B. 用户转化率

C. 库存周转率　　D. 主播互动率

2. 主播与直播电商公司合作的常见模式包括（　　）。

A. 客栈模式　　B. 主播养成模式

C. 合伙人模式　　D. 平台模式

3. 直播电商的风险管理策略包括（　　）。

A. 建立合规体系　　B. 建立审查机制

C. 建立风险预警机制　　D. 建立应急处理机制

4. 直播电商的成本优化策略包括（　　）。

A. 优化办公场地租赁费　　B. 优化设备购置费

C. 优化采购成本　　D. 优化物流费用

5. 直播电商改进主播合作策略的措施包括（　　）。

A. 构建多元化主播团队　　B. 为主播提供培训与提升机会

C. 建立合理的报酬激励机制　　D. 优化直播内容与商品策略

三、判断题

1. 分析各产品的销售量和销售额，确定哪些产品最受欢迎，属于销售趋势分析。（　　）

2. 利用客户行为分析，针对不同客户群体制定个性化的营销策略，如针对高频客户推出会员专享优惠，针对低频客户进行定向促销。（　　）

3. 客栈模式在某种程度上类似于传统的代理或分销模式，在这种模式下，主播扮演的角色类似于销售代理，负责推广和销售电商公司的产品。（　　）

4. 头部主播适合选择客栈模式的合作方式。（　　）

5. 提成制是在底薪的基础上，根据主播实际销售的商品交易额计算提成比例。（　　）

6. 按照小时给主播计算薪资，同时给予一定的提成奖励，属于提成制的激励机制。（　　）

7. 主播费用属于采购成本。（　　）

8. 广告制作一次性投入属于固定成本。（　　）

9. 变动成本与业务量呈正比例变动。（　　）

四、案例分析

某直播电商平台的一款“网红”零食因标有“东北农业大学”字样而受到消费者追捧。然而，2023 年 12 月下旬，上海市消保委对此展开调查，发现东北农业大学并未与该零食的委托制造商和受委托制造商开展过任何合作。这一“学历造假”事件经媒体曝光后，引发了舆论热议。消费者纷纷表示，没想到打着“东北农业大学”旗号的零食竟是假货，存在食品安全隐患。

（1）分析该事件中直播电商平台可能面临的风险。

（2）针对潜在风险，提出相应的风险防控措施。

知识复盘

请复习本项目所讲知识，填充空白处，并对各知识点进行标记，△表示了解，○表示熟悉，☆表示掌握。

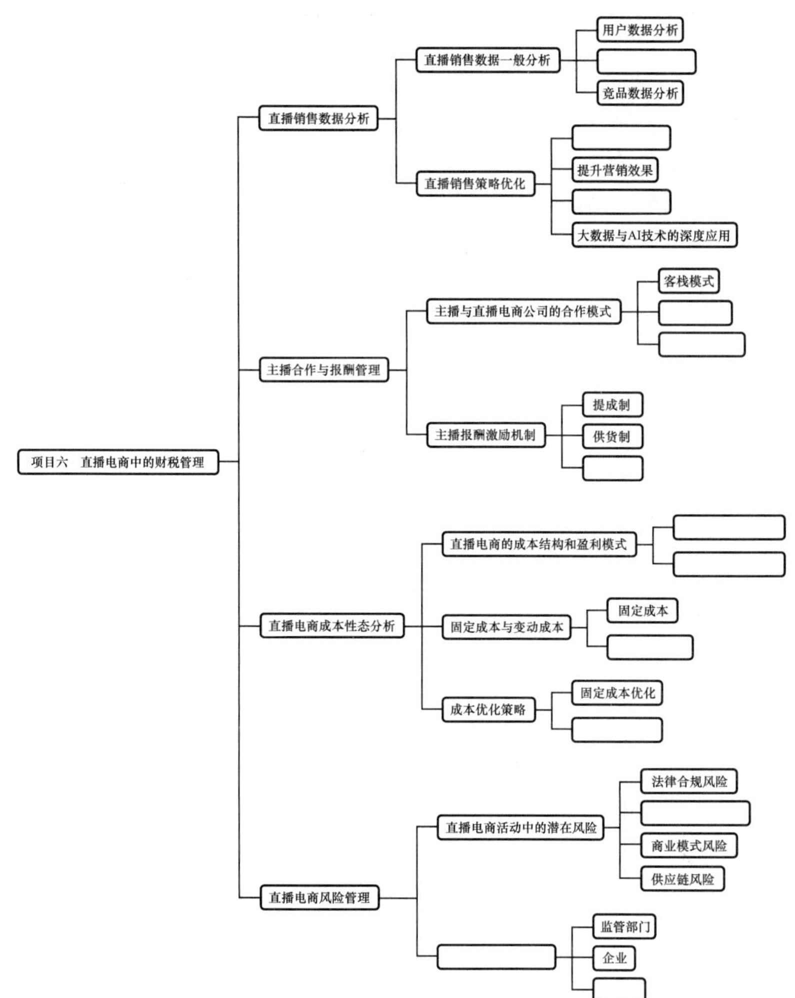

学习评价

根据考核内容，完成自我小结并进行自我评价和小组互评，最后按自我评价分 ×40%+小组互评分 ×60% 计算综合得分。

评价表

评价维度	考核内容	分值	自学评价	小组互评
知识学习评价	了解直播销售数据分析方法和直播销售策略优化建议	10分		
	了解主播与直播电商公司的合作模式和主播报酬激励机制	10分		
	熟悉直播电商的潜在风险和风险管理策略	10分		
	掌握直播电商的成本结构和盈利模式	10分		
职业素养评价	熟悉直播电商的潜在风险，包括法律法规风险、市场风险、技术风险等，并具备相应的风险识别和评估能力	5分		
	保持对直播电商行业动态的持续关注，能够迅速吸收新知识、新技术和新方法，不断提升自己的专业素养	5分		
	在直播电商的运营策略、产品推广、用户体验等方面展现出创新思维，能够提出新颖、有效的解决方案	5分		
	具备良好的时间管理能力，能够合理安排工作时间，确保各项任务的按时完成	10分		
品行素养评价	在直播电商的运营过程中，坚守诚信原则，不夸大产品效果，不误导消费者，维护企业的良好形象	5分		
	严格遵守直播电商行业的法律法规和道德规范，不参与任何违法违规的行为	10分		
	能够与团队成员紧密合作，共同解决直播电商运营中的问题，实现团队目标	5分		
	在活动过程中，积极参与活动实践，态度端正，无无故缺勤、迟到、早退现象	10分		
	具备良好的沟通协调能力，能够妥善处理团队内部的分歧和矛盾，促进团队的和谐与稳定	5分		
合计		100分		

综合评价表

综合评价	自我评价（40%）	小组互评（60%）	综合得分